ブロブディンナグの住人たち

倫敦今昔

UMEMIYA Sozo
梅宮創造

彩流社

目次

序にかえて――ブロブディンナグの住人たち

あれは、いつ頃だったろう。群馬県の藪塚に三日月村という愉しいテーマ・パークがあった。今はもうないのかもしれない。村の入口には両替所とか何とかの小屋が建っていて、ここで江戸時代の天保通宝だの寛永通宝を買い求め、その銭でパーク内の茶店や飯屋の支払いができた。円貨は通用しない。接客にいそしむ村人たちも、みな和服にもんぺ姿といったあんばいだから、なんとなく昔の雰囲気にくすぐられるというものだ。妙な所に来たと思う。しかし本当に面白いのは、正直のところ、そんなことではない。

ここでは水が下から上に流れたり、背の高い者が逆に低く見えたりと、なぜか、日常の感覚が無残にも覆されるのだ。ちょっとした道具立てによって不思議な現象がたちまち出現してしまうわけだが、騙されまいとして力んで、目を凝らしても、どうにもならない。なかでも極めつきは〈傾き土蔵〉である。土蔵の入口の扉が、ほの暗い奥の窓枠が、ことごとく歪んで傾いている。靴をぬいで土蔵のなかに入ると、板張りの床もやはり傾斜しているのだが、問題はその先である。この土蔵の床の上ではどんなに足を突っ張ってこらえても、そのまま立ちつづけることができないのだ。まるで坂道を駆け下りるかのように、足がひとりでに駆け出してしまう。あれよあれよと加速度がついて、とうとう奥の板壁に突進してしまうからやりきれない。何度試しても同じことだ。足が勝手にひたひたと動いて、しまいには暴走ぎみとなり、どうにも御しがたい。

これをどう説明したらよいのだろう。これまで信頼してきた自分のなかのある種の尺度が、無意識のなかに畳みこまれたパターンが、もはや狂ってしまったとでもいおうか。いやいや、土台、人間の尺度なんか狂いやすくできているというべきか。なんだか自分が自分でないようにも思われ、日常感覚の枠組だか、判断のための規準だかが、大きく崩れてしまう、そんな次第なのである。人間の感覚も、そこから導き出される判断や行為や思考のもろもろなども、こうなっては甚だ頼りない。しかしそういいながら、われわれは日々この不安定な大地の上に立ち、その心もとない情況からついぞ脱却できないでいるのもまた事実ではないか。――その事実を、ここの〈傾き土蔵〉では今さらながらに痛感させられるのだ。

実際くだんの土蔵の床面は、ほんのわずかの斜度でもって傾いているにすぎないという話である。係のおばさんらは、午にここで坐って弁当をひろげるのだそうだ。

どうやら、ほんのわずかの操作によって人間をとり巻く世界は一変してしまうようである。これまで頼ってきた既成の枠組もむなしく、別様の新しい見方がのし上がってくるという次第だが、そのあたりに思いをひそめて、ここでひとつ、ユートピアの領域へと踏入ってみるのも悪くないだろう。ユートピアとは異国である。別の惑星である。こっちの慣習も、常識も、むろんこっちの通貨なども役に立たない。そもそも三日月村からして、あれも一つのユートピアの里ではないか。ユートピア、すなわち〈どこにもない国〉というものである。

＊

船乗りガリヴァーが流れ着いた二番目の国の名を知っているかい、と杯をゆるゆる口もとへ運びながら男はいった。そうしてひと思いに、ぐびり、とやる。赤くただれた目をこっちに向けながら熱い息を吹きかけるようなあんばいで、ブロブディンナグ、と重たい音を転がしてみせた。実はな、俺もそのブロブディンナグへ行ってな、こないだ帰ってきたばかりなんだが、と真面目な顔つきでいうので、これはどうしたって尋常沙汰じゃない。そうしてまた、ぐびりとやる。

――ブロブディンナグという所はな、ういー、ひっく、巨人どもの住まう国なのさ、ひっく、ひっく。

――飲みすぎかね、酒をやめて水でも飲んだらどうか。

――いや、酒がいい、酒にかぎる。その巨人の国だが、とにかくデカイ。いや、驚いた、圧倒されたたな。うん、あっちでもよく飲んだがな。お嬢さんとね。お嬢さんにゃずいぶん可愛いがられたもんだ。それが、まあ、風船みたいに丸ァるくふくらんだお尻をゆらしながら、ソバカスだらけのひろびろとした背中の荒地をむき出しにして迫ってくる。五本の肉棒が突きでた厚い手のひらの上に俺をちょんと乗せてな、お嬢さんは、にんまりするんだ。あなたもお飲みになってえ？　その声たるや、山鳴りのような大音響というもので、そいつがこっちの鼓膜をつらぬく。そりゃ、お飲みになるさ、飲まなきゃたまらないよ。

男はぐびり、ぐびりとやった。

――女もそうだが、島の男の図体なんざ、べら棒に巨きい。横から見ると痛快なぐらい胸や腹がほっこりふくらんでいるんだから。どこかの爺さんが店にやって来たもんだ。てまえの体重はてまえの両足でちゃんと支えていますとやら、わざわざそんなことを広報宣伝するために登場したようなぐあいだった。爺さん、あぶないぞ。慎重に、慎重にな。ちょっとつまずいてひっくり返ったなら、一人で立ち上がれるかね。よくもそうまでふくらましたもんだ。旦那、塩を振っときますかい？　あい、たのみましゅ。大きくひろげた紙の上に熱々のチップスをどさどさと盛り、その上に四十センチもあろうかという鱈の天ぷらを一片乗せて、店の男がまた訊いた。旦那、酢は？　いらない？　そうですか、じゃ、三ポンド四三ペンスでござァい。爺さん、三ポンドと五十ペンスの硬貨を渡したら、店の男は十ペンス硬貨を釣りにくれた。端《はした》なんざ要らんというのだろう。それにしてもこのフィッシュ&チップス、巨大な体躯を動かすためのエサとしては格好なものかもしれんな。

――とんでもない島国へ流れ着いたものだ、とまず思ったわい。赤い大型バスの窓から、ふと沿道の建物が目についた。灰色の岩石の巨大なかたまりが襲いかかってくるかと思いながら目をみはっていると、車道も舗道もみんな広くて、そこに立ち並んでいる建物の群落ときては、圧倒されんばかりだ。四、五階建ての建造物なのだが、それがどうして、東京のビルの高さに換算すりゃ、まあ、八、九階はあるかね。それにあの外壁を飾るもろもろの石のデコレーション、まさに悪魔の叫びを聞くようなあんばいで息苦しいったらない。とうとうこんな国へ来てしまった。そう覚悟したね。

男はお銚子をもう一本注文した。

——いやはや、丸太ン棒みたいな二の腕に刺青をおどらせ、そばにゃ、これも肉付き良好の女が寄りそって、似た者どうしがグルになり世間に喧嘩を売っているみたいだよ。そうかと思えば、あっちでは黒く煤けた指先をあやしく、しなやかに動かす黒人、こっちでは黒肌のつややかなお尻を窮屈なパンツの縁からあふれさせ、その割れた黒桃のなかほどまでをむき出しになさっている女だ。巨体が迫る、巨体が動く。女はいずれも鼻がやたらに荘厳で、下顎には肉のモチがべったりとくっ付いている。男という男は腹にビール樽をかかえ、顔の肉がどこかゆるんでぶら下がっているじゃないか。そうさ、これが生きるってことさ。どこもかしこもパワー全開の炎がめらめらと燃えている。日照りの往来を見てくれや、夕べのパブの賑わいを見てくれぃ、レストランを、劇場を、大通りの店々をちょいと見てくれよ。たいがいの日本人の、この島国にまちがって漂着したような輩は、このパワーに、この迫力にやられちまうのだ。ちょうど俺がそうであったようにな。ひっく、ひっく、ういーっ。この巨人の国の、この無言の暴力に抗しうる力は何だろう、って考えたものさ。何をもって戦うべきか、何をもって抵抗すべきか、うん、戦いをやめることだな。実はそうなんだ、うん。

――バスに乗ってきた若い娘がな、ドコソコまでと近くの通りの名をいって二ポンド貨を出した。最低運賃は一ポンド半だが、娘は釣銭をもらう前に、さっさと奥の座席へ進んでいった。運転手が呼び止めて、これは多すぎるぞといって二ポンドをそのまま娘に返してやった。運賃を取るも取らぬも運転手の気分ひとつというあんばいで、この国の大雑把ぶりが微笑ましいや。

――こないだラジオを聴いていたら、九時になってニュースが始まったんだ。そのニュースが終ったところで女性アナウンサーが、先ほど時報を告げないでしまったことお詫びします、なんていってらあ。言い方が実にさっぱりしているから、腹も立たないね。慣例とか規則とか、そんなものはいつでもさらりと捨てますよ、とおっしゃっているみたいだ。この国の荒っぽい動物魂もなかなかのものだな。ういーっ、ひっく、ひっく。

――ラジオといえば、こんな放送もあった。とある殺人犯が服役後に本を出版してラジオに登場した。ひろく聴衆から電話とメールを受けて返す番組で、殺人に関心のある人びとが物申してくる。さる老人などは、電話口で怒りをあらわして、今どきの道徳の頽廃を糾弾し、それを助長するこんなラジオ番組はけしからんときた。ゲストの元囚人も興奮して声を荒立て、あいだに入ろうとするアナウンサーまでを罵倒する。アナウンサーもやり返したいところだろうが、さすがに気持を抑えているのがわかる。いやはや、この場でもうひとつの殺傷事件でも起きやしまいかと思ったね。猛獣をそばに置いて、なるべく怒らせないように言葉を慎重に選んでいるアナウンサーは感心だ。そのうちに別の電話がかかってくる。また別の対応が始まる。電話をかけてくる人たちのなかにも良識派がいて、感情の炸裂を嫌ってうっとりさせるような話にまで発展することもあるから、まあ、世間は鬼ばかりじゃないってことになるかね。おーい、もう一本くれい。ひっく、ひっく。

——ものの本によると、ブロブディンナグの警官はすらりとした長身の美男子ということになっているが、はてさて、どんなもんかね。俺がよく見かけた警官は、ずんぐりむっくりの頼もしい大男というやつさ。ヘルメット殿もいるが、つるつる頭を丸出しにした奴もいて、この猛者みたいなのがまた凄い。冬でも腕まくりして、肉づきのいいその腕には刺青があばれているんだ。そういうごつい、強面の警官がのっしのっしとやって来ると、警官というより、なんだか無法者のゴロツキでも迫って来るようだ。頼もしいどころか、恐いぐらいだね。

——この国にも子供がいてな、子供はそれなりに小さい。むろん、すぐに大きくなってしまうだろうが。ある日、町の雑貨屋で格別に小さいサンダルを買い求めて遠浅の浜に出た。家族づれの賑やかな集団が、水に入ったり、浜辺を走ったり、そうかと思えば、沖にむかってボールを投げて犬に取らせるようなことをやっている。大人も子供も、のびのびと夏の一日を過ごしているようで、まあ、こんなのがいちばんいいんじゃないかね。浜のベンチに腰をおろして潮の干いた砂地を眺めていたら、小学生ぐらいの男の子が砂地を横切ってぐんぐん歩いて行く。両袖が赤いシャツを着て、自信ありげにぐんぐん歩いて、どこへ行くのだろうと目で追った。少年は砂浜を歩き、船の後ろを通りすぎ、むこうの堤防の鉄はしごを登って、堤防の先端へ向かって歩いて行く。それから堤防の突端に腰かけて、下方に発着する観光船などを見ているようだ。俺はふと、少年の近くまで行ってみたくなって、ベンチから離れた。そばまで近づき、やあ、と呼びかけて少年の顔をよく見ると、その顔はソバカスだらけだが、ちょっと強い表情があってなかなかよかったな。国に残してきた誰かの子によく似ていると思った。釣りをやろう、とその子を誘ってみた。堤防のむこうで釣りをしている子供たちがいたから、竿を借りて試したのだが、ちっとも釣れない。少年もまったく釣れず、そのうち退屈してきたらしい。ほら、あそこに、と海面の一所を指差すので、よく見たら、黒い水が異様に動いて、アザラシが二頭こっちへ泳いできて涼しい顔を水面の上に出したんだ。つるんとした丸ァるい顔、これも誰かに似ていたな。ういーっ、ひっく、ひっく。

——二軒どなりのお宅の裏庭で家族パーティというやつかね、芝生に椅子とテーブルを持ち出してのんびりくつろいでいる。夏場だから夜の九時を過ぎてもまだ薄明るいんだ。若い娘さんだかがヴァイオリンを弾いて家族に聴かせている。その音が割れたりひっくり返ったりしながら、それでも一所懸命に弾いているんだな。一曲終るごとに、家族のあいだで拍手が湧く。演奏中はみんな押し黙って耳を傾けているんだ。ああいうのは、はたで聴いていても、いいもんだよ。調子の狂ったヴァイオリンと、家族による勇気づけの拍手とがね。

——そんなことがあってか、その晩寝について、翌朝の明け方にきれいな鳥の啼き声を聞いた。ウグイスみたいに凛とひびく声で、しかもウグイスよりもう一ひねり、節まわしが多い。早朝の窓のすぐ外で啼いているようだが、庭先の枝にでも来ているのか、ちょっと窓をあけて確かめてやろうと思っていると、もう一ぺん玉を転がす明るい啼き声をたてた。何の鳥だろう。天を仰いで啼いているのか、また一つ、また一つと、尋常ならぬ澄みきった啼き声をひびかせている。そのうるわしい声を聴いているうちに、はっきりと目がさめて、それからふーっと鳥の声が消えてしまった。惜しいことをしたと思って、ベッドから跳ね起きて窓のカーテンをあけたら、すぐそばに枝をのばした庭木なんてありゃしない。しかし、あれだけ近くに聞えていたんだ。何だったのかね、まちがいなく啼いていた、ナイチンゲール？　うん、きっとそうだ、ナイチンゲールがきれいな声で啼いて、こっちの眠りのなかにすべり込み、現実が夢と混じり合い、ほどよく溶けて、玄妙な音色をつくり上げていたのだろうかね。

まあ、あそこの国ではいろんな所へ、一人で出かけたな。なに、酒ばかり喰らっていたわけじゃないぜ。郊外へ向かう電車でちょっと走れば、もう田園なんだ。そういう郊外がいいな。都心の繁華街なんかでは、人の波が恐ろしいほどで、やたらにくたびれる。田舎の風に吹かれたいや。緑陰に涼風をうけて、身体に染み付いた毒素をきれいに吹きとばしてしまいたい。そうだ、さわやかな風、ひっそりとした東屋のベンチ、咲き乱れる夏の花、そうだ、郊外の某植物園へ行こうと俺は考えた。

——おやおや、真っ青な空をひき裂くように飛行機が行くぞ。轟音たてて、巨大な白い船が空を流れて行く。ほどたたぬうちに、また行く、また行く。そんなに低空飛行されちゃ危ないや。ひっく、ひっく。ほんとに、大丈夫ですかね。

――うん、植物園の池のほとりに凄まじい老木が見えたっけ。はるかの高みから大地へ落ちかかるようにして太い枝が垂れ、垂れた枝は横ざまにうねり、もだえ、しばらく宙を泳いだあとに土中へもぐり、ずっと先のほうで地面を突き破って空中高く枝葉をひろげているんだ。なんという猛々しい生命力だろう。とんでもない老木だな。九十ぐらいの年寄りが、筋骨隆々たる褌一丁で四股をふんでいるみたいだよ。いや、びっくりしたわい。ここでも悪魔の叫びを聞くようで、緑陰に疲れを癒すどころか、ますますくたびれ、圧倒されて、このブロブディンナグという国は住むべき所じゃない、早く故国へ帰りたいと思ったね。うぃーっ、ひっく、だいぶ飲んだわい。

酒場でたまたま出遇ったこの男、かぎりなく飲みつづけ、際限もなくしゃべり散らし、しまいにはこんな戯言をつぶやいたのである。――ブロブディンナグはもういい、次にめざすのは、ラピュタだ。

*

海のかなたは遥かの何千里、イギリスなるユートピアに着くこと幾たびか。長いときで一年から二年、短いときでも十日、あるいは二週間ばかり逗留して、知らず識らずに胸底ふかく降り積もるものあり、この堆積物をどうにかせねばならない。

第一章　ロンドン今昔

一

昔は——もう三十年ぐらい前の話になるが、地下鉄ピカデリー線がハンズロウ・ウェストで終点になっていたから、それより先のヒースロウ空港がいかにも遠かった。逆に空港からロンドン中央へと向かう場合でも、たいへんに遠かった。実際の距離はともかく、気持の上でずいぶん隔たっているように感じられた。

空港に到着すると出口の扉の外に赤い二階建バスが待っていたものだ。何々駅とか何とか、あちこちの行先がバスの頭部に太く大きなアルファベットで掲げてあった。どれもこれもが馴染みのない地名ばかりだった。初めてロンドンに着いた日、私はこの大型バスに運ばれてヴィクトリア駅という所へ向かったわけだが、ヴィクトリア駅がロンドンのどのあたりなのか、まるで知らない。予習なしのぶっつけ本番でとび込んだのだから無理もないが、とにかく、風の吹くまま気の向くままに生きていこうと決めていた。バスの一席に腰かけて寒々しい外の風景を見るともなく見ているうちに、しばらくしてバスが止まった。大勢の乗客がいっせいに立上がる。それにならってバスから降りたものの、晩秋の冷たい霧に全身をすっぽり包まれたまま、さて何処《どっち》へ向かったものかと途方に暮れてしまった。街についての知識が皆無であるばかりか、視界までもが閉ざされて、右も左もわからない。一歩も踏み出せないとは、こういうことかと思った。その頃、イギリス人はいつも細身の傘をステッキがわりに突いて歩くというような噂をよく耳にした。これは霧のなかで障碍物にぶつからぬ用心なのだそうだ。それぐらいに昔のロンドンは霧の濃い街だった。ロンドンについての私の第一印象も、この霧のロンドンであった。

しばらく経つうちに、あれこれ気がつくことがあった。その一つに、大通りを歩けばきまってガソリンだか軽油の燃える匂がした。個性の強い街の匂である。この匂がやがてこたえられなくなった。広い道に出るといつもの匂が流れて来て、

――ああ、おれは外国の街を歩いているんだ。

という、へんに誇らしい英雄気分に誘われたものである。今でこそ外国へ出かけるなどちっとも珍しい話ではなくなったが、当時は別だった。とりわけ一介の学生あがりが単身で異国へ乗り込むなんて、そうざらにある話ではなく、どうしても周囲の好奇心を煽らずにおかない。それの副作用として、我は特殊な人間なり、というような選民感情もどきにみずから汚染されてしまいがちだっ

た。

表通りの匂は、要するに自動車の排気ガスが冷たい外気と争って低く澱んで、そのために発生するものなのだろうが、これが知らず識らず、日々の生活の裏地にまで浸みこんでしまった。もはや拭いても擦っても落ちるものではなく、実はそれどころか、やがてこの匂に親しみさえ湧いてくるのだった。

ロンドンにしばらく滞在していた日本人の某さんが、帰国して間もなく手紙をくれて、「ロンドンの街のあの匂が恋しい。何かの拍子で、あれに近い匂がふーっと鼻先を掠めた日にゃ、涙がこぼれる」と書いて寄こした。イギリスだけに限るまいが、外国に長く暮して帰ったあとには、多かれ少なかれ誰でもこんな調子になるらしい。異国で味わった悲喜こもごもが、まぶしい日々の断片が、いきなり胸を衝いてとび出してくるわけなのだろう。

地下鉄の深い穴ぞこへ降りて行けば、ここにも忘れられぬ不思議な匂がこもっていたものだが、今ではだいぶ様子が変った。最近のサークル線《ライン》だのベイカルー線《ライン》には朗らかな原色塗りの新品電車が走っている。赤や青の、まるでプラモデルみたいに目出度い電車である。古くさい趣を払拭して一ぺんに若返ったようなのだが、私などの目には、まだ何となく晴着が板に付いていないように見える。こういう若僧列車がこれからどんどん増えてゆくのだろう。ときの流れは止めるすべもなく、ロンドン地下鉄という、あの古武士のごとき風趣は遠い昔のものになっていくようだ。

「がた、ごと、ぐわん、ぐわん」

ねずみ色に煤けた古つわものが、あっちのトンネルの闇から躍り出て、只今参上、とばかりに轟音を撒き散らしながらプラットフォームにとび込んでくる。湾曲した鉄の扉が勢よく開く。車内のほの暗い灯のもとでは人びとが本やら新聞を静かに読んでいたものだ。足もとの汚れた床上に鞄だの買物袋を平気で置いて、それを両足で挟むようなぐあいにして腰かけているのは、いわゆるロンドン式とでもいうべきか。女性ならば両脚を閉じて、ふくら脛の外側あたりに鞄やら袋をもたせて置く。そうするといかにも奥床しい趣が漂うから不思議だ。そんなふうにくつろいで、辞書ほどもある厚手のペイパー・バックをめくりながら一ときを愉しんでいるところは見るからにすがすがしい。昔は車内でも皆が煙草を吸った。若い女などが本を読みながら煙草を吸って、その一本の煙草がいつまでたってもお仕舞にならない。まだかまだかと、見ているこっちがはらはらする。二本の指の関節の所でなしに、爪と爪のあたりに煙草を挟んでいるから、フィルターの根まで火玉が迫ってきても熱くない。そんなふうに女が煙草を喫む光景はなかなか好かった。その後、あれはウォータルー駅だったか、どこだったたか、煙草の吸殻から火災が発生して大惨事を招いた。こっちが帰国したあとなので詳しくは知らないが、地下の穴ぐらを駈けずりまわる火焔やら黒煙の渦は、さぞ物凄かったろう。それからは駅構内も車内も、いっせいに禁煙となった。

地下鉄から煙草が消えてなくなったのは一つの大きな変化だが、それとはまた別に、昔ながらの汚い電車も今ではすっかりきれいになった。かつて車内には吊り革ならぬ吊り球が天井から垂れ下っていて、その球を握ると、掌にねっとりと脂の感触が伝わった。ぬるぬる滑るようでもあった。

どれだけ多くの汚れた手がこの球を握ったものやら。

さて、砂ぼこりのなかをくぐり抜けてきたかと思うような男が一人また一人、同じ車輛に乗り込んでくるなり、疲れた身体を座席に抛りだした。四人席が空いている所では泥靴の足をむかいの空席の上に投げだす始末だ。乗客のこういうふるまいは、昔から珍しいものでもなく、この頃の新品電車では、「座席に足をのせるべからず」との注意書が目につく。滑稽な標示である。これはほとんど、「座席にはきちんと尻をのせましょう」というふうにも読める。

脂じみた吊り球であれ泥靴であれ、昔であればちっとも気にならなかった。不潔はそのまま豪放磊落に直結していた。何も私だけでなく、若い世代の感覚ではおおむねそんな調子がまかり通っていた。汚いことが、泥まみれ汗まみれになることが、英雄的でさえあった。

ピカデリー線のはずれにノース・フィールドという駅がある。ここは私が初めてロンドンへやって来て下宿した所で、思い出すことも多い。その下宿から、ロンドン中央の甚だまともな英語学校に、至ってまともに通いつめた。放浪生活に移る少し前のことであり、その頃は割合に真面目な、変り映えのしない朝晩を送っていた。それでいてちっとも退屈しなかった。ここでは見るもの聞くもの、何もかもが珍しくて、一つ一つが新鮮で、だから毎日がひどく疲れた。夜はぐっすり寝た。

下宿のおばさんはミセス・キス、つまり接吻さんという名で、ハンガリー出身とのことだった。ハンガリー語でのキスは、小さくて可愛らしいというほどの意味らしい。だから接吻夫人と直訳するのは、本人が知れば迷惑至極であるに違いない。

ミセス・キスには十七、八歳の娘がいて、たいへんなのっぽだった。背も高いが鼻もむやみに高くて、その直角三角形のような鼻に黒縁眼鏡を引っかけて、人を見下すような権柄づくの感じがあった。針金のごとき細い声を波打たせながらクイーンズ英語で迫られると、どうにも歯がたたない。これには下宿人の誰もが悩まされた。

この家に下宿して朝夕の食卓を囲んだのは十人ばかりの外国人だったが、なかには十日だか二週間ぐらいで去る者もあったから、割に出入りが多くて、各国のいろんな男女に接する結果となった。この下宿に早くから住みついたインドネシア人やマレーシア人の学生らと私は友達になったが、フランスの若い女だの、ロシアから来た通訳志願の三人男などにはついに親しめなかった。

ある晩のこと、いつもの仲間連中が廊下に出てごそごそ話をしていた。秘密の相談事らしい。一人が、

「ちと早いな」

と腕時計を見る。しばらくして別の一人が、

「ここで待っていてくれ」

といって玄関を出る。ものの一分もたたぬうちに奴さん戻ってきて、

「ちょうどいい頃合いだぜ」

と声を絞って笑った。

皆が抜き足差し足忍び足で玄関から出て行くので、何事ならんとそのあとに従ったところ、連中

は前庭の植込みに踏み入って、ほの暗い出窓の端《はな》から室内をのぞき始めたのである。めいめいが親指を突き立てたり、笑いを噛み殺したり、しきりに顔なぞ見合わせている。

「ああ、なんて熱いんだろう」

ひとつ見てごらんというので、出窓の正面に立ってのぞいたところが、カーテンの割目から明るい居間のソファが見えて、ソファにもたれた若い男と女が盛んにキスしていた。男は香港出身のWという下宿人で、女のほうはキスおばさんの煙たい娘なのであった。W君もまたすらりと脚が長くて、つまり大男と大女の組合せになって豪勢ではあるが、しかし、二人がこんなにも熱い関係に陥っていたとは知らなかった。よくもやるものだと思った。もちろん、そういう真実を知ったからとて、こっちの気持が乱されるはずもなかった。相手が相手なのである。

ミセス・キス宅には三ヶ月のあいだ起居して、ぼつぼつ退屈を感じてきた頃に、よそへ移った。二人の恋人のその後の展開については何も聞いていない。

ピカデリー線にはまた、アールス・コートやグロスター・ロード、ナイツブリッジなどの駅があって、いずれも若き日々の思い出につながる。片仮名でなしに英語でその地名を記せばもっと気分が出るはずだが、まあ、ここでは已むを得ない。ナイツブリッジに貸間をみつけて住んだときは、コロンビアの学生と相部屋になった。ラテン系気質丸出しのその男とはずいぶん付合ったが、歯車の噛み合わぬこと夥しかった。あちらもそうだったろうが、顔を見ただけで腹が立つことさえあった。そんな仲でありながら、腐れ縁がいつまでも尾を引き、日帰りの小旅行までも一緒に出かけたのだから、我ながら訳がわからない。

さて晩飯だといってこっちが外へ出ようとすると、

「レストランなんて、高いばかりさ」

かのコロンビア男は部屋に残って、電気ストーヴの火熱で煮豆の罐詰なぞ温めて夕食にしていた。この男は豆ばかり食っていた。それでいて、ときに、

「ああ、玉子焼きよ……」

なんて目を細めたりするから、中華料理の旨い所へ案内しようかと誘えば、

「いやだ、金のむだ費いだ」

とくる。それでまた腹が立つ。

備えつけの電気ストーブは半時間ほどでスイッチが切れて、次のコインを投入しなければ赤くならない仕掛けになっていた。寒い日にはコインがどんどんなくなるわけだが、同室のコロンビア野郎は滅多におのれのコインを提供しない。奴は毛布をかぶって寒気に耐えながらも、こっちが堪りかねてコインを用意するや、待っていましたとばかりに毛布を捨ててストーブのそばへ寄ってくる。それから、郷里に残してきた恋人の写真なんぞを散らつかせて見せる。しばらくしてストーブが消えたところで、またもや毛布をかぶるという、たいへん調子のいい男であった。

外国暮しとなればとかく気持も荒んで、ときに盛り場のパブで夜ふけまで深酒して、暗い道をナイツブリッジのねぐらへと歩いて帰ったことも何度かある。たっぷり一時間ほど歩いたかもしれな

い。部屋に入って、着の身着のままでベッドに潜り込むと、古びた寝台のバネが背中を突いた。壁ぎわの枕もとでは、板壁一枚を隔てて鼠どもが元気に暴れまわっている。そうして隣のベッドからはコロンビア君の、何とも安らかな、間の抜けたような寝息が聞えてきた。

大酒を喰らって夜道をとぼとぼ歩いて帰ったのは、ナイツブリッジ在住のときばかりではない。ロンドン西北のメイダ・ヴェイルに住んだときも一時間ぐらいの夜の歩行はざらにあった。千鳥足のときには、同じ小径を二度三度と旋廻して、それだけ帰宅が遅れた。夜風に吹かれながらぬらりくらり歩いていると、誰もいない暗い舗道の上に、新聞紙の破れた残骸なぞがいきなり舞い上がって、音をたてて飛んでいく。そんなものを見ると、つい溜息が出た。「オマエハ、ココデ何ヲシテイルノカ」と、どこからか低い声が聞えてきた。

メイダ・ヴェイルの宿ではお婆さんと二人暮しだったから、玄関の脇に小卓が置いてあって、その卓上に二枚の小さな木札が並べてあった。めいめいの札には、表にIN—在室、裏にOUT—外出、と記してあり、一つがお婆さん用で一つが私のための札であった。この木札をもって二人は互いの存在を確かめ合っていたわけだが、私は出入りのたびに札をひっくり返すのが面倒くさくて、つい忘れがちになり、夜ふけに帰宅すると札が「在室」のままであったりもした。お婆さんは私がずっと部屋にいるものと思っていたのかもしれないが、もしそうなら、深夜に扉の鍵音を聞いてさぞ驚いたことだろう。しかし苦情の一片たりともお婆さんの口から洩れ出たためしはなかった。

下宿前の並木道を隔てた先方に運動場がひろがっていて、ある日の午後、お婆さんと一緒にそこへ行ってみた。二人で駈けっこをしようというのではなくて、明るい陽射しのなかで写真を撮っておきたいと考えたのである。

「すぐに着替えるからね」

写真と聞いてお婆さんは嬉しい様子だった。

「婆さん、化粧もしたらどうか。待っているから」

「いいえ、お化粧はしないの」

そのときの写真が今も古いアルバムに収めてある。運動場の石段の所に二人が行儀よく並んで写っているのだが、それを見ると、写真の奥から当時の肉声までが湧いてくる。

「ねえ、あんた、サングラスを外しなさいよ」

「嫌だね」

「サングラスは駄目よ、あんた」

「ふん……」

お婆さんはもうこの世にいないのだろうが、太くて艶のあるあの声だけは間違いなく聞えてくる。

二

今度の旅で、私はマーブル・アーチ近くのホテルに投宿して、つい懐旧の情に誘われるままメイダ・ヴェイルまでの街道を歩いてみた。マーブル・アーチはオックスフォード街の端だから、当時歩いた道すじを思えば、このあたりが夜間の酔いどれ歩行のほぼ中間地点になる。今、そのマーブル・アーチからエッジウェア・ロードを真直ぐに西北へと歩いてみる。ここはあの頃、酔いくずれて歌にもならぬ歌をつぶやき、溜息をついたりしながら帰って行った道だ。しかし道ぎわの商店のつらなりや、路地や、両側に並ぶ建物など、どれ一つ取ってみても記憶の網に引っかからない。今では色も香りも付いていないロンドンのさる街道を歩いているのと同じことで、昔のあの道を歩いているのではなかった。いったい何処へ消えてしまったのか。

——もしや……。

エッジウェア・ロードを目下歩いているこの男こそが、本物の自分ではなくて、たまたまロンドンを訪れた一人の旅行者なのではないか。いかにも物珍しそうに左右をうかがっているではないか。しょっちゅう立止まっては、ふり返り、頸なぞかしげている。この旅行者は通りがかりの若い女性を選んで、メイダ・ヴェイル駅はまだ先か、なぞと道を訊ねたりもしているのだ。間違いない。この男は、昔の私であろうはずがない。

エルギン・アーヴェニュという並木道の名が読めた。これは記憶に残る名そのものだが、往時の風景は眼前のどこにもひろがらない。蛇の抜殻のような名称だけが、さしたる実感もなく、ふわふわと脳裏に横たわっているばかりだ。

——消えちまったな。

並木道を渡ると広い運動場が見えた。だが、それだけのことだ。サングラスの若者も、お婆さんの影も見当らない。きれいに消えてしまったらしい。

白い桜が咲いている。私は傍らのベンチに腰を下ろして一服した。頭のなかが怪しく渦巻いて、その渦巻がやがて勢をゆるめながら静まってゆくようであった。へたに抵抗してみても、昔日は返らない。

そのときむこうの草はらを大きな犬が走った。あとから若い女が綱を手にまとめて歩いて行く。運動着姿の男がそばを走り去った。おそらくこの界隈に住む人たちなのだろうが、当時の私が居た頃には、彼らは幾つぐらいの齢だったろう。いや、まだ生れてもいなかったのではないか。

——僕はね、三十年ばかり前、この近所に住んでいてね……。

私は誰にともなくつぶやきかけたが、桜の枝を揺らす春さきの風は肌に冷たくて取り付く島もない。

——さて、帰るか。

しかし何処へ帰ろうというのか。もはや身の置き場もなく、これから何をする当てもない。私はしぶしぶベンチから立上がった。

三

快晴の一日、ホーランド公園を歩いた。真青に晴れわたった天空が頭上いっぱいにひろがり、その空のもと、地上には緑の芝生が遠くまでつづいている。こんなにも澄みわたった春景色は珍しい。ほのぼのと霞たなびく、というのも結構だが、春はそればかりでもなさそうだ。惜しみなく枝を垂らすプラタナスの古木や、そこかしこに咲きそよぐラッパ水仙の群が、この澄んだ極楽浄土の風景に一そうの趣を添えている。何だか有難いような気分だ。身体のふしぶしが快く疼くようでもある。もしもこの身が一羽の野鳥ならば、あらん限りの声をふりしぼって囀《さえず》るところかもしれない。

巨木の根もとで若い女が読書に耽っていた。白く乾いた老木の幹に背をもたせて、一心不乱に本を読んでいるのだが、こんなに清々しい野天で、こんなにも青々とひろがる草はらを前方に見ながら、娘は何の本に没頭しているのか。地下鉄のなかでも食堂でも、イギリス人はむさぼるように本を読む。そのつど私は好奇心に駆られて、彼らが何を読んでいるものか知りたくなるのである。

——お嬢さん、今日は。

——今日は。

娘はやわらかに微笑んで挨拶を返してくれるに違いない。

——ここで、何を読んでいるの?

――……え。

彼女は怪訝な表情を見せるかもしれない。あるいは無理に笑顔をつくって、近頃のベストセラーの何々が、そのにこやかな唇のあいだからこぼれ落ちるかもしれない。しかし私は、とうとう挨拶の一片すら発することなく若い女の前を通り過ぎたのであった。ホーランド公園を北側へ抜けると、ホーランド・パーク・アヴェニュからノッティング・ヒル・ゲイトへとつづくバス通りに出る。プラタナスの大木が点々とつらなる並木道である。その通りに面して、地下鉄駅のすぐそばに一軒のパブが見えた。私はすぐさま扉を押して窓辺の椅子に落着くと、

――はてな……。

このパブにはいつか何かで来たように思う。ビールを飲みながら考えた。ビールはもちろん舌先にやわらかな、とろりと苦いビターである。窓の外の並木道を人びとが行く。赤いバスが走る。道むかいにはクリーム色の建物が軒をつらねている。

昔、ロンドンに到着したばかりの頃、イギリス名物のパブとやらが街の何処にあるのかさっぱりわからなかった。パブは到る処にあるのだそうだが、看板に「パブ」とは書いていない。パブの外見はどんなふうであるかなど誰も教えてくれなかったから、やがて、下宿の連中と付合っているうちに独学で了解した。それぞれの店の品評にもやかましくなった。

初めの下宿の近くに「森亭《フォレスト》」というパブがあったのを憶えている。ばかに部厚い扉を押して店内に入ると、人声と煙草の煙が大渦をなして天井にまで立ち昇っていた。誰が入って来て誰が出て行

ったかわからぬほどに混雑していた。ときどき大きな笑声が弾ける。甲高い声がとび出し、金切声なども散らばる。私は先客をかき分けるようにしてカウンターの前に進み出るなり、

「ビア、プリーズ」

といった。しかし、こんなヘナチョコ英語が通じるわけはない。兄さん、ビアがどうしたのか、と返されてしまった。ビアだのウィスキーなどは、要するにアルコール飲料の総称にすぎず、総称というのは、飲み食いの実際からすれば宙に浮いた語にほかならない。今ここで金銭を払って求めるのはラーガとかスコッチという手応えのある具体物でなくてはいけないのである。それに、量を示すことも忘れてはならず、

「ア・パイント・オヴ・ビター・プリーズ」

つまり、ビターを一パイント下さいな、といえば文句はないのだが、無論そういう類は後日の経験の積み重ねから知ったのであった。初めの頃は赤子のごとしで、事あるごとに我と我が身が情なかった。悪酔いをする理由なんぞ、日々の生活の到る処にころがっていた。

しかし呆れたことに、今ではこの「ア・パイント・オヴ・ビター」の表現さえも古びて、曖昧の域に参入してしまっている。言葉も齢をとる、といえばそれまでだが、とにかく驚かざるを得ない。

「旦那さん、ビターにもいろいろあるぜ、銘柄は何かね」

とくる。銘柄なんかにこだわりたくなかったが、大きなハンドルの根もとに「ロンドン・プライド」という文字を読んで、それを注文した。実はこのビターを私は以前から愛飲していたのである。

ロンドン・プライドはあちこちのパブで飲んだ。苦味の底にうるわしい香りが流れていて、こういう一筋縄ではいかぬ味わいを私は格別に好んだ。そうしてこの並木道の見えるパブでもまた、ロンドン・プライドである。ついでながら、その後ロンドン・プライドの味も落ちてしまったことを、ここに付記しておかねばならない。

——そうか、初めてこれを飲ませてくれたのはピーターだったな……。

とうとう思い出した。ピーターがこの店で、ご苦労さん、といって奢ってくれたっけ。きっとこのパブに違いない。あの当時、私はピーターのつまらぬ仕事を手伝ってわずかばかりの給料をもらっていた。その仕事とは、カーペット清掃の広告カードをロンドンじゅうの住宅の郵便口に抛り込むという、壮大かつバカバカしいものであった。道の右側をピーターが、左側を私が歩いて、各戸の郵便口に次々とカードを入れてゆく。曲った道では二人がはぐれないように、ときどき立止まりながら互いの姿を確認しあう。ピーターはそれとなくこっちの働きぶりを監視しているようなところがあった。

「次は大物だ、しっかり頼むぜ」

大きなマンションが次なる標的ということだが、こういう住居では入口の扉が規則正しく並んでいるから、一挙に何十枚ものカードがはける。極めて効率がいいわけである。だが同時に、マンションには守衛が常駐して怪しげな外来者に目を光らせている。その手ごわい関門を突破しなければならない。

「おいらが奴に話しかけるから、その隙に君は階段を駆けあがれ」

ピーターはそういって、仕事が巧く片付いたら裏口からとび出せ、外で待っているから、と勝手に筋書きをつくって、

「では、成功を祈る」

と神妙に締くくった。そのあとの展開はいささかみっともないので、簡単に記す。要するに失敗したのである。階段を駆けあがるより先に私は守衛に呼びとめられ、それを無視したために、奴さん追いかけてきた。私は途中からエレベータに駆け込んだ。守衛の殺気立った大声が階段のほうからひびいてきた。その声に怯えながら少しばかりカード投入を実行したが、廊下を走っているときにカードの束が手から滑り落ちて、床の上に散乱した。もはやこれまでと思った。カードはその場に放棄した。急いで非常口を抜けて戸外にとび出すと、ピーターが薄ら笑いを浮かべて待っていた。私の手にカードが一枚も残っていないのを見て、

「君は、なかなかすばしっこいんだね」

と褒めてくれた。それから近くのパブに寄って奢ってくれたというところへつながるわけだが、それがホーランド・パークの先述のパブらしい。

四

人それぞれの顔が違うように、パブの貌《かお》も一軒ごとに異なる。あのパブへまた行きたいと思うかたわら、あんな顔は二度と見たくないという場合だってある。こういう好き嫌いが起こるのは仕方ないが、私の好みは寛大であるせいか、好きなパブが多すぎるのだ。

たとえば、喧騒の渦のなかへ何もかも投じてしまえとばかりの「ええじゃないか亭」――この店はやたらに騒々しくて、それがまた取柄でもある。老夫婦づれの目立つ「勿忘草亭」――いつかこんな店で来し方をしんみり偲ぶ日が訪れようか。また、仕事帰りに急ぎの一杯を引っかけるだけの「世も末亭」――こういう類の店はシティ界隈に散在していて、一見すこぶる粋である。それから、酔いにまかせて恋人の顔《かんばせ》なりをとっくりと検分するにふさわしい「豆と鳩亭」――店内に小ぎれいな椅子を備えてくれたなら、なお望ましい。あるいは酔うほどに万事がどうでもよくなる「柳のそよ風亭」――この種はロンドンじゅうに数かぎりなくあって、たいへん重宝する。他にもまだまだ、それぞれの雰囲気、それぞれの色合いを誇るパブが勢ぞろいしていて、挙げればきりがない。それら一つ一つの感触を確かめながら飲み歩くのは、またとない贅沢な愉しみである。

この三月の寒い夕暮どき、私はさんざん歩き疲れて、ソーホー地区の一軒のパブに入った。友人と落合う約束までにまだ一時間ばかりあったが、陽が沈むと厳しい底冷えが襲ってきて、もう外を歩きまわる元気もない。パブの灯がにわかに恋しくなった。

太い柱の脇の丸椅子に腰かけて、ビターの大グラスを飲んだ。飲みながら店内をゆるゆる観察すると、いろんな客がいろんな具合にこの一ときをくつろいでいて実に面白い。十人十色の趣がある。黒い顎ひげに黒縁眼鏡の男が、ずっと一人で飲んでいた。その飲み方が一風変っているのだ。グラスの縁に唇をつけたまま、しばらく匂を嗅ぐようにして、そのあとグラスをおもむろに口もとから遠ざけてしまう。次にどうするかと思えば、またしてもグラスの縁を舐めるように匂を嗅いで、そんな往復を幾度もくり返している。いざ飲もうという決心がつきかねているようにも見える。それでいて、ちょっと目を離せば、知らぬ間にグラスの中身が空になっていて、黒ひげは凝っと宙なぞ見つめているから驚く。それから空のグラスをカウンターへ運んでお代りを頼むのだが、お代りはなぜか二つのグラスなのである。大きなグラスを二つ並べて飲んだあとに、また二つを買う。そんなことを反復している。たいへんな呑助には違いない。

昔読んだ小咄をふと思い出した。さる男がカウンターにグラスを二つ並べて飲んでいる。その二つを実に旨そうに飲み干すと、男は帰ってゆく。翌日も、翌々日もやって来て、同じようにグラスを二つ注文しては、それが空になったところで帰る。ある日、パブの親爺が男に訳を訊いた。その答がこうである。

「友達といっしょに飲んでいるのさ。一つはおいらのグラス、一つは奴のグラスだ」

ところが数日後、男はやって来てグラスを一つだけ注文した。

「ほう、何かい、相棒は死んだかね」

パブの親爺がそういうと、

「いや、奴はね、残念ながら医者に禁酒を命ぜられたんだ」

男はふかく友達に同情するような顔つきで、一杯のビールを惜しむようにしみじみと飲んだ。

その咄はそれとして、くだんの黒ひげのほうは、どういうつもりなのかわからない。さっきから相当の量を飲んでいるはずなのだが、あのぐずぐずの飲み方をもって、いつの間に飲みきってしまうのか不思議でならない。何食わぬ顔でつるりとグラスを空にして、ズボンのポケットから小銭を引出すなり再びカウンターへと歩み寄る。そのときふと、黒ひげの着ているセーターの肘に大きな穴が見えた。穴からつるつるの素肌が顔をのぞかせている。黒い顎ひげには白毛まで混じっているのが見えて、どうやら若い男ではなさそうだ。何者なのだろう。貧しい単身の哲学者のようでもある。雑務に疲れた学校教師のようにも見える。いや、頭のいかれた只の呑助とも考えられる。

お代りを手にして席に戻ると、また例の奇嬌な動作が始まった。

――いい匂じゃのう。飲むのが惜しいや。ふむ。まあ、ちょっとだけ飲んでみるか。いや、やっぱり止そう。……

黒ひげは胸の裡側でこんな独言を際限もなくくり返しているのかもしれない。すぐ隣の長椅子では、先刻からずっと、身なりのきちんとした中年男性と女性とが絡まり合っていたが、そっちも気にならないわけではない。女性は腰のあたりに伸びてくる妖しげな相手の手を、ぴしゃり、と叩きながらも笑顔をくずさない。いい気なものだ。その横顔が壁ぎわのランプの灯に照らされて、女の白い餅のような頬っぺたがくっきりと浮かんだ。日本人女性に違いなかった。

私は吃驚した。そのとき女の手が軽やかに流れて、隣の黒ひげのグラスを、あの謎めいた二つのグラスのうちの一個を、さも当然のように握るなり己が口もとに傾けたのである。黒ひげは宙の一点をにらんだまま微動だにしない。まったく無関心の態である。この二人は、いや男女三人の関係は、いったい何なのか。しかしこれ以上書けばへたな小説になる。私は呆気にとられるやら、何だか愉快な気分に襲われるやらで、このソーホーのパブがひどく気に入った。

また別の日、チェルシー地区からテムズ河岸に出て、岸ぞいにウェストミンスターの方角へ歩いた。河風が容赦なく肌を刺す。舗道を往く人影も見えず、途中で只一人、むこうから手持ち無沙汰に歩いてくる巡査と擦れちがった。歩くのを商売とするこの紳士は、朝から日暮れまで幾ら歩いても事件の一つとて起らず、それでいて不満らしい顔つきなぞ見せない。歩くだけで給料をもらえるのだから幸せです、とでもいいたげな風情である。

今回の旅では私も歩くことを仕事にしているわけなのだが、お巡りさんほどに修練を積んでいないから、すぐにへたばる。腹もへるし喉も渇く。腰を下ろして一服つけたい気分にもなる。何とも情ない。それやこれやを反省しながら歩いていたら、ピムリコ付近にさしかかって一軒のパブが筋むかいに見えた。昼飯には少し早いが、パブの戸口に黒板が立て掛けてあって、原色のごてごてしたチョークの文字で昼の献立なりが記してある。さて、どうしたものか。飛びつきたくなるほどの料理もなさそうだが、たまにはこんな場末のパブで昼飯というのも悪くない。それに正直のところ、寒風になぶられながら、もう歩き疲れてしまった。油がきれた、というやつである。要するに、毎度こういう調子なのだ。扉を押して店内に入ると、ほの暗いカウンターの端に先客が一人腰かけていた。店の女はモップを動かして、せっせと床の掃除である。

「昼飯は頼めるのかな」

「あいよ、何にするんかいね、旦那さん」

「焼鳥とチップス」

「焼鳥はちょっと待たせるけど、いいかいね」

「ああ、どうぞ」

ここで私は手洗いに立ったが、女はこっちの背中に声を浴びせて、

「濡れてるから、滑らんようにね」

と注意を促した。なるほどトイレの床石には派手に水を流した形跡がある。しかし、それぐらいなら何でもないが、気に障るのは鼻をつく消毒液の臭いである。飲食の場でこういう臭いは嬉しくない。段になった足台の所やら、小便壺のなかに、青い消毒液がでれでれと筋を引いていた。即席の清掃にこんなものを撒き散らしておいたわけなのだろう。

用をすませて席に戻ったら、何だかすっかり食欲が失せてしまった。焼鳥を待つまでもなくビールだけ呷って退散したくなった。店の女は拭いたり掃いたりに没頭し、そこへ別の若い女が、こち

らは歪《いびつ》のバケツと襤褸《ぼろ》モップをそれぞれの手にぶら下げながら現れた。バケツの水が揺れて、ちびりちびりと床の上に垂れた。女は気にもとめない。この女か、または先の女が、注文の品を皿にのせて持ってくるのだろう。私は寒々しい空想に沈みながら二人の女の働きぶりを眺めていた。

間もなく鳥肉の焼いた切身の上にチップスやらサラダを山盛りにした皿が運ばれてきた。一つの皿に何もかも共存させるのが、イギリスの流儀である。女はナイフとフォークを無造作に小卓の上に抛って、

「トマト・ケチャップは要るんかいね。ドレッシングは？」

と訊いた。

「いゝや、何も」

そのあとは、やみくもにナイフとフォークを動かして顎を上下させているうちに、旨いも不味いもわからなくなった。手から口へ、また手から口へと盛んに物がとび込んでいく。やたらに忙しい。負けてはならじと大いに顎を働かせて早目に嚥みくだしてしまう。

二人、三人と客が入って来た。よれよれのジャンパーに砂まみれのズボン、そして靴などもひしゃげて粉をふいたように白い。近くの工事現場で働く男たちなのだろう。連中はカウンターの丸椅子にくずおれて、ポケットの奥から煙草をひねり出し、重い手つきで火を点けた。先だって、シティ地区を歩いていたら、とあるパブの扉に貼紙が見えて、「工事服と汚れ靴の客おことわり」と書いてあった。門前払いである。そういう水臭いパブも確かにあるわけだが、そんな店では雑巾バケ

ツの姐さんなどにも、よもやお目にかかれまい。皿の料理は幾らかましであるのかもしれないが。

五

リヴァプール・ストリート駅から東の方角へ歩いた。イースト・エンド地区の散策となるが、前世紀のここいらはスラム街がひろがっていたほどで、ロンドン西方のノッティング・ヒルやラドブロークなどの清々しい田園都市とはまったく趣を異にする。環状の道ぞいを飾る白い建物も、涼しい木蔭の坂道も、イースト・エンド界隈には望むべくもない。

ペチコート・レインの露店に群れる人だかりを抜けてコマーシャル・ストリートを北上すると、左手にスピタルフィールズの市場が見える。風雨に傷めつくされた巨きな煉瓦家の土間におのおのが店を開いている集合市場である。花屋あり青物屋あり、パン屋、古着屋、古靴屋、古本古雑誌を並べた店、よろずガラクタを打ちひろげた店と、すこぶる賑やかだが、見たところ品物が売れている様子もない。売れないことがわかっていながら店をひろげずにいられないのは、店を出していれば何かしら売れるかもしれぬが、店を開かないでいては何も売れないという理窟なのだろう。そういう素朴な理窟のもとに成立しているらしい店ばかりだ。但し、一つだけ例外がある。薄汚れた椅子や小卓を並べて、そこで簡単な食い物飲み物を摂らせる店が不思議にも繁盛している。いや、不思議といっては語弊があろう。人間の飢えと渇きに直結した商売こそが、一番たしかな筋と見える。

店頭の台の上に、不格好にくずれた海苔巻やら円盤型の握り飯が山積みされているので、

「これは何か?」

と冷やかしに訊いてみたら、

「飯球《ライスボール》」

との返答であった。酢飯なのか、と握り飯を眺めながらまた訊くと、

「いや、酢飯はこっちだ」

店主は堂々とくずれた海苔巻を指差して、無知な客の好奇心を満足させてくれた。これらの原産地はどこかという質問を私は辛うじて抑えたのであった。

隣の大鍋には茶色に濁った汁が湯気を噴き立て、胸苦しい匂を発散させている。鍋の前に木札を立てて、「冬スープ、五十ペンス也」と売りだしているのだが、奇怪な現象というべきか、その冬スープとやらを求めて若い男女が集まり、次々と紙製のカップに注いでもらっている。店主は一つ売れるごとに、

「冬スープ、冬スープだよォ」

と高らかに叫ぶ。

スピタルフィールズのこの辺りでは、だだっ広い舗道に大小とりどりの紙屑が散らばり、路地を挟む建物なども、いずれ劣らぬ鼠色に朽ちさびれている。脇道へちょっと入ると、人影の乏しいうすら寒い一本道がのびていて、煤けた煉瓦の家屋が上からのしかかるように迫ってくる。歩くほど

に胸苦しくなるのだ。昔のスラムの片鱗が、この一帯の風景にしみ付いてしまって、そう簡単には消えぬものらしい。無論、昔はそれどころの騒ぎではなく、路地裏の汚染たるやさらに本格的で、さらに迫力があったはずだ。

イースト・エンドのはずれにシャドウェルという所がある。この地区のデロウ・ストリートなるは、今でこそ何の変哲もない、むしろさっぱりとした静かな小道だが、その昔ディケンズはここらを散策して小説に描くべき阿片窟の肌ざわりを得たのであった。『エドウィン・ドルードの謎』に揺らめく、あの暗い妖しげな阿片窟の鬼火は、今やデロウ・ストリートの何処をさがしても見当らない。前代のどす黒い霧はとうにかき消えて、この明るく晴れた裸の風景とはまったく別の所に、小説だけが残った。

ふと、ロンドンの目抜通りをとぼとぼ歩いてゆくディケンズ少年の後姿が見える。そう思っただけなのかもしれない。するとたちまち、呼売りの声が四方にこだまする。辻馬車が駈けてゆく。少年は建物の頂を見上げたり、看板の文字を読んでみたり、ガラス窓の内側に並ぶプディングの山を見つめたりしながら歩いている。もはや間違いない。私もその同じ道を、少年の後ろに付添って歩かずにはいられなかった。

ディケンズ少年が辛酸をなめた靴墨問屋はテムズ河岸のハンガーフォードにあったが、その位置はおおよそ現在のチャリング・クロス駅あたりに重なる。この問屋と、バラ地区ラント・ストリートにある木賃宿とのあいだを、少年は朝夕往復して生活の資を稼いだ。片道でも一時間をゆうに越える距離であったはずだ。

両親はどうしたのかといえば、幼い子供たちを引きつれて同じバラ地区の負債者監獄に呑気な日々を送っていたのである、監獄のなかまでは鬼の借金取りも追って来ないだろう。ここは高い壁に守られた安全地帯だ、来れるものなら来い、というわけだ。実際ディケンズの父親などはそれぐらいの神経の持主であった。ディケンズ少年と姉だけが、獄中の家族と離れて住んだ。姉は音楽学校の寄宿舎に入ったけれども、少年は一人ぼっちの宿に寝起きしながら、朝になれば弁当を用意してハンガーフォードの仕事場へと向かった。

ラント・ストリートの木賃宿があった所には、今ではチャールズ・ディケンズ小学校なるものが建っているが、少年はこの宿を出てマーシャルシー・ロード、それからユニオン・ストリートへと鉤型に折れて歩いたものか。ユニオン・ストリートは今なお裏淋しい小道である。そこから太い道へ出て、ブラックフライアズ橋を渡れば、テムズ対岸の賑やかな街並みが眼前にひらける。対岸のラドゲイト・ヒルを左折してフリート街へ、さらに活気あふれるストランド街へと進めば、もうチャリング・クロスも間近である。かの靴墨問屋は川岸の暗くじめじめした家屋で、鼠が所かまわず走りまわっていたという。少年はその建物のなかへ入って行った。

ラント・ストリートの宿を借りる前にはキャムデン・タウンのさる夫人宅に寄宿していたが、そこから仕事場までの道となればさらに遠い。十二歳の少年はこうして朝に夕にかなりの道のりを歩いたわけである。

ディケンズは年少の頃からロンドンの街をしこたま歩いた。歩くことがやがて習い性になって、これでもかこれでもかという具合に歩いた。歩けば歩くほど、ロンドンの街並みが、そこに生きる人びとの息づかいまでが、彼の身体の奥ふかくまで浸み込んだようである。ディケンズの観察も、知識も、どこか静止した所で深まったという印象が薄い。むしろ動きのさなかに吸収され、たくましい勢で熟成していった感が強い。

一般に、イギリス人は天性の歩行者であるようだ。歩きの達人がいかにも多い。男も女も、脇目もふらずにぐんぐん歩いて、私などはしょっちゅう道を追い抜かれてしまう。どんなに勇んで両足を動かしてみても負ける。せいぜいこっちが追い抜くのは、腕を組んでもそりもそり散歩している小柄な老夫婦ぐらいのものだ。

オックスフォード街だのウェスト・エンド界隈では外国からの観光客がねり歩いているから、どうしても先がつかえていけない。そういう渋滞のなかで、人と人との隙間を縫うようにして先へ急ぐ者があれば、それは必ずやイギリス人である。彼らはどうしてそんなに足早なのか。

女性が一人きりで歩いている姿などもよく見かける。イギリス人は団子のようにかたまって行動するのを好まないから、女性の一人歩きも珍しくはない。団子族はよそ者に決っている。イギリス女性がハンドバッグを肩に吊して長いコートの裾を蹴ってゆく姿は、いかにも頼もしい。うら若いイギリス娘などが、ズボンにジャンパーの普段着姿で煙草をくゆらしながら足早に歩き去る。そんな風情もいい。今すぐにも何かが起こるという、生活の張りつめた予感が彼女らの五体を包んでいるかに見える。前方に新たな生活があり、期待があり、要するにイギリス人は退屈のばい菌などに冒されていないようなのである。

男どうしで、あるいは男女一組で歩いている光景にもたびたび出くわすが、それにしても歩くのが速い。歩きながら語らい、ときに笑い、その笑いもまた稲妻のようにさっと光っては散る。イギリス式歩行は彼らの言葉づかいや態度の片々にまで、そのまま反映しているかに思われるのである。

信号が赤でも青でも連中は頓着しない。個人の判断こそが尊重されねばならぬとばかりに、横断歩道には LOOK RIGHT——右に注意だの、LOOK LEFT——左に注意と、路面に白ペンキで大書してある。これは信号なんか仰ぎ見る必要なし、とも取れる。己の眼で確かめて安全だとなれば、迷わずためらわず、彼らはまっしぐらに歩を進めるわけだ。眼も良くて、判断も敏捷でなければ、こうはゆくまい。

往来の激しい大通りを四十がらみの男が横切っていく。男が道を渡りきらぬうちに、二階建バスが角を大きく曲って襲いかかってきた。男は辛うじて身をかわすなり、走り去るバスめがけて、

「糞野郎!」

と怒声を浴びせた。歩行者をなめるな、というふうにも聞える。お前さんの目玉はどこに付いているんだい、とも解される。連中のものを見る眼は、こんなにも厳しくて、こんなにも紙一重のところがある。

六

初めてロンドンへ来た頃は、暇にまかせて大通りから狭い路地から、すみずみまで歩き、歩いた道をあとから地図の上に赤で塗った。しばらくそれをつづけているうちに、ロンドン中央の街路地図は一面が真赤になった。今度の旅でも同じことをやってみようと考えて、私は毎晩宿の机の上に市街図をひろげて、昼間歩いた道を赤で染めた。その赤がぐんぐん蜘蛛巣状に伸びてゆく。なかには懐かしい気分で特別に濃い赤を塗りたくなる道もあり、結局、道によって濃淡の違いが出た。

たとえば、その特別扱いの一つ。地下鉄のハイゲイト駅を出ると、ひっそりとした小道が前方にゆるいカーヴをつくり、道の左右には小ぎれいな家が建ち並ぶ。すぐ左手に細い急な坂道が見えて、ここはなんとも懐かしい一郭である。木立ちに包まれたこの小径を登りつめればバス通りに出るはずだ。バス通りを横切ると道ぞいに商店が並んでいて、きっと、あの小さな雑貨店、果物屋、郵便局なども まだ健在であるに違いない。

しかし今、坂道を登るつもりもなく、私の日の前にはただ白い静かな道がのびている。人の姿は見えない。昔であれば、どこぞの家のデブ猫がいつも決まって挨拶に出てきたものだ。その道をゆっくりと歩く。路面の四角い敷石が靴底に踏まれて、一歩また一歩と踏まれるたびに、何か遠いひびきを伝えてくるようである。

――この道はよく歩いた……。

しばらく先へ向かって、スタンホープの坂道も相変らずの急坂である。その長い坂道を下ってゆくと、ひとりでに、どんどん足の速度が増す。坂の途中の左側にかつての寓居が見えた。今では誰が住んでいるものか知らない。隣は家主のミケライ婆さん宅だが、風のたよりではお婆さんも元気なのだそうだ。いざここへ来るまでは、お婆さんにも一目会っておこうと考えていたが、しかしそれも虚しい気がする。この家にも、あの家にも、今ではもう誰もいない。そんなふうに思われてならなかった。

夕方、宿に戻ってレジーナの所に電話した。レジーナはハイゲイトの近くのマスウェル・ヒルに住んでいるが、彼女にも会うつもりはない。その昔、レジーナとは、先方とわが家の子供どうしが遊び友達であったために、家族ぐるみで親しく付合っていた。だから、このたび電話の声だけでも聞いておこうと考えた。

だが、レジーナの声は聞くことができなかった。今後もそれは望めない。ほんの四日前に亡くなったということを、電話に出た娘さんから知らされたのである。肺癌であったという。こんなことになってしまっていたとは、何ひとつ知らなかった。

先年刊行した本のなかにも、私はレジーナのことを書いた。まさに一片の幻である。

「レジーナはたいへんな煙草喫みで、食事のときでさえ中休みに煙草を吸うほどだが、そのせいか声はがらがらに割れて、全体に男まさりの印象がある。車の運転はまことに手馴れたもので、何かのついでに一度だけ乗せてもらったが、そのハンドルさばきには大いに感心させられたのを憶えている。それやこれや、レジーナについては、神様が性別を決める際に間違いを仕出かしたのではないかと疑いたくなることが少なくない……。」

翌朝、近くの花屋で花束をもとめてレジーナの家を訪ねた。レジーナがもういないとわかったところで訪ねて、逆に健在であったなら訪ねることはなかった。これをもしレジーナが知ったなら、ふふふっ、とあの人なつこい笑顔を見せてくれたに違いない。

第二章　倫敦草紙

街へ

某年三月十二日、午後四時、ロンドン、霧雨――。夕暮れの街が、何かこう、ずっと遠くまで灰色にかすんで、表通りを走る車の音が、ざざざっ、と浜辺のさざ波のように寄せては引く。パディントン駅の古い駅舎の石壁ぞいに、長く、黙々と、タクシーを待つ客の列が延びる。うすら寒い。やれやれ、早春のロンドンはやっぱり寒いや、など独りつぶやきながら待った。

やがて順番がまわってきて、いよいよタクシーの座席に軀を沈めると、さすがに落着いた。いつもの調子が復活する。

「ゴーダス・グリーン駅前へ」

「よしきた」

ワイシャツに黒っぽいジャンパーを引っかけた運転手が、いなせなロンドン訛を弾きだして、ここでまたふーっと安らぐような気分になったから妙なものだ。

広場の緑、人影まばらな並木道、煤けた煉瓦の建物や、短い煙突の束や、白い窓枠、黒い鉄柵、どれもが遠い記憶の底から湧きだして、目の前をゆっくりと流れてゆく。いや、懐かしいなんてものじゃない。胸が躍るわけでもない。そういう初々しい気持なんぞは、もう涸れてしまったのかもしれない。曰くいい難い感懐というべきだが、これはある種の、古里へ帰ったような安心感にも近い。おやおや、セント・ジョンズ・ウッドの駅前に出たぞ。あっという間だ。これからフィンチリー街を走るのだろうな、とそんなことを考えていた。

——今日はついてらぁ。いつもなら、ここらの渋滞がひでえんだよ。工事ばっかしでさ。

タクシーの運転手が、あんた街を知らんだろう、おいらァ、生れも育ちもロンドンよ、という調子でぶつけてきた。

——毎日この雨じゃ、工事にもならねえや。

——……ふーん、雨ばっかしかね。

——そうだ、昨日も、おとついもだ。アヒルにゃ、うれしいだろうが。

街のそこかしこに灯がともり、薄暮の街並みはぼんやりとにじんで、ロンドンもなかなかいい。この時節は暮れるのがやたらに早いのだ。舗道を急ぐ人びとの足もまた、やけに忙しい。それやこれやを見るにつけ、いかにもロンドンにやって来たという気分になる。と、三車線の広い道の反対側に、緑色の灯にゆらぐ電光看板が目についた。

——おや？　うん、あすこだな。あれだね、目的のJ不動産だ。よしよし、ここで降ろしてもらおう。

あらかじめ契約しておいた宿の鍵を、ここで受取る手筈になっている。話のとおり、前方には地下鉄駅の標示も見えるから、まずまちがいない。意外にもすんなり見つかったものだ、と軽い気分で降りる支度をした。

——しかし、あんた、ゴーダス・グリーン駅前っていったろうが。

運転手は客の要望に応じない。駅の前か。ふん、そうかい、そうまでこだわるなら駅の前で止めりゃいいさ。どうせ、すぐそこだ。ちょっと歩いて戻りさえすりゃいいわけだから。

それからものの一分も走らないうちに、地下鉄駅前の舗道ぎわに車は止まった。

——……さぁて、これで駅前だね。

——ほんとに、こっちでいいのか、おっさん？

——だって、もう駅前なんだろう。たのむから降ろしてくれよ。

——いいんですかい、ほんとに、旦那。

チップを少々弾んでやったら、奴さん、たちまち言葉つきがやわらかくなった。おかしいったらない。で、大きなスーツケースを車から引摺りおろして、ふらふら歩きだした次第である。霧雨がしぶいて、やたらに寒い。路面に水音を立てながらタクシーは去って行った。

信号の色が替って道を渡りかけたとき、何やら脳裡に閃くものを感じて、ふと立止まった。

――……?

地下鉄駅の文字板を振返って見る。しまった、なんてことだ。ゴーダス・グリーン駅であろうはずが、ここはまだ、ずっと手前のフィンチリー・ロード駅じゃないか。どうしてこんなことになってしまったのか。

ホントニ、コッチデイイノカ?――運転手の声が耳もとに谺《こだま》した。こっち――here、つまりフィンチリー・ロード駅という意味を、駅よりも手前の地点――ここ、here――と取りちがえてしまった。here――ヒア、恐るべきかな、この一語というわけだ。

いきなり緑色看板のJ不動産が見えたからいけない。それでてっきり――いや、弁解はよそう。こちらのJ不動産は、目的のゴーダス・グリーン駅前不動産の支店であることが後でわかった。

詮なく、道ばたで次のタクシーを待つ。雨が吹きつける。あたりは暗い。前方の地下鉄駅の出口から人びとのかたまりが溢《こぼ》れ出て、めいめいが、右へ左へと流れてゆく。誰もが固く冷たく唇を閉じている。これがイギリス人なのだ。

タクシーはなかなか来てくれない。タクシーが来なきゃ、地下鉄に乗ればいいさ、というわけにはいかないのである。路線がちがうのだから。それならバスに乗ればいい、ということにもならない。とんでもない所へ連れていかれるのが落ちだ。ならば歩け、というに至っては論外である。大きな荷物に、傘までさして、どっちへ歩いて行くのか。初めのタクシーが戻って来てくれるものなら、改めて乗せてもらって、倍のチップを奮発してやってもいいぐらいだ。

やれやれ、ありがたい、やっとのこと車が来た。そうして、今度こそゴーダス・グリーン駅前のJ不動産前に行き着いたから、ほっとした。さて車から降りて、代金を払おうとしたところが、

——鞄に気をつけな、鞄に。

運転手が声を落として注意する。——鞄？　鞄は舗道の上のスーツケースのわきに、ひとまず放ってある。急いで支払いをすまそうとしているこの瞬間、確かに荷物は背後にあって見えない。だから何なのか、なんていったら、度しがたい能天気野郎ということになるらしい。注意されてみると、なるほど、建物のへこみに雨宿りしている男の人相がよろしくない。むこうの建物の蔭にはまた別の男が、じっとこっちを観察しているではないか。新聞紙を頭にかぶせて往ったり来たりしている奴も、なんだか怪しい。

人を見たら泥棒と思え、と構える恰好になってしまいそうだが、この街では、それぐらい用心したほうがいいのかもわからない。数日後の話になるが、オックスフォード街の店で、日本から持参した携帯電話を検べてもらった。

——こっちでも使えるかどうか……。

——どれどれ、ふーむ。

ジーパン姿の若い店員が、もの慣れた手つきであちこち押したり開いたりしたあと、だめだね、という結論になった。店員は器具の特性とか何とか、いろいろ説明してくれるけれども、専門用語が多くてさっぱり解らない。

——ブツ、ブツ、ブックサ、ブックサ。

——ちんぷん、かんぷん。

店員との会話に気を取られて、品物はわきのカウンターの上にしばらく置きざりにされたままだった。そうやって話に夢中になっている隙に——どこかで誰かがねらっていたのだろう。気がついたら、携帯電話が消えていた。ああ、これがロンドンか。昔なら、こんなことはなかった。こうまでこせこせした窮屈な街に落ちぶれてしまったのか、と古き良き時代をしのびながら、その晩は独り、やけ酒をひっかけたのであった。

ロンドンは、若い頃に風来坊暮らしをして少しは知っているつもりでいたが、近頃の街はさっぱりわからない。わからないからこそ新鮮でもある。初めのうちは面白がって、あちこち歩いた。下宿の前の道がゆるやかにカーヴしながら徐々に上り勾配を強めて、そうこうするうちに、ひょっこり森のふちに出る。そのままほの暗い森にふみ入って真直ぐ進めば、ゴーダス・グリーンへ、右に折れて森をぬけると、ハムステッドの丘の頂にたどり着くらしい。らしい、というのは、後で地図をひろげてみて判明したわけなのだ。森のなかの緑の小径もいいけれど、そっちへ入らずに、まずは周辺の入り組んだ路地を散歩するのもわるくなさそうだ、と先へ歩いて行った。どっちへ歩いても、何かしら、興味を誘う破片が落っこちている。

たとえば、ぶらぶら歩いて、ばかに豪勢な邸宅に出くわす。広い石段がくの字をなして上へ上へとつづいて、石段を登りつめた先には白亜の円柱なんぞ折っ立てた玄関が待っているではないか。芝生の庭のはずれには金鎖の大樹がめでたく枝をひろげて、まあ、あたり一面に金色の雨をふらせている。その太い枝と、となりの桜の樹とのあいだにハンモックが吊ってあって、なかなか風流である。二階のバルコニーは半月形に大きく張出して、ブーゲンビリア、パンジー、ジェラニュームの鉢植などが、その白い欄干をゆたかに飾っている。夏のたそがれには、ビール片手に、このバルコニーからすがすがしい夕焼空だの、遠くの教会の尖塔だの眺めて、さぞいい気分だろう。うっすらとひろがるロンドン郊外の薄暮の家並を、しみじみと遠望することもできそうだ。

それからまた別の邸宅が見える。こっちは高い石塀で家の周囲をとりかこみ、邸内がどれだけ贅沢にできているか、そいつは誰にも見せられませんと断っているみたいだ。入口の黒い鉄門ごしに辛うじて覗いてみると、いやはや、玄関前の石畳にデラックスな車が三台、四台と並んでいるではないか。物かげからは凄味をきかせた大型犬なんぞが、今にも登場しそうだから、ちょっと身の危険を感じてしまう。

お次は白壁に黒い梁をむき出したチューダー朝ふうの館、それから出窓を優雅に湾曲させたテラコッタの邸《やしき》、あるいは高級車とぽんこつ車を仲よく二つ並べた家、あるいは煉瓦仕切りの花壇に季節の花をどっさり盛りつけた御宅と、実にいろんな家が見える。しかし不思議なことに、たいがい家の主の姿が見えない。まさか空家ではあるまいが。

ひとしきり界隈の家々を眺めたあと、さて、わが寓居へと、ほどよく疲れて帰ってくる。いつ頃からか、ここをひそかにフィンチリー御殿とみずから呼ぶようになったのは、何も戯れじゃないのだ。自嘲の裏返しでもない。たとえば地方の町に一泊なり二泊なりして帰ってくる。そうしてロンドンのこの古びた建物の、埃くさい階段を上がって、二階の自室の鍵をあけると、とたんに安堵の溜息が出るのである。ここには他人の立入らない、一人だけの小さな世界があって、そのふところのなかでは無性に落着くのだ。

旅先から帰ったときばかりではない。街へ出て、あれこれの雑用をこなし、買物などすませて帰る。部屋に入って荷物を置くなり、やれやれ、帰ったぞ、と安心するのだ。門を出れば七人の敵あり——まあ、実際それに近い調子で、いつも出先から帰ってくる、当初はそんな毎日であったようだ。

フィンチリー御殿の話をしよう。白いペンキを塗っただけの素朴な扉のはしに、鍵穴が二つ、ぽつんと付いている。これが入口だ。一つだけの錠では泥棒対策として不十分らしいが、実際、盗られて損するような所持品なんかありゃしない。

鍵を差込んで扉をあけると、たちまち部屋のなかにとび込む恰好になる。つまり靴脱ぎ場も、ホールも、廊下もドアも何もなくて、そのまま居間ということになる。室内には木製ベンチと小さなテーブルが一つあって、テーブルは食卓でもあり、愛すべきわが仕事机でもある。それから安楽椅子が一つ、ここではラジオを聴いたり考え事をしたり、うたた寝をするのにも都合がいい。部屋のすみっこには申し分のない調理台と流しがある。もちろん、独り住まいの身として申し分がない、といい添えたいところだ。縦長の窓からは裏庭と、隣家の庭の樅の木と、むこうの家の大きなライムの樹が見えて、この景観もなかなかいい。

部屋は奥にもう一つあって、そっちにはベッドや洋服箪笥、それに洗面用の小さな流しが付いていて、まあ、安ホテルのシングル・ルームといったところか。寝室のとなりにはトイレと浴槽がある。風呂の湯は蛇口をひねったあと途中ですぐに水に変ってしまうから、首まで浸かってのんびり、なんていう贅沢は望めない。

――湯が十分に出ませんぜ、おじさん。

ユダヤ人の家主に苦情をぶつけてやったら、丸顔に丸メガネをかけたそのおじさんが、

――いや、十分さ、十分すぎるぐらいだよ。

と不審そうにこっちの顔を見る。蛇口から飛びだす熱い湯に人差指なんかかざして、さも満足そうな顔つきを見せる。熱湯が蛇口からいつまでも出てくるものと信じきっているらしいから、話にならない。

最初の晩のこと、真夜中にもの凄い風の音で眠りを破られた。早春の暴風《ゲール》でも襲ってきたかと思った。それでもなお、ずるずるっと泥のような眠りに落ちて、やがて朝になり、ぼんやり室内を見

渡したら、天井近くの壁面に四角の通気口が切ってあるのに気がついた。通気口は寝室に二ヶ所と、トイレに一カ所あって、その格子孔《あな》のむこうから風がいっせいに吹き込んで轟音を発していたようなのだ。

　風が吹き込むぐらいなら、まだ許せる。なにせ建物が古くて、あちこち破れたり汚れたりしているから、こっちの大嫌いな小動物がとび出してこないともかぎらないのである。それが心配だ。もしもそ奴がちょろちょろ姿を見せたりしたら、もうここには住めない。何しろ、あれは嫌いも嫌い、まさしく当方の天敵ともいえる生き物なのだから。

　別に育ちがよろしいわけじゃないが、初めのうちは、とかくいろいろ気になって仕方なかった。台所の窓辺に立って裏庭を見おろすと、雑草が伸び放題に茂っていてむさくるしい。花なんかひとつもない。それどころか、雑草の茂みのあいだを縫うようにして、建物のへりから庭のはずれへと細いどぶ溝なんぞが流れているから、がっかりする。いや、流れているというより、汚水が溜まって動かない。階下の住人の誰かが洗濯の水でも流すのか。ミルク色に濁ったどぶ水は、日照りがつづけば蒸発するものの、知らぬ間にまた、ぬらぬらと光る水たまりを復活させてくれるからやりきれない。

　そんなに嫌なら庭など眺めなきゃいい、というわけにはいかないのだ。むしろ嫌だから見る、見ないでは気がすまない。エドガー・アラン・ポウに「天邪鬼」という短編がある。どうにも抑えようのない、屈折した人間心理という話になる。だから両手で目をおおいながらでも、なんとかして、見たくないものを見ようとするのだ。

来る日も、来る日も、裏庭のどぶ水を睨みつけていたら、あるとき、水ぎわの雑草の蔭に、黒い動物の動くのが目についた。心臓がどくんと鳴った。眼の前が暗くなった。

気を取りなおして、また見つめる。見ないではいられない。と、そのとき青草をかき倒すようにして一羽のブラック・バードが飛び立った。こっちは一瞬、かたわらの折りたたみ椅子に、ずん、と尻餅をついたまま動けなかった。

隣家の庭との境に粗末な板塀がめぐらしてある。板塀のてっぺんには、幅十センチそこいらの薄板が渡してあって、その上をリスがしょっちゅう跳んで行く。となりの庭の樅の枝に跳びついたり、むこうの小屋のトタン屋根の上を走りまわるのが目についてうるさい。リスは――栗鼠と書くぐらいだから、当方の天敵野郎とどこか似ていて嫌いである。

ある日、いつも見かける奴とは違うリスが二、三匹板塀の上を走って行った。ふさふさの尾を高く振り立てながら跳ぶのではなくて、そんな尾の代りに、黒くて細いゴム棒みたいな尻尾を振りまわしている。嫌だなと思いながら、じっと見つめた。白昼に平気でぴょんぴょん跳んでいるから、リスの一種には違いないと自分にいいきかせながら見た。実際あれはリスなのか。それにしても、こんな怪しい親戚がいるとは知らなかった。実に不愉快なリスの変種である。

庭のどぶ水を何とかして欲しいや、とついに音をあげたのは、気温がいきなり上昇して、空中に細かい虫がやたらに飛び交うようになったときだった。こんなにひどい虫じゃ、窓をあけたくても、あけられない。

——近ごろ、虫が飛んで、どうにもやりきれないんだがねえ。

丸メガネの家主にそうこぼしたら、

——虫なんざ、ロンドンじゅう、どこにでも飛んでいるさ。虫もいれば、鳥、猫、犬、キチガイ、ドロボー、どっさりいるぜ。

とがっかりさせるような返事だ。

——庭のどぶ水がいけないんでしょう。あれを、どうにかしてもらいたいな。

——ああ、そうみたいだね。ぼつぼつ排水管を取替えなきゃと思っていたところだよ。

家主はしぶしぶ了承した。二日後に、職人が三人づれで庭に入って、草を刈ったり排水管を眺めたりして帰って行った。一週間後にまたやって来て、あちこち掃除したかと思ったら、この日もそれだけの仕事で帰ってしまった。肝腎のどぶ水は相変らず庭のすみに、白っぽい小さな池をつくったまま残っている。——それがいつ消滅したのか、はっきりしない。ときどき地方へ旅したり、幾晩も留守にするようなことがあって、そのうちこっちも忘れてしまった。ふと気がついたら、水たまりは乾いて、いつの間にか、あのどぶ溝が粗末なコンクリートのでこぼこ小道に変っていた。虫の群れもどこかへ消えた。その頃にはもう、虫の乱舞する季節そのものが次の季節へと移っていたのかもしれない。信じられない？　いや、まったく、信じられないことがロンドン生活にはありすぎるぐらいある。

異邦人

昔、初めてロンドンへ来た日から、もう三十年以上も経つ。あのときも、そして今でも同じだが、到着してまだ間もない頃は、まったく何も知らない。乗物ひとつ、買物ひとつ、何か小さな手続ひとつするのにも、要領がわからない。要領にともなう作法とか、常識とか、風習のかずかずが、初めのうちは呑込めなくて難儀する。ときに変なところでしくじる。ときには空廻りする。腹を立てる。

いっそのこと頸から木札でもぶら下げて、"I AM A STRANGER" または "Just Arrived" なんて記しておけばどうだろうか。そんなことを考えてしまう。自動車運転の初心者が若葉マークを付けるみたいに。いや、それはいけない、自尊心が傷つきます、という人もあろうか。なに、そうでなくたって、外国では自尊心の傷つく場面なんざ幾らでもある。

バス・パスという一日乗り放題の切符がある。これを使えば、乗換えごとに運賃を払うよりもずっと安あがりということで、近くの新聞雑貨店でこのパスを買い求め、さて、いよいよバスに乗込んだ。かつて東京ではバス・カードを使っていたから、ここでのバス・パスも同じような仕組みだろうと甘くみたのがいけなかった。運転手のわきに小さな金属箱が見えて、箱のこちら側に、カードを差入れるらしい筋目が付いている。その筋目に迷うことなくバス・パスを差込んだ。が、パスは器具に吸い込まれていかない。ぐいぐいと押込んでみたけれども、一向に反応しない。運転手はそれを無言でしばらく見ていたあと、

――もういいだろう。行きな。

と許してくれたのが、どうも釈然としない。次の客が料金を小皿に入れたら、がりがりと音がして、なんとまあ、くだんの筋目からレシートの紙きれがつるりと出たではないか。客はその紙きれを引抜く。なんだ、そういうものか。このとき初めて、バス・パスはただ運転手に見せるだけでいいのだと悟った次第である。

それにしても、どういうつもりなのだろう。運転手が何も助言してくれないとは。まわりの客も、よけいな口出しをしない。面倒なことには関わりたくないというわけか。一同こぞって、ひたすら傍観しているのだ。傍観しながら、彼らはそのとき何を思っていたのだろうと、あとで気になった。こっちのことを一介の stranger と思ったかどうか。何も知らない異邦人とみて、諦めて、寛大に無視してくれたものかどうか。実際どうなのかわからない。

ここはひとつ腹をくくって、えい、当って砕けろとやるほかないのだ。自尊心なんぞ、持てば持つほどに息苦しくてやりきれない。外国生活とは、要するにそういうものだろうと思う。

駅前の商店街をぬけた所に地域の図書館がある。図書館といえば本、と結びつけたくなるのは昔の話であって、今ではずいぶん様子が違うようだ。たとえば、病気のときに備えて最寄りの医院に

ひとまず登録しておこう、その手続をどうするか、そんなことを訊くために図書館へと出かけて行く。

なんだか、住民福祉のような業務までを地域の図書館が担っている。市役所のデスクが一つ、図書館内の事務所に移ってきたようなものだ。ちぐはぐな気分である。そういえば、郵便局で牛乳やビスケットを売っていたり、スーパー・マーケットに本や新聞が並べてあったり、番組紹介誌のRadio Times が TV. Times を兼ねていたりと、とかく滑稽な〈兼業〉が目立つ。だから、図書館と住民課の仕事が所を一つにしてもおかしくはない、といえるのかもしれない。

駅前のくだんの図書館では近辺の医院のリストをくれた。リストから好きなものを拾って自分で電話せよというわけだ。すこぶる冷淡である。しかしここはイギリスなのだから、サービスが冷淡であってもやむを得ないと諦めて、それはそれとして、ついでだから図書館そのものの登録を願い出た。

——パスポートと、現住所を証明する書類が必要ですよ。

黒ぶちの眼鏡をかけた中年女性の係が突き放すように、そうおっしゃる。にこりともしない。こうなると、昔のロンドン生活を思い出さずにはいられないのである。その昔、チャリング・クロスの本屋で下働きしていた頃、本屋の近くの大きな劇場のそばに、小さな図書館があった。この地域で働いている者ですが、と申し出たら、係のおばさん、にっこり微笑んで登録用紙をくれたものだ。それに名前と住所を書き込み、署名するだけで片付いた。

――ご苦労さま。

おばさんはまたにっこりした。貸出券《トークン》の束をもらって、その日から早速本を借りて帰った。ありがたい話である。本屋の仕事仲間にはさんざん笑われたが。本屋で働いていながら、まだ本かね？　しかし本屋の本は、難しくて読めやしないのだよ。図書館では子供の本を借りて読むんだ。それが自分の身丈にちょうど合っていて、そのぴったりする感じがたいへんいい。そんなふうに弁解したのを憶えている。

絵本や童話など、あの頃はだいぶ借りて読んだ。街の図書館には、本のことでお世話になったばかりではない。図書館のあの静かな空気が好きだったから、昼さがりの一とき、窓辺の椅子でうたた寝をするためにも、ちょくちょく出かけて行った。あんな呑気な日々は、もう返らないだろう。

現代はいかにも世知辛い。後日、パスポートと下宿《フラット》の契約書を用意して、くだんの地域図書館に出向いた。先日の眼鏡女性が、

――ふむ、ふむ。

威厳をからませて登録申込書に目を走らせる。パスポートをちらりと見たあと、下宿の契約書をつまらなそうに横へ押しやったのには、むかっときた。

――こんなものでは、現住所を証明できません。

――何だって？　むこう一年間、その住所に住むという契約書なのに？

――そう、こんな書類なんか、誰にでも勝手に作れますから。

あたかもこっちが書類を捏造したとでもいわんばかりだ。それは言葉が過ぎる。あんまりである。

――たとえば、銀行口座の明細書ならニセモノは作れないでしょうに。

――……。

銀行の書類と不動産屋の書類とで、どこが違うのか。一方を信頼し、一方を偽造の疑いありとするのは、どういうつもりか。

――実は、銀行はまた銀行で、手続が難行しているものだから……。

どいつもこいつも、と付け加えたかったが、そこは辛うじて我慢した。

――それなら、銀行のほうをきちんとすませてから、またいらっしゃいな。銀行の書類に住所さえ記してあれば認められます。

やたらに銀行を持ちあげてくれる。銀行が何だい。それに現住所が何だといいたい。住所なんざ、来月にも変ることだって有り得るさ、と大見得をきりたくなったものである。しかしこんなことは、まあ、ざらにあるようだ。医院の登録にしても大同小異というべきか。頂戴したリストのなかから選んで電話したところが、手続のことであれこれ注文をつけてくるから、面倒くさくてしょうがない。どうも簡単なことをやたらに複雑化して喜んでいる、としか思えない。いっそ病気になんかなってやるものか、と跳ね返したくなる。それやこれやで、とうとう医院の登録も諦めた。

ロンドン生活を始めて、これもまだ日が浅い頃、下の息子がフィンチリー御殿に訪ねてきた。イギリス各地を遊び歩いたあと、帰国前にもう一ぺんロンドンへ立寄って、こっちの下宿に預けておいた荷物を取りにやって来たわけだ。息子の友達もいっしょに来た。居間の安楽椅子のわきに並べて立てて置いた大きなスーツケースが二つ、とうとう部屋から消えて、なんだかそこいらが、いきなり空虚になってしまった。

夕方のバスに乗って、息子らの泊るホテルまで送った。ホテルはケンジントン・パークの近くに予約してあるとのことで、明日はそこからヒースロウ空港へ向かって帰国の途につくという話だ。ホテルまで送るのに、途中からタクシーを拾うつもりで、バスはオックスフォード街の手前で降りようと相談がまとまった。ところが、そのバスがひどく混みあったから、大きな荷物が煩わしい。なぜ始めからタクシーに乗らなかったのか、と我ながらケチ臭い判断にちょっと情けなくなった。

バスの入口付近の窓ぎわに荷物台があって、なかほどには車椅子用の特別の空間がこしらえてある。大きなスーツケースを荷物台の上にまで乗せるのは辛いので、やむなく車椅子用の場所に二つ立てかけて、手で押えていた。息子は立てたスーツケースの横に立って生意気にも足で押えていた。息子の友達は旅の疲れが出たのか、蒼い顔を見せながらドアの近くのガラス板に背中をくっ付けていた。途中で客がぞろぞろ乗込んできて、車内が息苦しくなった。乗客は奥へ奥へと押しやられながら、ついでにちらと、こっちの大荷物に冷ややかな視線を投げかける。図らずも迷惑な品物を持込んでしまったようで、いささか居心地が悪い。

赤ん坊をバギーに乗せた中年女性が人垣を掻き分けるようにして進んできた。他の乗客らは軀をねじって狭い通路を提供する恰好になる。ひょーっ、とおどけた声をあげながら手荷物を胸にかかえる者まであった。女性はにこりともせずに、ここで当然収まるべき場所へ——車内の中央に設けられた車椅子用の空間へとバギーを運び入れる。すると、そばの席の初老女性がすっと立上がった。その空いた席にすかさず、さも当然のごとく、くだんの赤ん坊の母親がどさりと腰かけたから、驚いた。微笑みひとつ見せない。細い氷柱《つらら》のような指をバギーの縁に引っかけながら、じっと前方を睨んでいる。

重いスーツケースが、ひょっとした弾みで赤ん坊の上に倒れたりしないように、こっちは用心した。疲れる。バスが速度を加えたり緩めたりするたびに、スーツケースの底の車がごろんと鳴るから、片腕を廻して、そいつを宥めてやらなきゃならない。早く目的地に着いてくれればいいと思った。

しばらくすると、バギーがもう一つ乗込んできた。もはや身動きがとれない。第二のバギーの母親は、自分と赤ん坊のために用意された席はないのかとばかりに、乗客らの足と足のあいだへ遠慮もなくバギーの全体を押込む。それでも、誰も文句ひとつ唱えない。母親は例の車椅子用の場所まで、どうにかして辿り着きたいらしい。しかしそこには先客のバギーと、こっちのスーツケースが二つ収まっているので余地はない。第二の母親はその事態に気づくなり、なんともやり場のない感情を面《おもて》にあらわして、あたりをきょろきょろ見た。あたかも、誰か気を利かせてくれる人はいないのかしら、と客一同に不満をぶつけているようだ。赤ちゃんを連れた女が、こうして混雑するバスに乗せられて困っている。それなのに、誰一人として温かい手を差伸べてくれやしない。何ということだろう、この人たちは。——母親のきつい表情に、はっきりとそう書いてある。ちょっと怖くなるような、鬼の顔さながらだ。そんな険悪な雰囲気を乗せたまま、バスはとにかく走って行った。

そういう例とは逆に、駅の階段などで、小さなうるわしい光景に出くわしたこともある。バギーに赤ん坊を乗せた母親が、さて長い階段を下りて行かねばならない。バギーのハンドルには布袋がひとつ引っかけてあるだけだから、まあ、手こずるほどの手荷物はない。それが、せめてもの救いといえようか。バギーを横ざまに抱えて階段を下りようと思えば、できないこともなさそうだ。——そうね、やってみようかしら。

しかし、このとき、会社へ向かう旦那があとから追いかけてきて、バギーの先頭をひょいと持上げてくれたから助かった。母親はハンドルを前方に握ったまま、階段のふもとまで楽に下りることができた。ところが背広姿に鞄をかかえたその旦那は、振返るひまもなく急ぎ足で先へ行ってしまう。じゃ、気をつけて、と声をかけてあげることさえできない。——それもそのはず、旦那と見えたこの紳士は、赤の他人なのであった。

もう一つ、こんな例もある。道を歩いていたら、むこうから杖を引きずるようにして一人のお婆さんがじりっ、じりっと近づいて来た。お婆さんは一旦立止まり、ゆっくりと方向を転じて、道ぎわの大きな商店の入口へとひたすら進んで行く。このとき、道を歩いていた一人の娘さんが、お婆さんのもとに走り寄り、重いガラス戸を押しあけてやった。ところがお婆さんは足もとに視線を落としたまま、娘のほうには振向きもせず、黙って店のなかへ直進してゆく。目前のガラス戸の存在なんか、初めからまるで意識していないかのようだ。もしもガラス戸が開いていなかったら、どうなったことだろう。たまたま通りかかった孫娘が手を貸してくれたから助かった、というのではないのだ。この娘さんも、むろん赤の他人というわけである。

他人を気づかい、他人を助けるふるまいが、あたかも身内の者に接するかのように見える。ごく自然に手を差伸べ、力を貸し、助けられた側もまた、ごく自然にそれに甘えている。そばで見ていて、気持が好いものである。

「お嬢さんは、やさしい人なんだね」

と声をかけてやりたかったけれど、まさかそれはできないので、ちょっと離れた所から見ていたら、娘さんもこっちを見て、にっこりする。なんとも爽やかな微笑みで、さっと陽がさして、突然あたりが眩しくなるようだ。こういう微笑は、なかなかまねができない。まさしく天使の微笑みである。

先のバスの例のように、人間どうしがぎくしゃくして、とげとげしくなり、恐ろしい鬼の顔がとび出す事態もあるわけだが、それればかりではないから救われるというものだ。鬼がいるにしたところで、鬼を恕してやる気持にもなれそうである。

性悪説

ロンドンではしょっちゅう驚くような場面に出くわす。道をぶらついていても何かしらに遭遇するから、ちっとも退屈しない。こうなると、街がさながら一つの劇場である。

たとえば、昼夜賑わうピカデリー街の裏手に、それと並行してジャーミン通りという辻が走っている。昼間からひっそりとして、道幅も狭いから、およそ観光客などが喜びそうもない簡素で地味な通りだ。しかしそうでありながら、道の所々にこぢんまりとした靴の専門店や、小さなレストラン、バーなどがわずかに見えて、しっとりとしたこの界隈の雰囲気がなんともいえない。こういう所で、ひとり静かに酒でも飲んでいたいような気分に誘われないでもないのである。

春の一日、曇天の昼さがり、グリーン・パークの方角へ向かって、このジャーミン通りをぶらついた。あたりにはほのぼのとした睡気が漂っていて、なかなかいい。のんびりとした気分で歩いて行った。

と、舗道ぎわを掠めてスーツ姿の中年男が駆けていく。おや？　男は急用か何かで走っているのではなさそうだ。もしも何かに急いでいれば、ああいう走り方はまずしない。やみくもに前方へ突進していくような、レースみたいな、ひたすら走るために走っているという具合なのである。何なのだろう？　すると、後ろからもう一人、これもスーツ姿の紳士が同じように猛然と駆けていく。

まるで運動会の駈けっこだ。子供の運動会レースに、お父さんたちが飛入りで参加したようなあんばいである。あるいは、もしや二人の男が喧嘩でもして、片方が逃げるのを片方が追いかける、というふうに見えなくもない。しかし、やはり変だ。怒声ひとつあげずに、拳を振りあげるでもなく、むやみに靴音ひびかせながら全速力でT字路の角を曲って、その先のだらだら坂をやみくもに駆け下りて、とうとう二人の紳士は消えてしまった。

——何だい、あの二人は？

茫然とたたずんでいると、ほどなくして背後から、どすどす、カンカンと別の靴音が迫ってきて、一人はハイヒールの若い女、一人はトランシーバーを握った店のガードマン風情の黒人である。こちらさんも全速力の駆けっこだ。ははん、そういうことか。つまり、この男女は先の二人の紳士をいっしょに追いかけているらしい。そうして、T字路の角まで走ったところで、

——くそっ、どっちへ逃げやがった？

とばかりに黒人ガードマンが、足踏みしながら目を東西に走らせる。ハイヒールの女もまたきょろきょろする。

——もしもし、あのねぇ……。

舗道に立つ、肌の浅黒いふとった中年女が、ガードマンに声をかけた。ガードマンはおばさんのほうに半身をひねって、

——フムフム、サンキュ。

と吐き出すなり、弾丸の勢でまた駆け出した。

——なに、万引かね？

さっきから舗道に立っている、くだんの肌の浅黒いおばさんに訊ねたところ、

——まあ、そんなもんだろさ。あっちへ走ってったよ、って教えてやったんだ。

おばさんはさして驚いた様子でもない。興味もなさそうだ。なァに、ときどきあることよ、とでもいわんばかりである。雨にも風にも負けずという、いかにも重石のきいた、へたに泣いたり笑ったりしない女を、ロンドンの街なかではときどき見かけて感心するが、このおばさんもその一人のようである。

黒人ガードマンと若い女店員が、道のむこうからふらふら戻ってきた。どうやら獲物をとり逃がしたらしく、運動会で賞をとりそこなった二人みたいだ。若い女はくやしまぎれに舌打ちしながら、照れ隠しのつもりか、きりっとしたその細面に薄ら笑いを浮かべている。ガードマンは諦めきれずに、ときどき後方をふり返りながら歩いてくる。いったい何を盗まれたのだろう。スーツ姿の先の二人は、今頃どこに身を隠しているだろうか。これが十九世紀の昔なら、Thief! Thief!（泥棒！）と叫びながら追いかけて、周囲の者もいっしょになって犯人を追ったことだろう。逃げていくほうは、この追跡の洪水に襲われたらやりきれなかっただろうと思う。昔の人はたいへん解りやすい生き方をしていたわけだ。今では泥棒がすぐとなりにいても、それと知らずにやり過ごしてしまいがちである。

実際、街では悪者が空とぼけて、何くわぬ顔で、一般の人びとのなかに紛れ込んでいるから、知らない人間を安易に信用しちゃいけない、というところへどうしても落着いてしまう。外見は紳士淑女であっても、中身はわからないのだ。

そのわからないところから、いつ何どき鬼が正体をあらわすか知れない。だから、それに備えて自衛手段を講じる、と相なって、店の出入口にはガードマンが立つ。センサー付のゲートを設ける。商品には鎖を付けるなり、中身をぬいて空箱だけ並べておく。ちょっと信じがたいのは、ウィスキーの栓のところにもう一つずんぐりしたキャップなんぞが付いている。レジで代金を払ってから、このキャップを外してもらうことになるのだが、つい誘惑に負けてウィスキーの封を切ってしまう奴でもいるというのだろうか。こうして善良であるはずの人間が、いつの間にか詐欺師、泥棒、悪党の仮面をむりやり被せられてしまうのだ。

善良であるはずの人間？　いや、そんなお目出度いことをいっていちゃ、もう商売なんかできない時代らしい。あるいは当地にあっては、そういうお目出度い考えをはじめから許さないものなのか。大英博物館の近くの古本屋にときどき出かける。最初は別の本屋からここを紹介されて、そのうち顔見知りになったわけだが、そういう厄介な順序を踏まないと、ちょっと入りにくい店である。なにせ、店の入口の扉に鍵をかけておくという書店なのだから、店ともいえない。どこかの御宅を訪問するみたいに、まず呼鈴を鳴らす。店員が扉をあけて、ぬっと顔を出す。——何の用だ？——用件なんか決っているではないか、本を見たいのだ、というのでは相手にもされない。サッカレイの何々版はあるかとか、ディケンズのこれこれに関する誰々の評論はないか、という具合に出なきゃいけない。あちらは本屋の誇りを揺さぶられてか、くすぐられてか、いずれとも知らず、奇妙な笑みなんぞ浮かべながら招き入れてくれるだろう。客の出方次第では、面会謝絶、さっさと帰れ、という態度をみせるから変な本屋だ。これでよく商売が成立つものだと思うけれど、要するに、それぐらい客を警戒しないと危ないわけなのだろう。万引天国なんて呑気にいっていられる日本は、実に平和な国である。

誰でもが、たちまち悪人にされてしまう。こっちに邪心があるわけでもないのに、店のほうではいつも目を光らせて監視しているのだ。ある日、こんなことがあった。表通りの文房具店で、定規を買うために店内をぶらついた。イギリスの文房具はノートでも鉛筆でも悲しくなるような品ばかりだが、定規もまたその例外にあらずというもので、そのくせ値段ばかりが生意気なほど高い。しばらくぼんやり品物を眺めたあと、しぶしぶ長い定規を手に取ったり、短くて堅いやつを手のひらに叩いてみたり、さして種類も多くないのにぐずぐず選択に迷っていた。

若い店員が、するすると近づいて、声をかけてきたのである。——Can I help you?(何かお求めですか)。いやはや、一ぺんに興ざめしてしまった。即座に手ぢかの定規を勘定台へ持っていって、さっさと代金を支払った。こんな品物でも万引しかねない客と見られたのが、悲しいやら、忌々しいやら。

これが一度きりではない。

スーパー・マーケットに入って買物籠も持たずに棚のあいだをふらふら歩いたことがある。朝食用のパンがどれも不味いので、パンの代りの食い物はないだろうかと、あちこち物色していた。立止まっては棚を見つめ、また歩きだしては左右に目を走らせる。これぞという品がなかなか見つからない。

——Can I help you?(どうかしましたか)

男の店員が、風のように近づいてきて声をかけたのである。冷やっとさせられた。こっちの挙動をひそかに監視していたらしいのだ。驚いてしまう。とっさに戸惑いを隠して、

——いや、ビスケットはどこかな？

——ビスケットはそちらです、ほら。

天井から吊るした表示板に、大きく黒々と、〈ＢＩＳＣＵＩＴ〉の文字が読めた。これほど目立つ表示に気づかないというなら、頭がどうかしているぞ、と店員はいいたかったに違いない。もちろん、何もなかったかのように、彼は飄然とその場を去っていった。こっちとしては、痛棒を一撃食らわされたような、面目ない後味が残った。やられた、と思った。

ときどき仕事の主張でイギリスへやって来る某友人などは、街でこんな苦い経験をしたそうだ。これも世にあらわれたる人間不信の一例なのかもしれない。友人は日用品の買物があって、駅前のセインズベリー(大手のスーパー・マーケット)に出かけたそうだ。そこで求める品をみつけて二十ポンド紙幣を出した。その釣銭に十ポンド紙幣と、小銭を少しばかりもらった。帰りがけにふと思

いついて、出入口のラックに並べてある雑誌を選びとり、改めてわきのカウンターで代金を支払った。いや、支払ったつもりだった。ちょうど先の釣銭にもらった十ポンド紙幣を手にしていたものだから、それを出したのである。するとカウンターのおばさんが、これは古札なので受取れないとおっしゃる。何のことやらわからない。これはついさっき、むこうの勘定台で釣りにもらった札なのだから、もともとお店の札だと弁明しても信じてくれない。新札が出たから、古札はもう使えないのだといい張る。友人は弱った。買物のレシートを見せても信用してもらえない。

――銀行で交換してらっしゃい。

何だか、話がおかしいではないか。この店が釣りにくれた古札なのだから、どうも失礼しましたと謝って、すぐにも新札と交換するのが筋だろうと思う。

――いいえ、当店では古札をお釣りに使うことなんかありません。

カウンターのおばさんが自信たっぷりに反論するから、その迷妄を解いてやりたくなる。それなら、と友人はさっき釣りをくれた勘定台へ戻って、そちらの女店員に証言してもらおうとした。ところが、当の女店員さんは、

――あら、その古札はもう使われていませんのよ。道むこうの銀行で換えてらっしゃいな。

かわいい顔をしながら、平気でこんなことをいう。どうも話が頓珍漢で困る。使えないとおっしゃる札をくれたのは、あなたではないか。つい五分前のことだ。この東洋人の顔を憶えていないかね、とこっちの頬っぺたを人差指で突いてみせたという。

――ええ、忘れられない顔だわ。とにかく、銀行へ行けば替えてくれるから、ぐずぐずしないで行ってらっしゃい。

女店員はいささか煩わしそうだ。つんとした顔つきである。ほかの客の長い列をさばくのに、オヤジの苦情なんか聞いている閑はないというつもりらしい。銀行へ行かなきゃならんのはどっちだい、と食いさがりたいところだが、そこは大きく譲って、そのかわり店長を呼んでもらって話をつけることにしたそうだ。

店内放送で呼出された店長が、奥のほうからいそいそとこっちへやって来た。紺のシャツに暗色のネクタイをきりっと締めて、上着は脱いでいる。店内をきびきびと動きまわる若いやり手の店長らしい。これが問題の十ポンド札だといって店長に手渡したら、

――ほう、何が問題？

と頸を傾げる。

――まあ、店長ったら、それはもう古いお札なんだってばさ。

そばのカウンターから、若い女店員が笑いながら、なれなれしい口を挾んだ。

――ああ、そう。

店長はその古札を持って、むこうへ去る。しばらくすると戻ってきて、今度は買物のレシートをくれといって、それからまた忙しそうにむこうへ消えた。三度目に店長が現れたときには、その手に新札が握られていて、

——すみませんでした。

と、あっさりしたものだ。むろん新しい紙幣をもらってしまえば、もう文句はない。だがここで、友人はちょっと考えさせられたというのである。

——ふーん、何を？

と土産にもらったブランデーを二つのグラスに注いでやると、友人は話をつづける。一旦受取ってしまっては、古かろうが、偽物であろうが、もはや受取った側の所有物となる。逆に相手からすれば、巧く受取らせてしまえばしめたものだ、ということにもなる。トランプのババぬきだね。もちろんスーパーの女店員にそこまでの作為があったとは思いたくないが、こっちだって知らないうちにババをつかまされてはかなわない。小さな誤りだか、思いちがいだか、とにかく起きてしまったことは起きてしまったこと、あとは事実をきちんと立証できないかぎり、己の正当を主張することができず、相手としてもその正当性を信ずることができない。

——ばかに難しく考えるんだね。

と、ここでブランデーを一口飲んだ。友人も一口きゅっとやって、それからまた、お説がつづく。どうやら当地では他人を疑うことが個人の権利でもあるらしい。だから、本人を前にして正面から疑ってかかっても、失礼だなんて思わない。買物などで大きな札を出すことがある。すると店員はいきなりこっちを睨んだり、受取った札を高々とかざして調べたり、ときにはまあ、札の端っこを破いて紙の感触を確かめる暴挙にまで及ぶ。

――へえ、驚いちゃうね。

ここでまたブランデーを、ぐびりとやる。

――ぱりっとした新札がよけい怪しまれるんだ。どこかでコピーしてきた偽札じゃないか？　ってね。

この友人というのは、いろんな経験を積んできたようである。手渡した新札が目の前で揉みくしゃにされ、やっと納得してもらえたとか。そうやって調べられたり、疑われたりしているあいだ、こっちは被告台に立たされているも同然で、あまりいい気持はしない。それはそうだろう。

――あちらさんとしては、みすみす騙されないように、まずきちんと疑うことこそが正道というわけだね。それをためらったり遠慮したりするのは、むしろいけないことだ。そういうふうに、小さいときから躾けられてきた人たちなのだから。

――それでも、騙されるときは騙されるさ。

――うん、悪い奴はどこにでもいるからね。

友人はそこで、急に黙りこんでしまった。そっと溜息を洩らすような気配が感じられたが、こっちは知らぬ顔で、ブランデーの残りをぐいと飲みほした。

実に、いろんなことがある。駅前通りのさる店のおやじは、どこの国の出身なのか知らないが、顔のつくり、肌の色からして中近東か、アフリカ北部か、そのあたりじゃないかと思う。おやじはロンドンに住みついて、インターネットやら何やらを商売道具に生計を立てているらしい。近頃ではこの種の商売が流行《はや》っているようで、街のあちこちに、インターネット一時間につき一ポンドだの、デジタルカメラ、コピー、携帯電話あり、などの広告や看板がやたらに目立つ。どうやら携帯電話の店にはイギリス人の店員が多くて、インターネットその他は、外国人移民による個人経営がさかんのようだ。

その店のおやじは、鰻の寝床のような店舗の出入口にたたずんで、いつも往来を眺めている。たまに顔見知りが通り過ぎると、片手を挙げて軽くうなずいたりするものの、声をかけ、軽口をたたくなんてことはまずやらない。やがて退屈するとおやじは店内に戻り、しばらくするとまた外の空気が吸いたくなって、もそりもそり戸口に出てくる。店内の客は、めいめいがインターネットに夢中だから、おやじとしてはさしたる仕事もないのだろう。

店の前に、コピー一枚五ペンス也の看板が立ててあって、これは他のたいがいの店の半額だから、ある日、つい釣られて入ってしまった。おやじはぶっきら棒にこっちの原稿を受取って、コピー機の上にかぶせた。

——拡大でたのむ。

と注文を付けたら、

——拡大は一枚が七ペンスだ。

と値段まで拡大された。けれども、おやじの下手なやり方では、拡大の倍率が大きすぎて文字が紙からはみ出してしまった。二度目の試みでは、紙のなかにぴったり収まったのはいいが、隙間がなくて窮屈だ。もう少し倍率を落としたほうがいいや、と再度注文を付けた。その修正サイズで、原稿六枚をコピーしてもらったわけである。

しかし驚いたのは、おやじ一流のやり方というものだ。刷りあがった一枚を裏返しにして、その紙を二枚目の印刷用に送り込む。一枚の紙を使って二枚の印刷を仕上げることになる。なるほどと感心しながらも、同時に呆れた。コピー一枚が五ペンスでも、紙一枚は十ペンスに跳ねあがるのだ。

そこまでは、まあ宜しい。するすると事が進行して、求められるままに代金を支払った。七十ペンス也。はてな?　店を出たあと何となく引っかかって、歩きながら頭のなかで計算した。――拡大コピー一枚につき七ペンス――六枚たのんで四十二ペンス――もしや、おやじの失敗分が加えてあるのでは?――二枚の失敗――十四ペンス――しかしなんと、これが紙の裏表として計算され、四枚分で二十八ペンスだ。かくして都合七十ペンス也となる。やれやれ、一枚五ペンスが聞いて呆れる。

また別の日、オックスフォード街で携帯電話を買った。ただの連絡用に使うつもりだから、なるべく単純な品を、と店員にたのんで選んでもらった。当方としては、イギリスの電話の仕組みからしてまるで知らない。

――まあ、これ、こんなもんかな。

と若いイギリス人の店員が壁に取りつけたサンプルの一つを指差した。幾ら?　と訊けば、三十六ポンドの本体に五ポンド分の通話料が加わるという。要するに、ざっと一万円だと頭で換算して、この品を買った。

——説明書にいろいろ書いてあるから。

店員は、品物が入った小箱をあけて中身を確かめるなり、一丁上がりとばかりに、そいつを調子よくこっちに手渡してくれた。

下宿《フラット》へ帰って説明書を読んでみたものの、使用法がいかにも面倒くさい。すぐに電話ができるのかと思ったが、とんでもない。どうやらこのままでは使えないらしい。初めの設定だの何だのを店のほうで調えてくれれば助かったのに、と冷ややかな店員の顔が浮かんではまた消えた。

翌日、現物を店に持参して改めて要領を訊ねた。くだんの若いイギリス人店員が、品物をひょいと摘んで、一言も説明せずに、何やらボタンを押しつづけたと思ったら、

——はい、でき上がり。これでもう使えるから。

と片付けてしまった。どうして売るときにそこまでやってくれなかったのか。もしや、そんな初歩的な操作が自分でできない奴は馬鹿だ、とでも思ったものか。あるいは、サービス過剰は客に対してかえって失礼だ、という穿った考えでもあったものか。

しばらくして、今度は通話料の悩みが生じた。初めに支払った五ポンド分がなくなったあとはどうすればいいのか。考えてみれば、登録などもしていない。こっちの電話番号さえ知らせてもらっていない。正直のところ、品物を買うだけで、頭がもう廻らなかったのである。迂闊といえば迂闊

この上ない。

再々度、店に出かけて行った。今度は別のイギリス人店員が出てきた。ぶっきら棒であることには両者、甲乙つけがたい。通話料についてはプリペイド用のカードをくれて、これを使えとおっしゃる。電話番号は、これも電話器のボタンをひょこひょこ押してすぐさま解答を引出してくれた。一つまた一つと、こっちは何だか小馬鹿にされているようで不愉快きわまりない。

——それもこれも、ちゃーんと知っているんじゃなかったのかい。

あっちからすれば、そういいたいのかもしれない。内心ではきっと呆れ果てていることだろう。

日本の店——ロンドンのあちこちに散見する日本食品を売る店などでは、客あしらいがまるで違う。日本式というやつは、外国へやって来て痛いほど胸にしみるものだ。

——鮪はお刺身ですか？　お鮨になさいますか？

店長らしき中年男が、包丁をさばきながら、きりっと口許を締めて日本人客に応対している。その真面目で丁重な態度がいかにも好もしい。外国の地にあって、わが道ひとすじに、日々闘っている感じがある。己に厳しく他人《ひと》にやさしく、というものだろう。有難い話だ。当地に滞在する日本人の同胞を、お国の文化の衣で温かく包んでやりたいという気概がひしひしと伝わってくる。

——そうね、じゃ、お刺身用に、お願いね。

——はいっ、すぐできます。

——あ、ご免なさい、やっぱり散らしにするわ。

――散らし鮨に。はいっ、承知しました。

そばで聞いているだけで、ほのぼのとしたものがあるではないか。これだ、これだなと思う。日本の遠い影がはからずもゆらゆらと目に映る。

しかし一方、食品でも何でも、望郷の心を揺さぶるものが身近にあると、つい甘えがちになっていけない。だから、日本の店にはなるべく入らない。日本食品も、米と味噌以外にはまず買わない。

遠い味

十五分ほど歩いて一軒、三十分ほど歩いて二軒、それから目と鼻の先にもう一軒、街のスーパー・マーケットが近辺にこれだけある。一人暮しの生活には、まず不自由しないのが嬉しい。

しかし買物が毎日のようにつづくのは、自分でも、なぜなのかよくわからない。つまり毎日、何かしら欠乏するというわけなのだろう。昔の主婦なら、それを聞いてきっと笑うに違いない。日々に買物をして、炊事をして、生活環境をととのえるのは、主婦として当り前の仕事よ、と。

さて洗剤がない。ゴミ袋がない、トイレット・ペーパーがなくなりかけだ。メモ用紙と、歯ブラシと、乾電池が欲しい。こういう日常の品々を、こっちが知らないうちに誰かがきちんと揃えておいてくれるものなら助かるのだが。わけても、何より煩わしいのは、毎日の食い物を調達することである。この仕事もどこかの誰かが、代って務めてくれりゃ、ありがたい。

毎日何かが欠乏する。確かにそうなのである。たぶん、やり繰りが下手だからだろう。買ってきた食品が、ほとんどその日のうちに、あるいは、せいぜい次の日あたりでなくなってしまう。そういう買い方をしているわけだ。いちばん長持ちする品でも、卵と牛乳ぐらいではないか。卵は六個入りのケースを買って一週間ほど、牛乳は紅茶と珈琲に使うだけだから、一パイント入りが五日ぐらいもつ。六日目には新しい一パイントを買う。そうして翌日はまた、卵を買う順番となるわけだ。

毎日順ぐり、何かが欠乏する。毎日、その欠乏を回復させていく。今どきの若い主婦ならきっと笑うだろう。欠乏する前に、まとめ買いをすればすむことよ、と。

事実、スーパー・マーケットでしょっちゅうお目にかかるのは、買物用トローリーに品物を山と積んだ主婦連中である。十日分、あるいは半月分ぐらいの必要品をまとめ買いしている。つまり、目下不必要な品々までも買う。欠乏を待たずに、まだ満ち足りているうちから、新しい品物を次々と上乗せしていくわけなのだ。

そんな主婦の真似をしたくないのは、一つには下宿の古い冷蔵庫が甚だ頼りない代物だから、また一つには、いつでも買物のできるスーパー・マーケットがすぐ近くにあるからである。スーパー・マーケットには、当てにならない自宅のやつどころか、とても性能のいい巨大冷蔵庫が置いてあるというつもりでいる。

ともあれ、毎日のように買物をしながら、正直のところ、これが煩わしいと同時にまた興味津津とくるから困るのだ。さっきの話と矛盾するようだが、買物のくり返しのうちにも、発見あり、驚きあり、たまには孤独をそっと癒してくれる安らぎさえもある。

イギリスのソーセイジは香りのきついのが昔から気に入っている。日本では手に入りにくいので、ある日、これを存分に食ってやろうと考えた。スーパー・マーケットに出かけてみると、実にさまざまな種類のソーセイジが並べてあって選択に戸惑う。たとえば、もっとも平凡な、かつ庶民的な生肉ソーセイジを十本にまとめて売っている。これは安い上に、その十本入りの一袋に、同じ一袋がおまけで付くという、嬉しいような、迷惑であるような話だ。迷惑というのは、二十本のソーセイジを持たされて帰ったなら、いったい何日間これを食いつづける羽目になるかということである。それならむしろ、最初から一袋を半額にまけてくれりゃいいのに、と勝手なことを考えてしまう。

この日は結局、おまけ無しの高価な上質ソーセイジの十本入りを一袋買った。落着くべき結論に落着いたというところかもしれない。帰宅してそれをフライパンで焼く。肉色の円柱をまんべんなく転がして、全体を均一に焼く。表皮が刻々と変色して、やがて飴色に変るまでゆっくりと焼かなくてはいけない。狭い台所に煙と臭いが充満するけれど、そんな些事を気にしてはいられない。

さて、仕事は上乗、仕上がりも完璧である。簡素な木製の食卓について、いよいよ焼きたてのソーセイジを食う運びとなる。ナイフで小さく切って口に放り込めば、この味には馴染みがあり、親しみがあり、それをいま改めて確かめているようなあんばいだ。しかし、なぜだろう。これといって身ぶるいするほどの感動も、喜びもない。遠い日々の、あの飢えに飢えた記憶の間《はざま》から立ち昇るものが、不思議なくらいに何もない。いつの間にか、何かが、自分のなかで大きく変質してしまったようなのである。

思えば、その当時はイギリスのパンもたいへん旨かった。大きな塊を買ってきて、厚切りにしてバターを塗るだけで旨かった。今ではそうはいかない。薄切りパンの大袋が一ポンド足らずだから、値段は高くないものの、三日もたてば白いパンの表面に黴が生えて、半分ほど捨ててしまう結果になる。情ない話だけれども、黴のはびこる勢にこっちの食欲が追いつかないのだから、仕方ない。

ジャガ芋は安い。大きな袋に詰めて積んであるのを見ると、日本での米を想い浮かべる。もちろん、一人暮らしの身で芋の大袋なんか買うこともないが。それにしても、あの砲丸みたいな巨大サイズのジャガ芋には圧倒されてしまう。これを丸ごとオーヴンで焼いてみたらどうだろう。考えるだけで、ちょっと嬉しくなる。当地ではナスもキュウリも、憎たらしいほどに巨きいのだ。こっちの人びとの体格に比例してこうなのだろうか。玉ネギ、生姜、ニンニクは計り売りで一個だけ買うときがある。多すぎて古くなってしまうのが嫌なのだ。腐らせて捨てる羽目になるのは、もっと嫌だ。

肉類は、牛も豚も鳥もみな安い。しかし一包みの量が多いから、毎日せっせと食べるか、さもなくば降参して残りを捨てるかのどちらかになる。肉ばかりではない。野菜もとかく同じ運命をたどりがちだから困るのである。レタス、モヤシ、ネギ、ブロッコリ、サヤエンドウなど、ときどき買うけれども、またときどき捨てなきゃいけない。料理を知る人ならこれを笑うだろう。肉でも野菜でも組合せを替え、味付けを変えていけば飽きるはずもないのに、同じメニュばかり猪突猛進に追いかけて食べるからいけないのだ、と。

確かに、わが食生活を顧みるに、同じ食いものが幾日もつづいてしまう。食のパターン化と呼んでいいのかもしれないが、この愚に耐えられるのは、人間、腹がへるという、もうひとつの愚があればこそだろう。ご飯を二回分炊く。初めは熱い飯を食い、二度目は冷飯をチャーハンにする。次はスパゲッティがきて、ソースにはエビとトマトを使うときもあれば、トマト・ソースだけの日もある。このくり返しにときどき若干の変化が加わるぐらいで、単純なパターンは延々と継続される。初めの二ヶ月ほど、くる日もくる日も同工異曲のメニュがつづいたようだ。

たまにはパターンのくり返しから這い出て、外食する。フィッシュ・アンド・チップスを食いたくなるときがあって、近くの店まで買いに出ることがある。しかし、買うのはいいけれど、とにかく量が多い。または、こっちの胃袋が小さすぎる。わら半紙に包んでもらったチップスなんか、一度では食べきれず、翌日まで残ってしまう場合が珍しくない。

サンドイッチはバゲットが好きで、街なかの店に入るときなど、少年のようにちょっと気持が弾むのはどうしたものだろうか。"Fresh Sandwich" という愉快な表示を目にしたりもするけれど、冷んやりとひろがるその一口を頬ばるのはなかなかいいものだ。芥子の味が、ぴりっと舌を刺すのも、これまたこたえられない。

ロンドン中央に用事などあって出かけたりすれば、帰りにはソーホーの中華料理店に立寄ってみる。中華街もずいぶん清潔になった。昔は食材運搬の車などしょっちゅう出入りして、騒音やら混雑やら異臭やらがひどかった。狭い舗道を歩けば、靴底が路面にねちねちと不潔な音をたてながら足の運びを妨げたものだ。

近ごろ街がきれいになったのは喜ぶべき事態だけれど、それといっしょに、昔のソーホー中華の味もどこかへ消えてしまったようで空しい。軒なみに店を当ってみたが、味覚の底に沈んだあのころの味は、今どこにもない。臭いのきつい、少し焦げ跡を残して舌が焼けるほどに熱い、ビーフの切身をどろりと上にかぶせた焼そばなんぞ、もう記憶の奥の闇の暗がりに、ただきみしく転がっているばかりだ。

味だけではない。中国人店員の接客マナーも変った。呆れるほどに一変した。どうして、ああも食卓のあいだをしょっちゅう歩きまわるのか。そうやって客を観察しているらしい。こっちが頼みもしないのに、すいっと手を伸ばして、卓上の土瓶に入った茶を注いでくれたりするのは有難くもない。料理の皿が空っぽになったと見るや、風のように近づいて、すかさず皿をかすめ取っていく。その早技には、恐れ入ってしまう。こっちはまだ口をもぐもぐさせているのだ。

空いた皿を下げる際に、"Finished?" と声を釣りあげる店員もあって、こいつはどうしたって頂けない。人を馬鹿にしたような、この一語の浮わついた発声にはうんざりさせられる。もう食ったか？　食ったら帰れ、とつい聞えてしまう。なぜ、いちいち干渉するのか。放っておいてくれ、好きなようにさせてくださいよ、只今食事中だ、といいたくなる。

街にはイタリア系の飲食店もずいぶん増えたようだ。コヴェント・ガーデン界隈のレストランなどで、おおよそ十五、六ポンドの夕食ともなれば満足である。オリーヴ油たっぷりのイタリア料理を求めて、わざわざイタリアくんだりまで出かけて行くこともない。ここの料理で充分なのだ。

日本料理はどうだろう。"SUSHI" の文字は街のあちこちで見かけるが、一度も試したことはない。鮨を食うために遠い日本まで出かける必要はない、ここのやつで満足だ、とロンドンの誰かがいい放ったなら、さて、どう反応したものか。

外食といえば、初夏のある夕べのこと、コヴェント・ガーデンのさるレストランで、窓ぎわの小さな一人席に案内された。時計はもう八時を廻っている。この季節では、この時刻にあって外はまだまだ明るい。小ぶりの丸窓からは往来が見え、人びとがちらほら行き交う。歩きながら窓の内側をのぞき込んでやれというような物好きはいないから、こっちも安心して外を眺めていられるわけで、実にいろんな顔つき、いろんな姿恰好の男女が、たそがれの道をめいめいに急いでいるから壮観だ。皆さん、これからどちらへ、などと想いながら、ぼんやり外を眺めているのは悪くない。

しかし、さっきから、じっと動かない男が一人いる。反対側の舗道の建物の蔭に腰をおろしたまま、動こうともしない。動けないほどに弱っているのかもわからないが、男は髪もひげも伸び放題で、見るからにむさくるしい。陽に灼けて、埃をかぶったような、やけに赤黒いその顔の奥にきつい目が光っている。野生の動物を想わせるような目つきだ。この季節でありながら、よれよれの黒いオーバーなんぞ引っかけているのもまた気にかかる。垢が汗に蒸されて発酵しやしまいか、なんてつい想ってしまうのだが、男がそうやって平気な顔でいられるのは、あるいは動物が夏でも毛皮を脱がないでいるのと同じ理屈なのかもしれない。

男の足もとには汚れた黒いボストン・バッグと、何やらどっさり詰め込んだビニール袋の二つ三つが、無造作に置いてある。男はやおらボストン・バッグを引寄せて、鋭い目つきでバッグのなかから品物を引っぱり出した。そいつを膝の上にのせてしばし睨みつけたあと、いよいよ決心がついたとばかりに、品物の蓋をあけるなり指を突込んだ。なんとまあ、くずれたスパゲッティのような物を摘みあげて口に運んでいる。初めは周囲を警戒するかのように、目を左右に光らせながら、ゆっくりと手を動かし口をもぐもぐさせている。その動きが次第に速くなって、ついには脇目も振らず貪りだした。たいへんな勢である。すぐ前を人びとが通る。しかし男の手と口は加速度がついて、もはや何ものも止めることができない。

三人の若い風来坊が、むこうから歩いて来た。一人はジーパンに色あせた半袖シャツ、一人はよれよれのジャンパーを引っかけ、また別の一人はふざけた色あいの縞がら帽子なんぞ頭にのせている。三人はぬらりくらりとやって来て、目下食事中のくだんの男の前で足を止めた。

しかし三人が注目したのは当のひげ男ではない。男のそばに緑色のゴミ袋が積まれていて、そのゴミ袋の結び目を、三人がめいめいに解き始めたのだ。そうして袋のなかを掻き分けるようにして漁っているから、何だろうと思わずにはいられない。一つ取りだしては、じっと見て、そいつを再び袋のなかに戻しては、またごそごそやっている。別の若者は迷いもせず、さっさと包みを破いてむしゃむしゃ食いだした。三角形のプラスチック容器に入ったサンドイッチなのである。

ゴミ袋を戸口に積みあげたその建物は、見れば、某カフェのチェーン店だ。本日の売れ残りをみんな処分して、ちょうど店を閉めたところなのだろう。三人の風来坊はそのへんの事情をちゃんと心得てやって来たようだが、もしかしたら、ゴミを漁る常連なのかもわからない。サンドイッチにも好き嫌いがあるとみえて、あれこれ選択しているあたりが、いかにも若い世代のカラスどもだ。一つまた一つと食い荒したあと、カラスはゴミ袋を散らかしたままその場を去って行った。

この間、くだんのひげ男はすぐそばに坐ったまま連中の挙動をじっと見ていた。いや、睨みつけていたというべきかもしれない。しかし男は一言も発することなく、ただ口をもぐもぐさせていて、若者らのほうでも、それ自体がゴミ袋の一つのような男のことなんぞ眼中になかったようだ。

ひげ男は無言で睨みつけていたが、胸中にはもろもろの感情が乱れていたに違いない。それを敢えて言葉に翻訳してみると、

——なんでぇ、おめえらぁ、店の物《もん》を只食いする気かよぉ。銭っこ出して食うもんだろうが。

あるいはまた、

——おいおい、うるせえじゃねえか。人さまが飯ぃ食ってんだぜ。ちっとは遠慮しろよな。今どきの若え者《もん》は、遠慮ってぇのを知らねえや。遠慮だ、遠《え》んりょ。

あるいはまた、

——ほお、ほお、その袋に、どっさりとな。そいつぁ知らなかった。ひょおー、みんな新品じゃねえのかよぉ。食い残しじゃねえやな。おい、こらっ、おれの分も残しとけよ。

あるいはまた——しかし、もはや翻訳などにうつつを抜かしているよりも、これにつづく男の行動をじかに観察したほうが手っとり早いだろう。男は食事をすませて、もそもそと立上がった。空になったスパゲッティの容器を片付けようというのか、そばのゴミ袋の結び目を解いて、容器をなかに押し込む。と同時に、男はゴミ袋のなかをのぞき込むようにして、頭を右へ左へひねった。片手をそろりと入れて、中身をちょいちょいいじってみたり、顔を近づけて臭いを嗅ぐようなまね

ですする。奴さん、何をためらっているのか。しかし、そのあとの動作がめざましい。男はゴミ袋を打ち棄てて、黒い汚れた自分のバッグを引寄せたと見るや、若者らが食い散らしたほうの袋に手を差入れるなり、三角形の容器に入ったサンドイッチを、二つ三つ四つと鞄のなかに移したのである。そうして長居は無用とばかりに、そそくさと現場を立去ったわけだが、男の背中に現れた感情をここに一言で翻訳するなら、

——いい朝飯ができたぞ。

とでもなろうか。文字どおりの"Take Away"というものである。

生活に余裕があり、また同伴者などもいれば、レストランの椅子にゆっくりくつろいで食事を楽しむという贅沢もできよう。そんな客を待つレストランは、昔とはちがって、街じゅう到る処にある。

しかし一方では、持ち帰り、すなわち"Take Away"の方式が今もって廃れない。サンドイッチ、ピッツァ、フライド・チキン、中華メニュのかずかず、それを店頭で包んでもらって持ち帰る。家やオフィスへ行儀よく持ち帰る人もあるが、たいがいは、そこらのベンチに腰をおろしたり、建物の蔭に突っ立ったり、ときには歩きながらでも食う。バスや地下鉄のなかでぱくついている若い男女さえある。

昔は、"Fish & Chips"など古新聞にどっさり包んで手渡されたものだが、これを食いながら歩いている男と擦れちがったりすると、酢の臭いがぷんと鼻にきた。いうなれば、天ぷらを塩と酢で食

っているわけである。
"Take Away"は安くて手軽でたいへん結構だけれど、少々贅沢を知った者には味気ない食事かもしれない。食事はただ飢えを満たすだけのものではない、という次第だろうが、一方、それどころではない人間だって確かにいるのだ。舗道のかたわらに踞《うずくま》って黙々と食う、そんな動物じみた外食の一方式もある。どんな方式であれ、人間とにかく、食わなきゃ生きていけないのだから。

にぎやかなる乱舞

ロンドンではバスに乗るのが好きだったから、用足しに出かけるときも、用のないときでも、しょっちゅうバスに乗った。二階建てバスの階上、窓寄りの席に坐って、人びとや家々が後方へ流れゆくままにぼんやり外を眺めている、それがとってもいい。しばらく何も考えない。何にも煩わされない。が――。

そうこうするうちに言葉が聞えてくるのだ。英語ではない。英語以外のいろんな外国語である。フランス語、ドイツ語、イタリア語、そして中国語。声の抑揚から、何語であるか大概わかる。もちろんなかには正体不明の、とんとわからぬ外国語が飛び交う場合もある。

見れば、どこもかしこも携帯電話なのだ。電話はもはや用件を伝える道具ではなくなったらしい。それよりも、自分の縄張りをつくり、他人の侵入を防ぎ、ついでに他人に迷惑をかける玩具となってしまった。小さな金属板を耳に押し当て、自国語で意思疎通ができる友人知人と朝のおしゃべりを始める。昨日の出来事のおさらいをしたり、夕方からの予定を相談する。これをみんな、昼どきのバスのなかでの仕事と心得ているらしい。こっちはもう、窓外に流れる風景を静かに楽しむどころじゃない。こうして赤いロンドン・バスに乗っていても、ここは果してイギリスなのか、どこの国なのかと疑ってしまう体《てい》たらくだ。英語の国へやって来て、英語が耳に届くなんて珍しいというのだから、面喰ってしまう。

ある日、こんなことがあった。

二階建てバスの階段下に騒々しい女の声がひびいて、何事ならんと思ううちに、一人の若い女が螺旋《らせん》階段を上がって来た。女はそのまま一番前の席に腰かけた。なんと、さっきからずっと一人でしゃべっている。その声がまた、周囲をまったく無視するばかりに大きい。不思議なことには、携帯電話なりを耳に当てているわけでもないのだ。

――もしや、気狂い女では？

しかしフランス語らしきその饒舌には、何となくまともな人間感情が波打っているように思われる。あるいは抑揚のはしばしから、そんなふうに感じられるだけなのかもしれない。

――もしや、携帯電話の新型？　胸もとに小さなマイクでも吊るしているのかな？

女の話は滔々とつづく。切れ目がない。間《ま》がない。説教なのか、弁明なのか、いずれにせよ、これが電話ならば、聞き手のほうはよほど辛抱強い人間でなきゃいけないだろう。あちらさんは饒舌とは逆の、沈黙型の人間でなくてはいけない。

――ひょっとしたら、録音器具とやらに自分の演説でも吹き込んでいるのかね？

そうなると、話の内容次第では他人に聞かれたくないことだってあるはずだ。フランス語を解する者が近くにいないともかぎらないのだから。けれども女は、屈託する気配など毫《ごう》も見せない。ときどき牛乳の大瓶なんぞ傾けて喉をうるおし、それから急いでまた話に戻る。

となりに腰かけた大きな黒人が、さすがに怪しいと思ったか、女の横顔をちらりちらりとうかがっている。女は宙の一点を見据えたまま口だけ動かして、その言葉の大河は何ものにも妨げられることなく、どこまでも流れていく。

――やっぱり、気狂いかな？

黒人はそのうち降りて行った。付近の乗客も、二人、三人と降りて行く。いずれも何か一言いいたげな、あるいは呆れて何ひとついえないような顔つきである。女の饒舌は周囲の反応がどうであれ、終始変らず、てんで止むことを知らない。

実は、そのフランス女ばかりではなかった。バスの真中付近にもう一人、こちらは東南アジア系の若い女で、連れの男がとなりに坐っている。たぶん男にむかって何事かぶつけているのだろう、女の声の調子が、ばかにとげとげしい。しかし男は相槌も打たなければ、返事もしない。知らぬ存ぜぬの態度を決め込んでいるらしいのだが、その表情とやらは、残念ながら他の乗客の半身に隠れてこっちからは見えない。とにかく女の話の一方通行である。これまた、止まることを知らぬ言葉の奔流だ。

――バラバラバラ、ドドド、ダッダッダ……

と聞えて、そこへ最前列の席から、

――デュビデュビ、ダバダバ、ヌブヌブ……

という別の雑音が発射される。あっちとこっち、互いに通じない外国語で撃ち合いっこをしているみたいだが、当の二人の女はめいめい関知しない。自分の領分に夢中なのだ。他の乗客らは、この二すじの言葉の濁流に唖然としながら、じっと沈黙をまもっている。これがまた、いかにも不思議な光景なのである。誰も彼もが、やけに寛大だ。もしかしたら、場面が変って、いつか自分も同じ役まわりを演ずることになるかもしれない、その折にはよろしく、とでもいわんばかりである。

バスの二階席はもうイギリスじゃない。こんなこともあった。——

東ヨーロッパかどこかの一家が、二階席の先頭をずらりと占領している。幼稚園児ぐらいの男の子が三人、若い母親、そのまた母親らしき婆さんと、親子水入らずのお出かけらしい。それはそれで結構なのだが、いささか調子に乗りすぎているのがいけない。子供らは大声をたてながら、怪獣のゴム人形なりを正面のガラス窓に押しつけて、えいっ、えいっと、さかんに戦わせている。その尖った外国語が、こっちの耳には痛い。どこの国の言葉か知らないが、小さな三人は怪獣になりきって乱暴な台詞ごときをぶつけ合っているようだ。うるさくて堪らない。乗客はみんな前向きに坐っているから、否応なしに、子供らの騒々しい遊びを見せつけられる恰好になる。

むろん、三人は他の乗客の迷惑なんぞ考えるはずもない。そして何とも理解しがたいのは、そばに付添っている母親なり祖母《ばあ》さんなりの態度である。二人の大人は一言も口を挟まず、微笑みさえ浮かべながら、このどたばた劇を静観しているではないか。彼らの価値尺度によれば、子供が暴れるのは元気である証拠だというものかもしれない。他の乗客の冷たい視線なんざ、痛くも痒くもないのだろう。

しかしながら、ここはイギリスである。人様の国ではないか。あんまり調子に乗るものじゃない。自分らの文化の異臭をこうも平然と発散されては堪らないだろう。だが悲しいことに、近頃では、そんな神経の働かせ方からして、もう流行《ばや》らないようだ。たとえ外国人であろうが、堂々たる一個人として、遠慮なく自国文化を持込んで、憚ることなくお国言葉をばらまく。それこそ国境を越えた〈人間の権利〉というものらしい。人間の権利にもっとも寛大な国はイギリスである、とどこかで聞きかじったのか、わけても窮屈なお国柄の民はイギリスへ、いざイギリスへとなだれ込んでくる。そうしてここは極楽とばかりに、のびのびと、自国の流儀で、好き放題をやらかす。外国人もずいぶん強くなり、かつ図々しくなったものだ。

イギリス在住の外国人を批判の目で見るのは、こっちも外国人である手前、いささかチグハグであるかもしれない。そこで今度は、外国人の側から見る近頃のイギリス人というところに焦点を移してみよう。イギリスの長い伝統と文化、となると、パブについて触れぬわけにはいかない。パブは酒を飲み、くつろぐ場所にはちがいないが、それに加えて、人間を観察する恰好の場所といってよいだろう。ある晩、下宿の近くの「城《カースル》」というパブに出かけた。頭をつるつるに剃りあげた洟《はな》たれ小僧が、まぶしいばかりの金髪娘を小脇に引きよせて、飲めもしないビールの大グラスをぎこちなく傾け、やみくもに煙草なんぞふかしている。金髪娘は妊娠三月《みつき》の腹みたような、白い鏡餅そっくりの、臍下何寸だかをひろびろとはだけて、これまたビールに煙草におのれを駆り立てている。どう見ても無茶だ、無理だ、空威張りだ。

二人は二十歳《はたち》にもなっていないだろう。パブは大人の場所であるはずなのに、今ではそうとばかりもいえないらしく、うら若い男女が深夜まで入りびたって、へたなビリヤードいじってみたり、ダーツに興奮したり、娘のお尻を撫でたり、抓ったり、そうして退屈まぎれの若い時間が流れていく。なんと甚大なる浪費であろうか。

しかしこれを浪費だ、勿体ないと思うのは、すでに若くない証拠でもある。人生のガス欠も間近に迫った老人だ。時間もエネルギーも、まだ備蓄がたっぷりあるうちなら、そんなに惜しくはない。またその有難味もわからない。

ほら、あの凄ったれが、金髪の生意気娘なんぞ引きつれて、なんとまあ、いい気でいることか。小娘のほうも、他にやることなくて、やることを自分で探すのはなおさら億劫で、どうにでもしてちょうだいな、といったあんばいだ。

こんな半熟の、青臭い、空ろなくっ付きあいが、いつまでつづくものやら。やがて欲が出て、ぜいたく心が起きれば、二人はすぐにも離れてしまうはずだ。そのうち、とかく無いものねだりが始まる。あっちがいい、そっちはもっといい、こっちはもうダメだという調子だろう。以前からずっと手中にあるものなんて、ちっとも有難くない。有難くないのはさらりと捨てて、それより別のやつを、新しいやつを、素晴しい逸品を、と欲望が騒ぐ。ああ、その微かな影が、うら若い二人の横顔に、早くもちらちら見えているではないか。

ヨーロッパ諸国における泥酔統計が、いつかの新聞に出ていた。泥酔率のもっとも高いのは、男ではアイルランド、女ではイギリスなのだそうだ。同じ紙面にもう一つの統計が出ている。十代娘の妊娠率がもっとも高いのは、これもイギリスだというのである。泥酔と妊娠がどこかで仲良く手をつないでいるようにも読める。はてさて、いかがなものか。

飲酒法による規制がどんどん緩んで、昔のように、十一時に鐘《ベル》が鳴っておしまいというパブはなくなった。それかあらぬか、つい飲みすぎてしまう。ロンドンでは夜遅くなっても帰宅できるようにと、ご親切にも、深夜バスが朝まで走ってくれている。こんなサービスがあるから泥酔も増えるのだ、とこぼす人さえいるが、それはどうかと思う。泥酔しながら真面目にバスで帰る客なんて、そう多くはないはずなのだから。

いつだったか、イングランド北方の町で、パブでの立飲み禁止法が提案されて、さすがにこれは実施に至らなかった。そもそもの動機がおかしい。近頃では客どうしの喧嘩が多いからというのである。グラスを片手に立飲みするからいけないのだそうだ。店内が込み合うにつれ、他の客のグラスにこっちの肩や腕が触れて酒をこぼしてしまう。やられたほうは黙っていない。何でぇ――何だ、この呆けナスめ――と、いよいよ熱する。こういう次第だから、パブでは椅子を用意して、椅子にきちんと坐っている客だけに酒を飲ませるべし、という提案になったようだ。変な話である。昔のパブでは立飲みが当り前だった。それで何の不都合もなかった。くだんの提案については、さるイギリス人が嘆いていたものだ。パブはいつから子供の遊び場になってしまったのか、と。確かにそのとおり、昔とはちがって、近年のパブは大人の恰好をした子供らで大いに賑わっているようである。

再び、パブは人間観察の恰好の場所である、と申したい。もちろん、そのためには一人で出かけるにかぎる。一人でおとなしく飲みながら、周囲の客の動きや、態度や、話などに耳目をそばだてるわけだ。

ここにもうひとつ、真昼のパブというのがある。こちらの主役は老人だ。昼飯どきの客の波が引いて、次の大波が押し寄せる夕暮れどきまで、しばし閑寂とした真昼のパブがある。この昼日中に酒なんぞ飲んでいるのは閑人か、ぐうたらか、――あるいは寂しがり屋の老人ぐらいだろう。わけても郊外のパブなどでは老人の姿が目立つ。

一組の老夫婦が、互いに相手を助けるように腕と腕をからませ、神妙な面持ちでやって来た。あたかもパブは教会のごときなりと、そのしわしわ顔に書いてあるようだ。また別の老人が一人きり、杖に頼りながら入って来て、上着の内ポケットから巾着をひねり出し、ギネスの半パイントなりを注文する。そうかと思えば、すみの椅子に悠然とくつろいで、半袖シャツから萎びた腕など見せながら、煙草をふかしている老人、はたまた大きなテーブルの端で黙々と飲んで、グラスが空になれば音もなく消えていく老人、よし、もう一杯と立上がって、細いジーパンの尻ポケットから皺だらけの紙幣ぬき出す老人、カウンターの女相手に冗談ふりまいて一人で笑いこける老人、その他、実にさまざまである。彼らの脳裏には今、どのような古い絵が浮かんでいることだろうか。

若くて、活気あふれる昔の自分に、どこかで繋がっていたいのだろう。老人は老人らしく、なんて割切ってしまうのは嫌であるにちがいない。おとなしく家に引籠っていたのでは、老いがよけいに加速されて、そのうち痴呆老人、おっといけない、認知症患者とやら、とにかくそんなふうになってしまいかねない。

——ああ、少しでも、ほんの少しでもいいから、若さを取り戻したいものじゃ。若いエネルギーの、昔ゃ悩ましいほど体中に熱く燃えていたあのエネルギーの、ああ、その一かけらなりと手に入れたいものじゃ——そんな声にもならぬ声が聞えてくるようだ。

深夜のパブに屯する若者らが、こういう老人のつぶやきを耳にしたら、きっとせせら笑うだろう。笑うがいい。いずれ遠からず、君らもまた、真昼のパブの客に変貌してしまうかもしれないのだ。かつての浪費と乱脈の日々を恨めしく思うときが、いつかひょっこりやって来ないともかぎらんのだよ。

若い連中は、男女を問わず、人生の何事にもよらず、余りにも気前がいい。これをデカダンス——末世と呼んで嘆く人もある。

再び、乗り物の話をしよう。日常の乗り物には、お国の特徴がよくあらわれる。ロンドン名物の地下鉄なども、まあ、昔から比べると車内もずっと明るく、清潔になった。そのへんの事情は別の章に書いたのでくり返さない。一方、バスは昔よりも機能化されて、その分だけ明らかにつまらなくなった。車掌が消えてしまって、胸に券売器をぶらさげながら車内をねり歩くあの懐かしい姿なども、ごくまれな例外を除いてまず見当らない。今では運転手が車掌を兼ねている。それと同時に、バスの造りも変った。走行中は乗降口の扉がぴったりと閉ざされているから、バスの尻から勝手に乗り降りするなんて、もうできない。後ろの握り棒をつかまえたまま、うまく乗りきれずに十メートルばかり伴走していく兵《つわもの》など、もはや現れようがない。'catch a bus' の語感も薄まった。

近ごろの地下鉄では玉をころがす若い女性の声で、ていねいにも次の停車駅名や、連絡線の案内までを車内放送で流してくれる。あれはなかなかいい。何はさて、女性の発音が快い。ロンドンに生活していることを、はっきりと実感させられるというものだ。こうなると近年の現象も、つまらぬものばかりとは断じきれないのである。

ロンドン市内のバス・パスが三ポンド半、一回分の乗車券が一ポンド半、それからオイスター・カードなる地下鉄・バス両用の経済的な乗車カードもあって、ちょっと複雑だ。観察したところでは、堂々と無銭乗車をやってのける輩がときどきいる。それでも、たいがいの運転手はとがめない。黙視する。バカは相手にしまいという態度なのだ。ところがある日、若い女がガムなんか嚙みながら乗込んで、運賃を支払う代りに、

——後ろ。

と運転手に告げた。後ろにつづいた女の友達が、

——前の人なんて、あたし知らないもん。

としらばくれて笑った。笑いに紛らしながら、二人はそのまま奥へと進んだ。そのとき——。

——おい、乗ったら運賃を払うものだ!

と運転手が怒鳴ったのである。腹の底からどら声をぶつけた、といってもいい。若い女の一人がすごすごと戻ってきて、財布を取り出した。その表情は固く、ガムは口のなかに貼りついてしまったかのようだった。いいぞ、運ちゃん、といってやりたかった。

バスの運転手にも、たまに気骨のある人がいる。東ヨーロッパかどこかの初老の紳士が乗ってきて、切符の代りの紙きれを見せた。そんなものは認められない、と運転手が拒否した。

——何がいけないか? コレ、切符と同じモンよ。

紳士は訥々と反論を始めたが、運転手との話が嚙みあわない。しまいに紳士の目つきが変り、顔面蒼白となり、

——自分、この切符で乗せてもらう。モンク、いうな。

と大声をあげて、ずかずかとバスの奥へ進んで行った。

——駄目なものは駄目だ、降りろ!

と運転手が、背後から怒声を投げつける。降りてたまるかい、と紳士は後部座席に居坐って腕組みした。よし、降りるまでバスは発車しない、とここで運転手が宣言したのである。さあ、困ったのは他の乗客たちだ。一同、ざわざわと騒ぎだした。紳士をなだめる女たち、運転手を諫める男や女。とにかくバスを出してちょうだい、皆が迷惑していることを考えろ、と険悪な声が車内にひろがった。運転手は黙ったままである。十分、二十分と過ぎていく。そのうちに、二階からも人びと

が降りてきて、あけっ放しの扉からぞろぞろと出て行った。バカは相手にしたくない、というのだろうか。この流れに促されて、一階の乗客も降りて行く。腕組みしたまま動かないくだんの紳士が、仏像のように目立った。また五分、十分と沈黙の時間が過ぎていく。やがて、降りて行った客らが後続のバスに乗りきれず、再び元のバスに逆流してきた。右往左往の一集団といったあんばいである。このとき——。

——オマエ、まちがっている。ケイサツ、呼んでやるぞっ。

紳士は誰にともなくそう叫ぶなり、後ろの扉から、さっと跳び降りた。間髪を入れず扉が閉まって、バスは発車したのである。車内はそのあと、水を打ったようにしんとなった。

地下鉄の話へと戻る。地下鉄は階段の上り下りやら、長いエスカレータやら、乗換えごとにあちこち振廻されるやらで辟易させられることが少なくない。電車がいつまでも来なかったり、満員で乗れなかったり、運悪く途中でいきなり止まって、一時間も二時間も闇のなかに閉じ込められることだってある。改札口などに小さい黒板が立ててあって、何々線、本日——Good Service なんて報じているから、笑わせる。“normal”と報じるべきなのに“good”と格上げして胸を張っているところがおかしい。これでは、あえて黒板が出されない通常の運行状況たるや、甚だお粗末、とても褒められたものじゃないと暗に告げているようなものだ。

そんな地下鉄にしても、日々何が起こるかわからない。とくに夜十一時以降は用心するがいい、と噂されている。十代若者のギャングがときどき事件を起こすらしい。強請《ゆすり》、盗み、暴力。奴らはナイフをかくし持っている。すぐに逆上して、すぐにナイフを出すのだ。ひとたび出したナイフは、そのまま引っ込めるわけにもいかず、とうとう相手を突き刺すところまで暴走する。血を見るとよけい興奮するのが連中の特徴でもある。残虐度はそこでさらに増す。ある晩、地下鉄のなかで女性が乱暴されているのを一人のサラリーマンが目撃した。むろん他の乗客らも見ていたのだが、敢えて面倒なことには関わりたくない。当のサラリーマンだけが黙っておれず、口を出した。正義感が、あるいは義侠心が彼を動かしたのだろう。何だい、しゃらくせえ、と相手はナイフを出してサラリーマンのどてっ腹に一撃くらわせた。出血多量により男性死亡——これがニュース報道の冷やかなひと言である。

地下鉄だけにかぎらない。バスの二階の狭い座席でも乗客が刺された。正義感の強い人ほど危ない目に遭うようだ。バスの後部座席で十代の若者らが麻薬《カナビス》を吸っていた。近くに坐った中年男性が、連中の目に余るふるまいを注意したところが、奴らは待っていましたとばかりに、ナイフを手に迫って来た。注意されて、はい、わかりましたと引き下がるような連中ではないのだ。一瞬のためらいもなく、男性の腹から胸をしこたま突き刺した。三人の子の父親が刺されて死亡、と新聞に出た。このときの様子を運転手は設置カメラでずっと見ていたという話である。ハイエナの集団がいっせいに獲物に跳びかかっていくようだったという。運転手としては、携帯電話を取りだして警察を呼ぶほか術がなかった。他の乗客たちにせよ、たいがい自分の命が惜しいので、こんな場面に遭遇しても口を出さない。見て、見ぬふりをする。賢明か、卑怯か、それは紙一重のところだろう。

ナイフどころか、さらに爆弾ともなると、誰が、どうすることもできない。先年の七月に、地下鉄とバスが共に自爆テロの標的にされて、大勢の犠牲者を出した。自爆テロというのは、相手を憎んで殺す、というばかりではなく自分の身もいっしょに抹殺する。気ちがいだ。なんで、そこまでやるのだろう。憎いから殺す、という。しかしその殺すべき相手というのは、案外はっきりしないようである。そこいらに群れている人びとの誰でもかまわぬらしい。迷惑な話にはちがいない。まるで人間憎悪の無理心中といったところだ。いつ何どき、この心中の道づれに引きずり込まれるかわからない。

どう考えても、人が簡単に死にすぎる。いや、死ぬというよりも、殺されるというべきか。"die" よりも "killed" である。自爆テロをもってわが身もろとも吹っ飛ばしてやれというような輩は "die" でも、道づれにされたほうは "killed" でなくちゃ浮かばれまい。このところ自爆テロ騒ぎが頻繁になって、人の命がますます軽く扱われてきているようだ。それと同時に、テロリストは市民のなかに巧く溶け込んで姿が見えないから、見えないものへの不安と苛立ちが、人間どうしの誤解や偏見や争いをさらに増長する結果にもなっている。世のなかがやけに息苦しい。

――何だか、息がつまるようだね。

と、かたわらの誰かに愚痴でもこぼす調子で一人つぶやいたら、

――そう深刻にならないこと。もっと鷹揚にいかなきゃ。

そんな声が空のかなたから聞えてきた。それもこれも、口でいうのはやさしいのだ。ロンドンに

生活して、ときどき気持の引っかかりを覚えることがある。こないだも、近所の洗濯屋がイラン人だと知ってから、つい心を閉ざしてしまうようになった。我ながら、思えばケチな話だ。イランでは核開発をひそかに進めているとか、どうとかで、マスコミが諸国の警戒心を煽っていたから迂闊なことはいえない。君子であろうがなかろうが、危うきには近づかぬがいいのである。

いささか窮屈に感じて、近くのイラン人の店から遠くの洗濯屋に鞍替えしたところが、こっちの店員はアフガン人だという。ますますくたびれた。洗濯機に汚れ物を抛り込んでしばらく待つあいだ、ぽつりぽつりと話を交わす羽目になった。どうしたって、愉快な気分にはなれない。店の男はビデオ映像にこっちの注意を促して、これを見よ、これが目下故国で進行している戦争だと息巻くのである。アメリカの戦車が画面いっぱいに土煙をあげて猛進する、そいつを睨みつけて、ああ、人類のおしまいの象《しるし》だ、と男は目をつぶる。何やら、むにゃむにゃと唱えて、かっと目を見開いたときには、人間が一変したように見えた。

――おれはね、日夜、努めているんだよ。

何を？　なんて訊きたくもない。こっちが訊かないうちから、あっちは語をついで独演の態勢に入る。

――そうして自分自身を一歩、また一歩と高めている。

感心だね、なんて賞めるつもりもない。

――疲れたときには、ふうらり散歩に出るのさ。

太陽が好きだ。青空がいい、雲がいい、花がいい、とくる。

どうも話が危険な耀きを帯びてきていけない。男の話を黙って聞いているうちに、なんだか妖しい気分に釣り込まれるようで嫌になる。さっぱりしないこと夥しい。男は店の奥へと消えて、すぐにまた出てきた。クリスプスの小袋に片手を突っ込んで、忙しく口に運んでいる。

——おれの昼めしだよ、君もちょっと食べないか。

むろん断った。この洗濯屋には、それから一度も行っていない。よほど大きな洗濯物がたまらないかぎり、洗濯は下宿の風呂場でさっさと片付けてしまう。こんな内情を他人に打明けたなら、小心者とか、しみったれとか、たぶんそんな非難が返ってくることだろう。いや、実際そうなのだ。

地下鉄もバスも、地獄の爆弾を乗せて、しかしそれでいながら、どこ吹く風とばかりに今日もロンドンの街なかを走っている。そういうところがまた、イギリス流というべきなのかもしれない。

玄人素人の藝

近頃では、ガイド付ロンドン散策とやらがすこぶる好評のようである。これの規模の小さいやつなら、ひと昔、ふた昔からあったのだが、それがこのところ見るからに充実して、着実に成長の一途を歩んでいるようだ。案内所で入手した一週間のプログラムをざっと見ただけでも、散策タイトルが「シェイクスピアのロンドン」「ディケンズとロンドン」「古きハムステッド村」など正統派教養コースから、「ウェスト・エンドの幽霊」「シャーロック・ホームズの足跡をたどって」「ビートルズ・魅惑ツアー」、さらにまた「知られざるイースト・エンド」だの「闇のなかのロンドン」「切裂きジャック出没」という具合にくずれていく。「テムズ河岸パブめぐり」とか「幽霊、ガス灯、そしてギネス」とか、他にもどっさり珍味佳肴のコースが用意されていて興味をそそられる。これらが一週間休みなしで、朝十時から夜九時過ぎまでの時間帯を埋め尽くしているのだから、感心してしまう。テレビの番組表を見るような気分でプログラムを眺めていると、つい誘惑されてしまいそうな散策コースも少なくない。

それぞれの散策コースに掲げたテーマもさることながら、何といっても大きな魅力は、ガイドその人にあるようだ。ガイドの質が非常に高い。これは一つには、ガイドの資格試験がめっぽう厳しくて、そう易々と青《ブルー》バッジを胸に付けることができないためでもあろう。青バッジというのは有資格者の証《しるし》であって、これを取得するのに四、五年はかかるのだそうだ。何度も試験に落ちて、とうとう諦めた人もあるらしく、さるガイドの話によると、歴史やら文学やら発声法など、十五科目ほどの試験に全部合格しなければならない。大学の学位をとるぐらいに難しい、と彼は笑っていた。むろんイギリスの大学の学位だろうから、その難度は、推して知るべしである。

しかし、そうはいうものの、ガイドなら誰でも胸に青バッジを付けているとはかぎらない。バッジなしでも名人藝を見せるガイドだっていないわけではない。無免許もどうして、バカにできないのである。プログラムの端に五十人ぐらいのガイドの紹介が付いていて、それぞれ本業が役者であったり、テレビや映画に出演していたり、歴史家、著述家、ジャーナリストであったりと、多彩な顔ぶれが並んでいるのには驚かされる。本業におけるめいめいの経験が、技が、ガイドの仕事に厚みと味わいを加えていることはいうまでもない。そこへもって青バッジまで所有していれば、もう、ガイドとしてむかうところ敵なしだろう。

このロンドン散策は乗物に頼らないから、実にのんびりしたものである。歩く速度でもって目の前がゆっくりと展けていく。車の入らない裏道を探訪したり、ときどき立止まってガイドの話を聴きながら、笑ったり感心したりと、なかなか楽しい。ここにはどうしたって、観光バスによる大雑把なロンドン・ツァーなどでは望むべくもない、手作りの味がある。

散策はまず所定の地下鉄入口に、所定の時刻まで集合するところから始まる。事前の予約とか何とか、わずらわしい手続は一切ない。いつだったたか、途中で交通渋滞に巻き込まれて、とうとう集合時刻に間に合わなかったことがある。それだって、あっさり諦めて、後日の予定に廻せばいいだけの話だ。あらかじめチケットを買うわけじゃないから、予定変更など何の問題もない。

集合の場所に出向くと、それらしい人だかりが見えて、人だかりの中心にガイドとおぼしき人物の姿がある。まず参加費用の六ポンド(千四百円ほど)をガイドに支払って、あとは黙って随いていけばいいわけだが、ときには百人もの客が集まって、いったい誰が支払ったか、誰がまだ支払っていないのか判然しない。しかし、そんなことは気にならないらしい。世知辛い昨今のロンドンにあって、ここだけはうるわしい性善説が生きているようなのだ。ガイドは声を大にして、

——お一人様、六ポンドいただきまァす。学生さんは五ポンド、六十歳以上の方も五ポンド。それから、ええと、五ポンド紙幣しかお持ちでなければ、それだけで結構ですよ。

と、こんな調子なのだ。たとえ未払いで紛れ込んでいる輩があったとしても、咎めだてされるとは思えない。ある日、ノッティング・ヒル散策に出かけたら、集まった人びとの数をガイドが算え始めた。六十まで算えて、あと五、六人ほどが残った。ガイドは残りをむにゃむにゃと流して、背筋をぴんと伸ばしたと思ったら、

——えー、本日はロンドン市内の祭日でありまするにもかかわらず、大勢の皆様方、本ツアーにご参加いただき、ありがとう存じます。皆々様のご愛顧にむくいて、本日にかぎっての参加費用は無料とさせていただきます。

これには、どっと拍手が湧いたものだった。

散策は雨の日でも決行される。雨が降れば客の集まりも悪かろうと思いながら、ある日のこと、シェイクスピア散策に加わったら、三、四十人もの参加者が傘をさしてねり歩く結果になって驚いた。このときのガイドは声も軀も大きくて、解説を進めるうちに熱が入り、だんだん芝居の台詞の調子に変っていく。ハムレットになり、オセローになる。雨風が激しく吹きかければ、一同肩を寄せあって建物のへこみに避難する羽目になるが、ここでガイドは天の一角を睨み、リア王の台詞がすかさずとび出す、という具合である。まるで舞台役者だ。聞いていて、ちっとも退屈しない。ガイドはまた、この火曜日に大英博物館で調べたところ、何々、なぞと注釈したりするから感心させられる。勉強熱心なガイドであること、間違いない。

切裂きジャックのイースト・エンド散策は実によかった。いや、よかったというより、がつんと一撃食らったようなあんばいだ。この衝撃がたまらなくて、半年後にまた同じツァーに参加したものである。これだな、これでなくちゃいけない、と思った。

断っておきたいが、百年余り前に迷宮入りしたあの連続娼婦殺害事件に心揺さぶられたわけではない。事件を貫くスリルとか、恐怖心、そんなものを生き生きと現出してみせる言葉の迫力に参ってしまったのだ。ガイドの声の質もあろう。それからリズム、スピード、感情の込め具合などもみごとなものだ。ときにユーモアがこぼれる。言葉の選択には無駄がない。ひとつひとつの話は確かな知識に裏付けられながら、とにかく澱みがない。緩みがない。さながら完璧な一個の芸術作品を、ここに見る思いがした。

——真似ができないな。あれはどうしたって真似られない。

あとで当ガイドの紹介記事を見たら、この人はシャーロック・ホームズやら、アガサ・クリスティのミス・マープル物に映画出演などしたらしい。さもありなんと思われて、いつかロンドンの知人にこのガイド付き散策を勧めてやった。

——あれはまさに、上質の講談だね。磨きぬかれた藝だよ。

——ふーん……

——だまされたと思って、一度ためしてごらん。

知人は、では、だまされてみましょう、とある夕べにモニュメント駅へ出かけたところが、お目当てのガイドでなくて、臨時に別のガイドがやって来たという。

——それはそれは、ひどいガイド、お粗末至極だね。

たまに、こんなこともあるわけだ。知人は大いに嘆いていた。その日はモニュメントからロンドン橋を渡って、テムズ南岸のパブを飲み歩くツアーだったそうだが、このときの女性ガイドとやらは、まるで素人そのものだというのである。日常の英語をもっておしゃべりするだけで、ちっとも藝がない。藝がなければ、金を払ってまでお付合いするほどのこともないわけだ。案内された二軒のパブにしても、途中のいろんな建物にしても、どこにその特徴があるというのか、話の焦点がはっきりしない。急場しのぎにアルバイトで雇われたガイドなのかもしれない。

小柄なこの女性ガイドは、二十人ばかりの大男大女に囲まれながら精いっぱい声を張りあげるのだそうだ。すると、その額に横じわが何本も走って、猿の顔になる。いささか滑稽には違いない。大きく目を見開いて、猿がきいきい叫ぶ。しかしいくら頑張っても、すぐ近くにバスの走る音、電車の騒音がとどろいては敵わない。ガイドは話を披露する場所ひとつ選ぶのにも、やはりセンスが問われるのだ。センスのない人は、どうしたって振るわない。上には上がある。秀れたガイドはそう多くないようだ――と知人は厳しい口ぶりであった。

次は屋内の、身体を動かすことのない、はなはだ怠惰な愉しみについて触れたい。ウェストミンスター地区はスミス・スクウェアの閑静な住宅地の奥にセント・ジョン教会というのがある。さる演奏会の切符の予約でこの教会に出向いたとき、正面の石段を登りきると、本日のコンサート案内として小さな立看板が出ていた。フジコ・ヘミングが来るのだそうだ。こんな所に?――と驚いて、急ぎ、今夕のその切符もあわせて買った。

ここは教会でありながら、もはや本業をやめて催し物会場に鞍替えしてしまったような趣である。もっとも、教会がパブに変身した例もあるぐらいだから、驚くには当たらない。堂内に入ると、床一面に明るいクリーム色の椅子がぎっしりと並び、正面の舞台の上にはグランド・ピアノが置いてある。舞台の奥はたぶん祭壇が輝き、ステンドグラスが神々しい絵柄を打ちひろげているのだろうが、そこはみな、天井から大きな朱の幕を垂らして隠されてしまっている。さすがに隠しきれないのは側廊に立ち並ぶ白亜の石柱だが、それさえ除けば、どこか田舎町の広い市民ホールとさして変らない様子である。
しかし驚くべきは、ここに集まった半数以上の客が日本人であることだ。前のほうの高価な席は八割方が日本人男女に占められている。あとで訊いてみたら、今日の演奏会の案内が日本語新聞に出ていたのだそうだ。日本語新聞は、日本食品を売る店などに無料で置いてある。その新聞を見て、フジコ・ヘミングの名前に皆さんの目がとまったのだろうが、日本人のなかにはファンも多いようだ。

さて、定刻になって、演奏会が始まった。フジコさんはパッチワークふうの継ぎはぎ布のドレスをまとって登場した。おっとりとした風情でピアノの後ろを廻り、客席にむかって微笑みながら、ゆっくりとお辞儀をする。目つきがすこぶるやわらかい。ついこっちまで微笑みたくなる。ちょうど近所の街かどで、買物帰りの知合いのお婆さんなんぞに出遇って、軽く挨拶されたような気分である。お婆さんはちっとも繕わない。肩肘を張るようなところが、まったくない。天然自然の姿とはこのことだろう。

フジコさんはするすると弾きだした。ショパンのよく知られた曲だ。二、三曲こなしたところで、ピアノの上の端っこから何やらつまんで、ちょっと爪でも磨くような挙動を見せた。何なのだろう？——彼女は小さく折り畳んだ紙きれを爪の先で無心にひろげているようなのだ。何なのだろう？——次に弾くべき曲目でも走り書きしてあるのか、その紙きれをちらと見てから、そうしてまた弾きだした。「革命」も弾いた。こんなにも激しい曲を、けろりと片付けてしまう。不思議な包容力である。あらしのような思想も感情も、みな技術の投げ網でわけなく捕獲され、軽々と包み込まれてしまっている。思わず、ため息が出た。

前半のプログラムが終ると、フジコさんは黒幕の後ろに一旦退いた。客席の拍手がいつまでも止まない。それに応えて再び登場するなり、

——ラ・カンパネラを演《や》ります。

と彼女は静かな日本語でいった。ここはロンドンであることなど、ちっとも意に介さない。日本人の皆さんのために弾きます、という具合にもとれるわけだが、もちろん日本人以外の客も多い。彼女にはどっちでもいいことなのかもしれない。名曲が会場いっぱいに流れた。いつ聴いても、この曲のひびきは堪らない。目尻を拭いている初老の客も何人かあった。

中休みになって、出入口の大きな扉がいっぱいに開かれると、初夏の夕風がさわさわと会場に吹き込んで来て、たいへんいい。外はまだ薄明るい。会場を出て正面の石段の上に立った。石段のそこかしこに腰をおろして、わずかに青味を残した夕空を眺めながら、黙って煙草をふかす人びとの姿が見えた。

プログラムの後半はピアノ・コンチェルトである。ここで椿事が起きた。ヴァイオリン、チェロの一団が前方に固まって、その斜め後ろにピアノがぽつんと孤立している。ピアノの前にはフジコ・ヘミングが、御仏のごとき穏やかな表情で坐っている。

第一ヴァイオリンが目で合図する。沈黙のひと呼吸、それから頭をきゅーんと突きあげるなり、

ヴァイオリンの鋭い音が筋を引いた。一同が上体を波打たせながら音をくり出す。ことに第一ヴァイオリンの眼鏡をかけた中年奏者は、頭や肩を大げさなまでに揺らす。感情をたっぷり込めて全体を盛りあげているようにも見える。そうやって、みずから指揮者の役までを兼ねているのかもしれないが、あんまり派手にやるものだから、眼鏡がずり落ちてくる。額が汗で光る。

フジコさんは奏者たちの姿を後ろから静かに眺めている。そのままずっと何もしないまま、ピアノの前におとなしく坐っていても、なんら不自然ではないように見える。しかし、そうこうするうちにピアノの音がすべり込んだ。フジコさんのすぐわきに若い女性が控えていて、何なのだろうと思っていたのだが、今にしてわかった。彼女は楽譜を両手に開いて持ち、フジコさんがときどき頸をねじってその楽譜を見るのである。

ヴァイオリンの一団のなかに厭らしい女性奏者が目について仕方ない。口の周辺にうすら笑いが漂っているのだ。さも、誰かを冷笑しているように見えて腹立たしい。ふざけるな、真面目にやれ、と注意してやりたくなる。

その嫌な女が弓を動かしながら、ちらりと、となりの奏者に目くばせした。たちまち曲がへなへなと萎えて、とうとう演奏が止まってしまったのである。第一ヴァイオリンが険しい表情で立上がった。それからピアノのほうへつかつかと歩み寄り、楽譜の一所をとんとん指で突きながら何やら指摘した。

――あら、そうお？

という調子のフジコさんの声が、客席のこちら側まで聞えてきた。が、それだけのことだ。さすがに不動の御仏である。第一ヴァイオリンは恐い顔をくずさずに持ち場へ戻った。一件落着とばかり、再びピアノ演奏が流れ、他の楽器がそれに共鳴した。この場の光景は、いまだに忘れられない。

この日の演奏が深く心に残ったから、別の日にまたセント・ジョン教会へ出かけて、今度はベートーヴェンを聴いたものである。トラファルガー広場わきのセント・マーティン・イン・ザ・フィールズ教会にも出かけて、ここではジャズからタンゴ、クラシックまで、いろんな音楽を聴いた。一夜、ロンドン在住の昔の友達を誘って、教会の二階席に並んで腰かけて、バッハの名曲に居眠りしてしまったこともある。しかしあの初夏の夕べの、フジコ・ヘミングの演奏ほど忘れがたいものはない。

音楽の話が出たところで、今度は絵の話といきたい。昼さがりの美術館などでは、ときどきこんな光景に出くわすことがある。紺の丸首シャツにカーキ色のズボン、頸からは身分証明書のカードを吊りさげて、若い学芸員が女の子の一団に語りかける。女の子たちは小学校高学年あたりだろうか。ロンドンの街なかの小学生でもあろうか、二十人ほどが固まってしゃがんで、学芸員の話に耳傾けている。彼のすぐ後ろには名画が——コンスタブルの荷車の絵があって、少女らの目は、この絵と、学芸員の顔とを忙しく往復する。

——さて、この樹の描き方で、何か気づくことは？

学芸員のお兄さんが質問を投げかけると、あちこちから手が挙がる。いや、手というよりも、人差指を立てるのである。

——近くの樹は家より大きいのに、遠くの樹はとっても小さい。

——なるほど。

——光が当っている所と、蔭になっている所とがある。

——なーるほど。

——雲が、動いているみたい。

——ふむ、ふむ。

いろんな意見が出る。お兄さんはひとつひとつ鷹揚に受止めるばかりかといえば、決してそうではない。

——雲が動いているのは、なぜだろう。

するとまた、あちこちで指が立つ。

——雲は軽いから。

——なるほど。

——イギリスの天気は変りやすいから。

——そう、そう。

——風が吹いているから。

――うん、そうだ。風が吹いて、すがすがしい感じが出ているじゃないか。しかし風はそれほど強くない、なぜ、そういえるかな。

子供たちも、やがてお兄さんの質問に慣れてくる。答の要領が身につくわけだろう。

――梢が揺れていないもん。だから風も強くないの。

――なーるほど。そよ風が吹いて、心地好い風景画といえそうだね。

学芸員の話は、そこからじりじりと発展していく。働く人の姿をよく見なさい、この絵には人間が十二人も描かれている。腰をかがめたり、のけぞったり、ここにも、そら、あすこにも。もちろん馬や犬や鳥もいる。静かな田舎の風景でありながら、とっても明るくて賑やかだね、等々。

少女らの後ろを取巻くように立っているのは、同行の母親連中だろうか、若い学芸員の話を神妙に聴いている。首を縦に振って、いちいち賛同せねば気がすまない母親も見える。このなかには一人か二人、引率の学校教師も混じっているはずだが、いずれも若い学芸員の話の運びに感心しているらしく、相槌を打ったり、微笑んだり、そうして自分らもひそかに何やら学び取っている様子なのだ。はたで見ていても、気持のいい光景である。

それにしても本物の絵をじかに見て、その絵に親しむことができるというのはありがたい話だ。若い学芸員はその筋の専門家でありながら、専門家ぶらないところがまたいい。少女らは学芸員のお兄さんと手をつないで、いっしょに名画を堪能しているような趣だ。ほのぼのとした感じがある。お兄さんがひょいと質問を投げかけると、少女らはめいめいの感想を、直観を、意見を、悪びれず披露する。相手がこのお兄さんなら、遠慮なんか要らない。ためらうこともない。頓珍漢をいおうが、笑われる心配もない。彼女たちはどうやら安心しきっている。こういうのがいい、こうでなくちゃいけないのだ。

実際、若い学芸員は寛容である。気どらず、威張らず、拒まず、それでいて押えるところは押えて話を巧くまとめていく。その自信と、余裕と、真率な態度が実に爽やかだ。この頼もしいお兄さんの腕《かいな》に抱かれて、少女らは一ときの幸せにひたっているようなのである。否、その母親たちまでもが――。

九月半ばに、コンスタブルの里を訪れた。サフォークはマニングトリーの田舎駅を出ると、すぐに林道へ通じて、ほどなく林道は轍《わだち》の跡を残す野良道へとつづく。野良道の縁《ふち》には藪が茂る。背丈を越えるほどのブルーベリ、ブラックベリの大藪に甘ずっぱい実がどっさり付いている。人の気配はまったくない。やがて陽の照る野道に出て、川が流れ、涼風が吹く。草地を踏んでむこう側の小径に出たところで、土木の調査員らしき男が見えたので、道を訊ねたら、目的地のフラットフォードはすぐ先とのこと、ほどなく水車小屋ふうの建物が目についた。駅から歩いて四十分ほどだろうか。

現地では、ガイド付ツアーに参加した。ガイドは眼鏡をかけた年配のおばさんで、土地の人らしい。ツアー客のほとんどが年金暮しの夫婦づれのように見え、めいめいのカップルどうしが仲よく手なんかつないでいる。いくら齢をとっても、彼らの気持は若く、また勉強熱心であるようだ。ガイドの説明をじっと聴き、折々に細かい質問まで発したりするから、侮れない。

ガイドのおばさんはコンスタブルの絵の写真を大きな厚紙に貼りつけて、それを胸の前にかざしながら話を進める。

——ここが、この舟造りの絵の現場でありまするゥ。一九八五年にナショナル・トラストが当地所を買い取ったときには、ここはゴミ捨場でありましたァ。それがなんと、ゴミをきれいに除きましたるところが、このように、コンスタブルの絵にあるのと同じ構造が現れてきたのでありまするゥ。この絵の大きさは、ええと、大きさと申しますと、ええと……。

ガイドのおばさんは厚紙の裏をちらりとカンニングして、絵の縦と横のサイズを正確に発表した。

それから場所を移して川のほとりに立つ。

——これが、わたくしも好きな白馬の絵でありまするゥ。むこうの橋も、ちょうど、ここから見えるがままに描かれておりまする。

しかしおばさん、そうはおっしゃるものの、どうしたって同じ橋のようには見えないのだが。

——大きな樹が枝をひろげ、川はゆっくりと流れて、まさしく実際の風景そのものでありまするゥ。

いやいや、とんでもない。眼前にある川や樹とは大ちがいだ。おばさん、いったいどうしたのだろう。しかし、あなたの目は節穴ですね、なんて野暮をいってはいけない。ガイドのおばさんは自信たっぷりなのだ。一所懸命である。準備してきた数枚のパネルの裏には、どんな質問にも応じられるようにと、細かい事項がぎっしりメモしてあるようだ。これさえあれば恐れるに足らず、というものだろうか。

——さあ、皆さん、次へ次へ参りましょう。

次へ、そしてまた次へと、ガイドの解説が着々と進行して、予定の一時間がまたたく間に過ぎた。ツァーは再び出発地点に戻り、そこで解散となったのだが、

——Did you enjoy?（面白かった？）

もしも誰かがそう訊いてきたなら、何と返事したものやら。しかしこういうときに誰もが返す言葉は、

——Yes, extremely. And you?（ええ、とっても。あなたは？）

という次第だろうから、別に世の習わしに逆らうこともない。

マニングトリーの駅へ戻って、帰りの列車を待つあいだ、駅舎のなかに設けられた小さなバーで土地のエールを飲んだ。《オールド・スペックルド・ヘン》つまり、そばかす婆さんという、この香りのいい銘柄は大そう気に入った。昼のガイドのおばさんは、そばかす顔ではなかったはずだが、そうやって一人で飲んでいると、なぜかおばさんの顔がよみがえった。ここへきて文句なしに——I enjoyed it very much. といえるような気分になった。

夏の訪問

ハムステッドの狭い坂道を下って、ハムステッド地下鉄駅前から賑やかな大通りをむこう側へ渡ると、「ウィリアム四世」というパブがある。パブの建物を見ながら小径に折れ、青葉涼しい静かな道をまた歩いて行くと一軒の小さな新聞雑貨店があって、この店で新聞を買った。代金を支払っているところへ、どこかの老女がずかずかと入って来た。

——わたくし、お財布をここに置き忘れちゃったの。

顔じゅうの皺が引きつっている。

——いいえ、どこにも置いてないですよ。

店の婆さんがすかさず返答した。婆さんはエジプトあたりの出身だろうか、顔の色が少々焦げている。永年のたたき上げが処世の何たるかを教えてくれたのかもしれない。このときには賢明にも、周囲をきょろきょろ探ったりなどしないで、ぱっと答えた。それが先の老女には気に入らなかったらしい。

——この台の上に、わたくし、まちがいなく置きましたわよ。

尖った声がいきなり野太くなって、凄味を加えた。一歩も譲るまいという気負いが感じられる。

——いいえ、あたしゃ、ただ、一ポンド受取っただけですよ。あなた、苺のヨーグルトを買ったでしょ。

——そう、それから小銭のお釣をいただきましたわ。

——そう、それをお財布に戻して……。

店の婆さんはそういいながら、片手をぽんと裏返して、釣銭を財布に収める仕草をしてみせた。

——そうして、あなたは帰った。

と店の婆さん、今度は片手を戸口のほうへ、すーっとすべらせて、ぷいと捨てた。このうるさい客にはさっさと帰ってもらおうといわんばかりだ。

——いいえ、わたくし、お財布に釣銭なんか戻しておりません。ほーら、ここに。

老女は小銭を片手にがっちりと握っていた。店の婆さんは胡散くさそうに、黙ったまま、老女の掌にくずれた小銭をしばらく見つめていた。金額をあらためていたのかもしれない。ふーっと溜息をついて、

——あたしにゃ、わからない。

と頭を振った。

——まあ、なんという……。

老女は言葉を失って、店の婆さんをひたと睨みつけた。婆さんもまた睨み返す。まるで映画の一シーンだ。二人とも、本当にいいたい一言を口に出せないで、ひたすら堪えているようなのだ。あたりの空気が重く澱んできた。

こんなとき、岡目八目じゃないが、渦中から一歩離れた者の目にはっきりと映るものがある。これをもって、難問もすんなり解決するというものだ。

——奥さん、そら、そこに落ちているのは何？

老女は勘定台の下の足もとに転がっている品物を拾い上げて、じーっとこっちを見た。顔じゅうの皺がいきなりゆるんで、こういった。

——まあ、あなた、なんてご親切なお方。

——なに、たまたま見えただけです。

——いいえ、あなた、あなたは発見の天才よ、まちがいなく。

——なにも、そんな……

——ほんとに、ほんとに、ご親切なお人、ああ……

宙にも舞上がらんばかりの喜びようである。まるで死んだ子がよみがえったように、紺色の縞柄のわが財布を胸に抱きしめて、老女はしばし茫然と立ちつくした。その目が潤んでいる。財布がもっと早くに、あっさりと見つかったなら、むろん、ここまでの感動もなかったはずだ。

——発見の天才だってさ。

いつかの晩、ロンドン在住の菊山さんにこの話をした。われらはソーホーの中華で食事して、店内がやけに狭苦しいので、最後にゆっくり珈琲なりを、と外に出た。ほの暗い小径をぬけてチャリング・クロス通りを横切った。道ぞいの古本屋の店頭から灯が洩れて、舗道をほんのりと照らしている。道を行く人びとの黒い影、バスやタクシーの騒音、そして、ほら――。

――昔、あのあたりの本屋で働いていたんだ。

――どこ、どっちの本屋？

本屋は看板が変って位置がはっきりしない。その当時、道むかいにも分店があって、ときどきそっちの店まで雑用を申しつけられたこともあった。なにせ、三十年前の話である。周辺がすっかり変った。レスタ・スクウェア駅を出た所にも、今とは別のパブがあった。当時はパブの床面におが屑を撒いたものである。おが屑は滑り止めかどうか知らないが、そこにビールをこぼしても、唾を吐いても咎められず、とにかく酒場の野趣が感じられてよかった。角を曲った所には四川飯店とかいう小さな料理店もあった。みんな、みんな、どこかへ消えてしまった。

――待てよ……。

暗い小道の片隅に、白い立看板が出ていて、まことに素朴な活字がぼんやりと読めた。

――"Guitar Centre"

――おやおや、ここに、まだ残ってらァ。

――ギターもやっていたの？

――そう、ここでね。

夜道の暗がりから過去の亡霊がむくむくと起き上がってきた。その頃、来る日も来る日も、空廻りの異国生活に苛立ちを覚え、ほとほと弱ったあげくに、ひょいとクラシック・ギターでも習おうかと考えた。思いもよらぬ所から出口が見つかるかもしれないと縋る気持もあった。高からず安からずのギターを一梃購入して、遠方の下宿からレスタ・スクウェアのここまで地下鉄で通ったものだ。しかし告白しなければならない。こっちは決して熱心な生徒でもなければ、音楽的才能を誇る若者でもなかったのだ。今、建物の入口をそっとのぞくと、狭い板張りの階段が二階へ向かって伸びている。昔のままだ。下顎のちょっとふくらんだ、ずんぐり顔の中年教師が、ありありと目に浮かぶ。赤い丸首セーター、毛むくじゃらの手、太い指、それでいて繊細なトレモロ奏法、それらの一齣一齣がいちどきに甦った。

小さなけし粒のような過去の断片が、こんな路地裏の片隅に今も生きている。こっちは偶然にもそれを発見する。その偶然のはたらきに驚かざるを得ないのだ。失われたはずのものが、失われていない。死んだ身内とたまたま夢のなかで再会するような、そんな気分に近いといったらよいだろうか。驚くと同時に、ひどく懐かしいのである。

ロンドンで識り合った菊山さんの家はウィンブルドンの近くにある。テムズ河を越えたむこう側だから、いかにも郊外の趣が深いとのことだ。是非一度いらっしゃい、と誘われたけれども、面倒くさい気持が手伝ってぐずぐずしていた。しばらくして、何かの話のときに、菊山さんの奥さんはイギリス人であることを知った。夫婦それぞれの国籍については、男女の組合せがこの逆ならしばしば聞くところだが、菊山さん夫婦はどんな事情でいっしょになったものかわからない。それはそれとして、このイギリス人の奥さんは監獄に勤めているという。もしや二人は監獄で知り合ったのではあるまいか、とよけいなことまで考えてしまうが、しかしそんなことをご本人に訊くわけにもいかない。

やがて事実を知った。菊山さんはロンドンの某不動産事務所に勤めているが、その前にはエジンバラとグラスゴーに六年ばかり滞在したそうだ。その間何をしていたのかといえば、政治学を勉強して博士号を取得したとおっしゃる。ついでに料理教室にも通って、料理の腕を磨いたそうだが、博士と料理と、この二つのあいだにどんな関係があるものやらわからない。奥さんはどこそこの大学で建設学を教えていたが、二人が結婚したのは、実はそれよりも前の話ということで、日本にも一年あまり暮らしたという。そこまで話をさかのぼるといささか煩雑になるから省略したいが、現在に至るまでずいぶんと紆余曲折があったらしい。

——流れ、流れてロンドンへ、だね。

菊山さんは口もとをひねって笑った。今の仕事に満足しているようには見えない。

——ぜひ、家にいらっしゃいよ。料理の腕前を披露します。

いろいろ聞かされているうちに気持が動いて、おじゃますることになった。

地下鉄ディストリクト線でサウスフィールド駅を降りると、ロンドン郊外というよりも、どこか地方の田舎町あたりにやって来たような気分である。駅前の商店通りにしても、それらの店頭に並んだ野菜や果物でも、からりと晴れた初夏の陽射をいっぱいに浴びていかにものどかな雰囲気である。表通りには人も車も少ない。菊山さんが書いてくれた略地図によれば、表通りのだらだら坂を下っていくことになるわけだが、約束の時間にはまだ早い。反対の方角へしばらく歩いたら、地域の図書館が見えた。図書館は閉まっていたけれども、建物のわきの小径から裏へ廻ると芝草におおわれた緩い斜面がひろがっていて、まことに閑寂である。むこうには集合住宅《フラット》の棟が幾つか見える。かたわらのベンチに腰をおろして木蔭の涼しい風に吹かれていると、頭上の空に飛行機が轟音をひびかせて、あたりの一ときの静寂を破る。ヒースロウ空港がそう遠くないらしい。轟音が過ぎ去ってほどなくすると、また轟音が近づいてくる。きっとあの上空からも、眼下にこの街を見おろしているのだろう。なかにはロンドンの街並みを初めて目にする人もいるに違いない。いささか緊張ぎみの団栗眼で茶や緑に縁どられた街の遠景をじっと見おろす人たちがいるだろう。それやこれやを空想しているうちに、またしても轟音がひびいて、なかなか忙しい。時計をのぞいて轟音から轟音への間隔を計ってみた。今や、遠くの雲の切れ目に白い機影が光る。低いうなりがだんだん大きくなる。飛行機は頭上の空をゆっくりと引裂きながら、ごおごおと大空を泳いで、こっちの薄雲の下をすり抜けていく。すかさず視線を遠くの空まで戻すと、さっきと同じ雲の切れ目に、もう次の機影が見えているのだ。その間ちょうど三十秒というから驚く。このタイム測定を何べんもやりながら、ときの経つのもしばし忘れていた。

閑つぶしはこれぐらいにして、駅前の元の道へ戻った。菊山さんがくれた略地図の示すところに従って、イタリア料理店の角を右へ曲る。静かな路地に入ると、道の両側に沿って二階建てのテラス・ハウスがどこまでもつづいている。玄関の扉の番号を確かめたところ、目的のお宅はまだまだ先のようだ。先へ向かうにつれ、周囲がやけに寂しくなってきた。車はもちろん、人影ひとつ見えない。夕陽の射す静かな道をとぼとぼ歩いていくのは童話風でいいけれども、まあ季節が移り、ここへ秋風でも吹いて、落葉なんぞ舞うようになればどうだろうか。詩情が募るのもわるくないが、ちょっとしんみりしすぎるかもしれない。

菊山さんの家は、玄関から真直ぐ進んで台所を抜けると、そのまま裏庭に出る。早速裏庭のテラスに招かれてワインを飲みだした。相手をしてくれたのはイギリス人の奥さんで、旦那は台所にこもって料理に余念がない。

某社会学者の書いた面白い本があって、それによると、イギリス人の裏庭はプライベートの場であるから他人には見られたくないのだそうだ。だから隣家との境は、塀や垣根をやたら高くする。庭には好むがままに好きな花を植えたり、がらくたを置いたり、ときに洗濯物なども干す。芝生に寝ころんだり、裸で日光浴をしたり、好き放題にくつろげる場所が裏庭なのである。園芸雑誌のグラビアに宣伝されているような豪華庭園がイングリッシュ・ガーデンだなんて思っちゃいけない、とくだんの社会学者は説く。嘘だと思ったら、どこかのお宅の垣根を越えて実際に見てごらんなさい、という。

このたびはそこまで冒険するまでもなく、早々にプライベートの場たる裏庭へと通されたのだから、なんだか申し訳ない。先の社会学者の曰く〈裏庭〉なるものを、とくと拝見させていただいた次第だが、まさに先生のおっしゃるとおりであると納得した。

——青年は一日五時間の読書を心がけると賢くなれるそうですね。ジョンソン博士がそんなことをいった。

——で、毎日五時間、本を読んでいらっしゃるの？

——いや、もう青年じゃないんでね。まあ、三時間ぐらいかな。それでたくさん。あとの三時間は書いています。

——それでもまだ、一日の時間がたっぷりね。

——退屈はしませんな、考える事が多いので。

——何を考えるの？

——まあ…人生を。

奥さんは気さくな人であるようだ。監獄の仕事のことなども、あれこれ聞かされた。

——死刑はない？

——ない、ない。それに監獄も、近年ますます居心地がよくなって。

——まるでホテルみたいに？

——そう、またお出でください、ってね。

いつか見学にいらっしゃいと奥さんは勧めてくれた。秋口にでも出かけたい、案内をよろしく、とお願いしておいた。

用意ができたので、さあ、こちらへどうぞ、と菊山さんが声をかけてきた。客間の食卓に移って改めてワインが注がれ、注がれるままにしこたま飲んだ。ローストビーフ、白身魚《ハリバット》のフライ、烏賊《いか》の煮つけ、生姜ライス、そして最後に洋梨を焼いたデザートが出た。いずれも時間をかけて、ていねいに作られたことがわかる。

——週に一度きり、日曜日だけは、きちんと料理するんです。

菊山さんがそういうと、

——そうしてあたしが、きちんと洗う。

横から奥さんが付加える。二人のあいだに子供はないが、その代りに料理があり酒があり、対話があるように思われた。

このときの話は多方面にとび散ったようだけれども、話の中身はよく憶えていない。夏の宵もいつの間にか暮れて、開け放った台所のほうから、ときおり夜風が吹き込んでくる。歓待されるがままに飲みつづけていると、やがて深い闇の底にゆらゆらと沈んでいくような気がして、ずいぶん長居してしまった。

その訪問の日からしばらく経って、菊山さんが電話をかけてきた。奥さんは監獄を辞めてよそへ転職してしまったというのである。何があったのかわからない。元気でやっているというから、ともかく安心した。秋口に約束しておいた監獄見学は、とうとう果たせないままに終った。

父と子の対話

七月初めにスコットランドの旅から帰ったら、ロンドンは恐ろしいほどの暑気だ。バスの車内は四十二度の蒸し風呂、地下鉄も四十一度を記録したからびっくりしてしまう。これがしばらくつづいたあと、やがてバスは五十二度、地下鉄は四十七度にまで上がった。暑いというよりも、危険きわまりない。外で陽射をまともに受けると、高い所から熱線か何かでちりちり焼かれるように感じる。頭がいっぺんに馬鹿になりそうだ。生物《なま》が半生に変って腐っていくようなあんばいである。

フィンチリー御殿のわが部屋は、かっちり西を向いているので午後の西陽がとりわけ酷《ひど》い。五時頃になるといよいよ我慢できなくなって外へとび出す。外はしかし、道路も建物もまぶしく燃えている。なるだけ日陰を選んで歩き、そこいらの雑貨店で水を買ったりしながら、しばらくぐずぐず時間を過ごしてから部屋に戻る。戻るとすぐに窓をあける。むろん、涼風など吹き込むはずもない。

それどころか、悩ましいのは蝿である。黒い大粒の蝿が、あけ放った窓から飛来して、羽音を鳴らしながら、わが物顔に室内を飛びまわってくれる。蝿が飛ぶ音はひどく汚らしくて、やりきれない。

朝、二階の台所の窓から外を見たら、右ななめ下に隣家の張出し屋根が伸びていて、屋根の上に鳥の死骸がころがっていた。ときおり生ぬるい風が吹いてその羽毛が宙に舞う。どうやら鳩の死骸のように見えるが、あちこち肉や骨がむき出しになっていて、鳥の原型がよくわからない。古びて汚いコンクリート屋根の上で、この暑熱に焼かれながら幾ほど経ったか知らないが、形くずれたその死骸を見るのは不愉快であった。

隣家もまた借家らしいが、人の住む気配はない。ガラス窓に空が映り、鳥はそれを本物の空とまちがえて激突してしまう失敗がたまにある。今度の死骸も、その結果なのかもわからない。

午後、隣家の張出し屋根に目をやると、鳥の死骸に真黒い蠅が何匹となくくっ付いては、うごめき、せわしく飛び交っていた。いよいよ腐りかけたなと思った。そんな蠅だの、風に吹かれた鳥の羽毛だのが、こっちの室内へと迷い込んで来てもらっては困るのである。かといって、窓を閉めきるわけにもいかないので、蠅はやっぱり入ってくる。羽音が聞えるたびに古新聞なぞ丸めて立上がり、そいつを振りまわしては追い出すわけだが、こんなとき蠅叩きでもあれば都合がいいのにと思ってしまう。あるいは蠅採り紙でも欲しいところだ。

翌日、どうしたものか、くだんの死骸が消えて失くなっていた。腐肉を漁る猛禽なりがみつけて、一瞬のうちにくわえていったのだろうか。隣家に人が入ったとも思えない。仮に掃除人か誰かが、窓から這い出て屋根の上の汚物をさらったとしても、なお解せぬのは、死骸のあった跡に片々の肉屑を残している。清掃人ならもっときれいに片付けてくれただろうに。それに、平らな屋根の上には厚く埃が積っている。人の足跡ごときはとんと見えないのだ。そうして、死骸がころがっていたあたりには、なおも数匹の蠅がぐずぐず、もぞもぞと動いているのである。

いくら暑くても、用事があればバスに乗って出かけざるを得ない。地下鉄には乗らない。バスならばまだ、途中でやりきれなくなったら降りることもできようと考えるわけだ。地下鉄ならそうはいかない。闇のなかで蒸し風呂列車が止まって動かなくなったら、まさに拷問である。

それでも、やむなく地下鉄に乗ることがたまにあった。駅の構内では——皆さん、水を持参して電車に乗ってください——という放送がしきりに流れていた。

バスにしても、水やタオルを用意して乗らないと苦しい目にあう。扇子も役立つが、乾電池で廻す携帯用の豆扇風機など顔に向けている老女もある。しかしたいがいの乗客は、少しでも涼しくなるようにとの努力を放棄して、男も女も、ただやみくもに肌を露出し、サングラスをかけて、座席にぐったりと身を投げ出している。ことに若い女の子のあいだでは、ビーチ草履《サンダル》が流行って、靴なんか履いている変屈者はまず見当らない。かば色に光る丸太ん棒のような二の腕や、胴体や、腰から尻のあたりがやたら目につく。本人はいい気なものだが、栄養満点の肉体を強引に見せつけられるほうとしては、それで涼しくなるどころか頭がくらくらする。

バスの運転手はオーヴンのなかにずっと閉じ込められているようなあんばいで、実に気の毒だ。先日、半ズボン着用の運転手は会社側から厳重に注意されたという話だが、いくら注意されようが、むしろ上半身裸にでもなりたいぐらいだろう。猛暑のところへ交通渋滞ときて、細い窓から吹き込む微風すらなく、車内の気温はじりじりと上がっていく。こうして何時間も、尻がかっかと燃えるような運転席に坐っていたら、頭がおかしくなっても不思議はない。

いつも利用する十三番バスの運転手に、眼鏡をかけて面長の、ちょっとジョン・レノンに似た男がいる。彼は客あしらいが非常にていねいだ。街をよく知らない観光客などが道を訊ねてきても、決して面倒くさがらない。足もとの危ない二人のお婆さんが停留所の手前で降りようとしたら、もう少し安全な位置に止めてやろうと気を利かす。この猛暑にあって、

——Nice day, ladies.(奥さん、ご機嫌よう)

なんてお婆さんに声をかけてやるから、こっちまでが嬉しくなる。彼には昔のロンドン子気質が残っているようで、いかにも頼もしい。昔はロンドンの人間も強かった。そして明るく、勇ましく、きびきびしていた。

ジョン・レノン君のような運転手は、今では少ないようだ。それどころか、こうも暑い日がつづくと、人間にもいよいよ狂気の兆しが現れてくるから情ない。先日も、夕方のバスで運転手が大声をあげていた。乗客が乗り降りするたびに注文をつけては、癇癪を起こす。二階へ上がろうとする客があれば、一階に留まれと怒鳴り、辛うじて軀を入口からすべり込ませてきた客には、もう満員だと突っぱねて降りさせる。その声がヒステリックなまでに熱くなるから、とても聞いちゃいられない。奴さんの運転そのものまでが、ちょっと心配になった。赤信号で止まるごとに、いいか、苛々してとび出すんじゃないぞ、とこっちは内心はらはらしながら信号の替るのを待った。

この恐ろしい暑気だ。いつ、誰が、いきなり発狂するか知れたものではない。道を歩いていたら、前方に乳母車を押す女が立止まって、けたたましい叫び声をあげた。片手を宙に振りまわして、ぎ

ゃあ、と叫んでいる。その手には齧りかけのリンゴが握られていた。リンゴが暴れる。むこうから道を横切ってきた若い男が、女のそばに近づいて、どうしたのかという顔を見せる。

――ぎゃあ、ひゃあ。

女はまた叫んでリンゴを振りまわす。

――乳母車を押して、さあ、どんどん先へ行きなさい。

男は適切な忠告を与えてくれた。蜂が近くに飛んで来ただけのことなのである。それなのにこの女ときたら――。


例年になく暑い夏なのに、折角の機会だからロンドンを訪れたい、と上の息子が連絡してきた。そうか、それなら宿と食い物の世話だけはしてやろう、と返事した。息子は暇にまかせて東西の国々を旅していながら、この七、八年、どういうわけかイギリスを敬遠して旅の対象から外してきた。それなのになぜか、このたびはあっさりと吹っ切れたようなのだ。

久しぶりにハイゲイトの近辺を歩いてみるのもいいだろう、と勧めてやると、昔の友達にも会えるものなら会いたい、AやBやCのやつは、どこへ行っちゃったかなァ、といかにも感慨深そうだ。息子はその昔、ロンドン郊外のハイゲイト小学校に通っていて、学校が終ると、AやBやC君をこっちの家に連れてきては遊んでいた。懐かしくないはずはない。

――父さん、いっしょに歩いてみようか。

――いや……。

大きくなった息子と肩を並べて昔の道を歩くなんて、それは照れくさいに決っている。独りでしみじみ歩いてみるほうがいい。

航空機爆破テロ未遂の、ちょうどその日の朝、息子がロンドンに到着する巡り合わせになった。当日のラジオ・ニュースでヒースロウ空港の大混乱を知って、むしょうに腹が立った。アメリカへ向かって飛ぶ複数の飛行機をまとめて吹っ飛ばしてやれという、さる過激集団の策謀があったらしい。その計画が直前に発覚して、十数名の容疑者が空港でとり押さえられたという。いったい全体何のために、何が憎くて、こういう大仕掛けの人殺しを企てるのか。しかも自分の身もろとも全滅させようというのだから、生やさしい話じゃない。

息子は途中で電話をかけるゆとりすらないのだろう。今頃どこで何をしているのか、とんとわからない。実際、息子の飛行機が無事に到着したかどうかさえ判然しない。こっちはラジオを点けっぱなしにして、じりじりと待った。

午近くなって、部屋の呼鈴がけたたましく鳴りひびいた。階下へ降りて玄関の扉をあけると、息子が笑って立っていた。

――いやぁ、ひどい人波だったよ。地下鉄も混んじゃってね……。

ヒースロウ発の便はすべて中止になったようだ。空港内には旅客が溢れ、接続のバスや地下鉄は、空港から引返す人びとの群れに混雑をきわめたとのこと。息子は予定よりも三時間ほど遅れてやって来たが、さすがに旅慣れた若者だけあって、疲労の色など少しも見せない。

――ちょっと、近所を散歩してくるよ。夕方はパブにでも行こうぜ。

――しかし、ねえ、今日は危ない目にあってきたわけだから、なるだけ自粛したほうがいいぞ。計画をつぶされたテロリストの一派が、どんな反撃に出てくるか知れたものじゃない。警報の最高レベル〈M15〉とやらが発せられてもいる。この段階というのは、今すぐにも爆弾テロが起こりうるという意味の警報だ。

――でも、せっかく遠路はるばるやって来たんだからさ。テムズも見たいし、ソーホーの中華だって食べたいよ。

親子といえども、物事のとらえ方には個人差があるから厄介である。こっちの感覚では、とにかく安全第一でいきたい。かたや息子の感覚では、安全の殻にさっさと閉じこもってしまうような弱い考え方が、まず気に入らないらしい。せっかくの休暇ではないか。しかも一週間という、短くて貴重な休暇だ。これに文句をつけられ、ブレーキをかけられて、何もかも台無しにされてはやりきれない。息子はそんなふうに反発したいらしいのだが、親の云い分としては、むしろ何もかもが台無しにならぬよう自重せよ、ということなのだ。

――とにかく、自分のやり方でやるからさ、放っといてもらいたいな。明日はブライトンへ出かけてくるんだ。

――いや、ヴィクトリア駅は狙われているぞ。

――狙われたって、当りっこないさ。

――せめて列車をやめて、コーチにしてはどうかね。

――列車とバスと、何が違うわけ？

――大きな駅に近づくなってことだよ。この異常時でなきゃ、何もいちいち干渉しやしない。

――三日後のパリ行はどうなの？　切符はもう買ってあるんだ。その日はウォータルー駅になるけど。

――それだって、止めてもらいたいぐらいだ。

――めちゃくちゃだよ。そうやって、ひとつひとつ、破壊していく。テロと変わりゃしない。

――ああ、そうかもしれんな。それが気に食わなきゃ、勝手にすればいい。

――勝手にさせてもらうよ、まったく。

こんな親は常に愚かな役まわりを演じてしまう。みずから愚かしいとは知りながら、どうにもならない。冷静な第三者が聞けば、きっと手厳しい批判もしたくなるだろう。それこそ一種の病気だ、親のまた親から受け継いだ、遺伝性の何とかっていう病気だよ、とくるに決っている。実際、耳の痛い話だ。

息子は夜の就寝が遅いくせに、朝は七時頃きちんと起きる。それなりに気を遣っているのだろうが、買い置きのクロワッサンをかじり、紅茶を飲んで、手頃な時間になると独りでふうらり部屋から出て行く。入口のドアの合鍵を渡してあるので、いつでも好きなときに帰ってきて構わない約束になっている。

——但し、地下鉄には乗らないように。

——わかった、わかったよ。

そういいながら、あとで話を聞けば、ちゃんと地下鉄にも乗っているのだ。

——テロの爆弾も危ないけど、夜の地下鉄にはごろつきが多いからな。こないだの新聞に、各地下鉄駅の事件発生数が並べてあったよ。

——へえ、上位ランキングはどこ?

——ヴィクトリア、キングズ・クロス、オックスフォード・サーカス……あとは忘れた。

——その新聞、欲しいな。お土産に持って帰りたいや。

一週間が過ぎて、息子の帰国の日が来た。ヒースロウ空港の混乱は相変らずつづいて、毎日の報道を賑わせている。さすがに事件直後の二、三日ほどではないにせよ、今でも機内持込み品の制限や検査が大そう厳しい。ひとつひとつ、やたらに時間がかかるらしい。そのため旅客の長い列が建物の外にまで伸びて、駐車場の先へ先へと蛇行をくり返しながらつづいているというから尋常ではない。戸外の駐車場には俄か雨に備えて大きなテントまでが張られたそうだ。

——早目に出発したほうがいいぞ。

——なァに、三時間もあれば充分だよ。

——朝飯はちゃんと食べていくんだな。

——ええっ、最後は空港のイングリッシュ・ブレックファーストで飾ろうと思っていたのに。

——馬鹿なことを。列に並んでからはもう動けないんだぞ。水だって用意しておかなきゃ。

——わかりました、はい、わかりました。

息子と話しているうちに気持が沈む。自分で自分が嫌になる。死んだ親父もきっと似たような感情を——いや、あの父親のことだから、息子らに関しては二倍も三倍もしつこい呪縛のごときを感じていたはずだ。それについては、近頃になって思い当るふしが少なくない。

予約しておいた車が借家の門前に着いた。息子はちょっとはにかむように、残りの半年をお元気で、と笑って、

——これ、お世話になったしるしに。

と二十ポンドの紙幣を差出した。

——いや、それは……気持だけもらっておくよ。ありがとう。

息子は車に乗込んで軽く手を挙げた。こっちも辛うじて笑顔をつくって、手を振った。

落書、それから

ウォータルー橋ふもとの建物の壁に、文字を立体化してくっ付けたような落書が見える。他に落書らしいものは、今では街なかでもほとんど見ない。昔はあちこちに——沿線の古びた建物の壁やら塀に、気ちがいじみた落書が炎のように踊っているのをしょっちゅう見せつけられたものだ。駅のトイレの扉などにも、乱暴な文字や絵がうるさく重なり合っていた。

それだけ街がきれいになったともいえる。また一方、屈折した感情をどこかへぶちまけてやるために、わざわざ郊外の薄暗い駅のトイレだの、裏通りのかげの煉瓦塀まで出かけていく奴なんかいなくなったともいえる。つまり時代が変った。何しろインターネットなるものが繁盛して、見知らぬ相手であれ誰であれ、自由気ままにおしゃべりができるという、そんな時代に突入した。もはや落書の出る幕ではないのかもしれない。

そうなると、落書が今となってはいささか古風な感情表出の手段とも思われて、なんだか懐かしい。ある日、食べた物がいけなかったのか、路上で急用に迫られて、ロンドン大学図書館のトイレにとび込んだ。さすがに旧きを尊ぶ大学だけあって、個室の内側の白い扉の面《おもて》には、昔と変らず黒インクの太い文字が傍若無人にあばれていた。韻を踏むひまさえもなく、右あがりの険しい文字列が走り書きしてある。ここで書き手の気持を尊重して、また書かれた内容から不必要な誤解を招かないためにも、オリジナルをそのまま左に示そう。

Why, O, why
Are British Women so
UGLY?
（なぜ、ああ、なぜ、イギリス人女性は、かくも醜いのか）

イギリス女性のいかに醜悪であるかを、絶望まじりに訴えているのだが、書き手はこれまで、ずいぶん痛い思いをしてきたのかもしれない。女性にむけて、積年の恨みつらみをぶつけているつもりかもしれない。あるいは、からかい半分に戯れているだけなのか、とも取れる。それはそれとしながら、上記の疑問文に応えて別の筆跡が下に添えてあって、それがまた面白い。これも書き手の機智を尊重して、またその内容から不必要な誤解を招かぬためにも、やはりオリジナルのままに書き写しておくことにしよう。

They have British parents.
（両親がイギリス人だからさ）

つい、笑ってしまう。さらにもうひとつ、第三の筆跡がつづくという次第だから、トイレも楽しいものである。

And so ......Got it!

(ははん、なーるほど)

最後の人物は先の二人の落書を見て、自分も話の仲間に加わりたくなったものか。ちょっととぼけたような、その書き手の顔が見えるようだ。自分も日頃から同じ疑問にとりつかれてきたものだよ、とか何とか同調したがっているようにも見える。最初の書き手が再びこのトイレに入って、後続の二人の文句を読んだなら、果してどう思ったことだろう。もしかしたら、女性に痛めつけられて荒んだ心が、いっとき、ふと慰められたかもしれない。

ときに、イギリス女性はそれほど醜いものだろうか。つぶさに調べたわけではないが、当方これには少々異論がある。第一に、街を歩いていながら別段気分が悪くなることもないのだ。女性とすれちがうたびに、もしも相手の容姿が極端なまでにひどいものであったなら、きっとこっちの身体にも悪い反応が出るはずである。目がくらむとか、吐き気がするとか。

——いいえ、街を歩いているのは生粋のイギリス人ばかりじゃないのよ。大陸の血が混じると、女は美人になりますから。

そんな声がどこからか聞えてくるようだ。それも、もっともな話かもしれない。生粋のイギリス女性とやらは、下顎がとび出して、目つきが鋭く、鼻ばしらも凸凹《でこぼこ》で、髪は地味な焦茶色、云々と、何かの本で読んだことがある。けれどもそんなイギリス女性が、神様のいたずらかどうか、まぶしいばかりの金髪、ほれぼれするほど目鼻立ちの整った小さな女の子などを連れて歩いている。もしも、母親たるイギリス女性が負の要素ばかりでできていたならば、いくら神様の気まぐれでも、こうはいかないだろう。生粋のイギリス女性は、みずからの場合は別として、子孫のなかに美女をつくる潜在力を秘めているのだろうか。その力はいつか地下の眠りから醒めて、めざましい働きを見せてくれるわけなのだろうか。こういう貴い女性を、軽々しく世間一般の醜女の範疇に加えてはならないはずである。

——あなた、小さい女の子に感心しているようだけど、そんな女の子も、たいがい思春期でゆがみますよ。そうして母親と同じ道をたどるのよ。

またしても、雑音が聞えてくる。ここでちょっと発想を変えようじゃないか。肉眼に映ずる像だけで美醜を判断するからいけないのだ。そんな調子では、どうしても考えが狭量になってしまう。

このたびのロンドン滞在では、テレビを観ない代りにラジオをよく聴く。ニュースや天気予報はもとより、料理、漫談、政治討論、各地の紹介、読書案内、芸能人のインタヴュー、海外通信、電話相談、小説の朗読、連続ドラマ、等々、何から何まで手当り次第に聴いている。そうしてしばしば、人間の声にふくまれる妙音にうっとりさせられるのである。軽快な、澄みきった、やさしく包み込むような音。明るく、みずみずしく、甘露なひびきを漂わせる音。正確にしてスピーディな、語尾をしっかりと踏んでから次の語へ素早く弾む音。いろんな音に息を呑む。ため息をつく。とにかく声の魅力に陶然としてしまうわけなのだ。そうして声の主を——女性であれば——世にも稀なる美人と受け止めて空想を逞しゅうしないではいられない。ああ、ラジオを通じて知るイギリス女性のなかには、掛値なしの美人がなんと多いことか。

公平を期して、ラジオから流れてくるイギリス男性の声についても一言触れておかねばなるまい。男性の場合には、概して声が若々しい。実際の年齢を知って驚かされることがしばしばある。もちろん若々しい声が必ずしも喜ばしいものとはかぎらない。ときどき厭な声にも遭遇するのだ。きんきんひびいて、喉の奥から絞り出すような声が嫌である。いかにも泥くさい、二重母音をふくらませた声や、北方訛に巻舌を加えたような声も好きじゃない。そんな声がとび出してきた日には、すぐにラジオのスイッチを切るほかないのである。

いつだったか、ディスクジョッキーの採用審査員なる人物が、ラジオのインタヴューに応えていた。若い志願者への助言として、言葉の乱射を避けること、はじめから笑いを得ようとしないこと、そして最も大切な心得としては、声に微笑みを含ませる配慮なのだそうだ。仕事の性格上、マイクロフォンにむかって独りきりでしゃべる。聴き手は大勢いるにせよ、その姿は眼前にない。だからつい独り善がりに陥りやすいというのである。そうならないためにも、微笑んで話すことが大事だ、とその審査員は語った。声が微笑む——こういう声は、いつも快くこっちの耳に伝わってくるものだろう。それは声の持主の容貌とか外見がどうあれ、親しみと愛情にあふれた、やはり美しい声に違いない。

美人もそうだが、有名人――celebrityという言葉も、近頃しばしば聞く。自分もいつか有名人になりたい、あるいは有名人になったつもりで街を歩いてみたいと願うのは、若い男女なら、誰でも多かれ少なかれあることだろう。いや、若くなくたってそうだ。何かきらきらと耀くものに惹かれるのは人間の常であろう。かくて奇抜なヘアー・スタイルが流行し、大胆なドレスが飛ぶように売れ、高級趣味のレストランが満席となる。皆が皆、どこかで、有名人の某さんや某々さんの真似をしたがっている。

しかしこの人真似、または猿真似が嵩じると、世にさまざまな悲劇喜劇が生れるのである。何としても女優の誰々さんみたいにスマートになりたい、サイズ0《ゼロ》の洋服を着たい、ああ、あの骸骨めいた美しいビキニ姿にあやかりたい。こうして若い娘たちが、ずるずると拒食症の泥沼に引きずり込まれて、骨と皮だらけになって、しまいに死んでしまうという事件がときどき新聞種になった。娘に死なれた母親のなかには、女優だのファッション・モデルが痩せ細った軀を雑誌のグラビアなんかで誇示するからいけないのだ、それを助長するメディアもまた許せないとして、告訴にふみ切った例がある。どこかに責任の所在を求めないでは気がすまなかったのだろうが、ちょうど正反対の内容で、似たような話を別に聞いたことがある。食欲の止まらない不幸な女性が、やがて自力では動けないほどに肥ってしまって、とうとうハンバーガーの店を訴えたとか。

有名人に憧れるのもほどほどにしたい。目立ちたがり屋になってしまってはおしまいだ。――それぐらいの警戒心は、慎み《アンダー・ステイトメント》を知るイギリス人としては常識であったはずだが、いつの間にかそんな常識もくずれかかってきているようだ。これも時代の推移というものだろうか。

街の書店に入ると、まず待ち構えているのが、新刊書をどっさり積上げた平台である。ハード・カバーやペイパー・バックが鬱陶しいばかりに山積みされている。ペイパー・バックは日本の文庫本よりも大きくて、また部厚い。ところで、この厚いペイパー・バックは見るからに頼もしくて、どこか肥ったおばさんを想わせる。――おばさん、という訳は、近年とみに女性の書き手が目立つようになったところからくる連想かもしれない。むろんこれは連想にすぎないのであって、女性著者の誰もが肥満体だなんて申しているわけじゃない。どうぞ、くれぐれも誤解なきよう。

それはそれとして、気がかりなのは本の表紙である。書名があって、著者の名前が記されている。版元もどこかにそっと記してあるわけだが、問題は、いちばん大きく、いちばんあでやかに印刷されている文字だ。それがときに、著者ご自身のお名前とくるから恐れ入るのだ。名前で本を売ろうとする意気込みと、名前で本を買おうという素朴な読者がいなければ、こういう現象はまず起こらないだろう。そもそも慎み深い、引っこみ思案の、羞恥心を胸にひそめたイギリス人のことである。自分を出しゃばらせて、目立たせるなんて、もともと不得手のはずではないか。しかしこれも現実の世の勢というものか、個人名が、個人の顔が、しつこいほど前面に出てしまっている。

JULIUS CAESAR（大）、William Shakespeare（小）という並びであれば、文句はない。書名が先で、著者名があとに控える。これが逆に、WILLIAM SHAKESPEARE（大きな金文字）、Julius Caesar（小さな黒文字）と表紙に打出されていたらどうだろう。教養のある読者なら別だが、無知な者の目には、この本はジュリアス・シーザーなる一学者の書いた『ウィリアム・シェイクスピア伝』であろうか、と映ってしまっても不思議はない。ROBINSON CRUSOE（大）、Daniel Defoe（小）であれば何でもないところを、大小を引っくり返されたら迷惑だ。HENRY FIELDING（堂々たる飾り文字）、Tom Jones（石ころを並べたような小文字）を初めて見る読者があれば、これはきっとヘンリー・フィールディングなる主人公の波瀾に富む生涯を綴った物語、その作者はトム・ジョウンズであると思うかもしれない。

たまたま手元に寄せてあった新聞の書評欄が写真付きで紹介されていて、それを見ると、確かに書名（大）、著者名（小）の伝統的順序を踏んでいる本も少なくないようだ。しかしフィクションなどにあっては、ときにこの順序が転倒している。書き手の名前が前景に出しゃばるのだ。若い女流の誰かれなどは、名前に加えてご自身の顔写真まで大きく出している。それはそれで結構な話だが、一方、名前や顔に自信がなく、それでいて良書を世に出そうと励む著者があったならばどうだろう。客が財布をあけて買おうとするのは、果してどっちの本か。それが問題である。

先だって、ときどきのぞいてみる近くの書店に立寄ったら、ジェイン・オースティンの『エマ』がペイパー・バックの新装本で出ていた。オースティンは映画やテレビの力に促されて近年とみにひろまった気配がある。同じようなことが、シャーロット・ブロンテにも当てはまり、『ジェイン・エア』などは映像だけに止まらず、最近のロンドン舞台でも演じられて人気が絶えない。シャーロット・ブロンテは大のオースティン嫌いであったわけだが、現代の書店の棚には、しばしばご両人が肩を組むように仲良く並んでいるから可笑《おか》しい。

『エマ』の新装本を見て、これも可笑しかったのは、表紙の中央に大きくAUSTENの金文字が耀き、下方に小さく、赤くEmmaの文字が控えているのだ。これはどう考えても作者自身の趣味に違反するというものだろう。オースティンは人目を忍んで小説を書いた。作者名を明かさずに、"by a lady"(さる婦人による)なんて記したことさえあった。もしや、今日出版されている自分の本の体裁を彼女が知ったなら、吃驚仰天するに違いない。名前を売り、本を売ろうとする営業方針と、本の中身あるいは作者の心の中身とは、やはりどこかで少々食い違っているようだ。

また、こんな彼我のズレにも出くわす。リージェント街から路地を一つ入った所に、イタリア観光案内所があって、船の予約のためにここを訪ねたら、若い兄《あん》ちゃん風のイタリア人が出てきた。どうもその応対ぶりが気にさわる。船のことならどこそこへ行け、と指示してくれればいいものを、へたに捻って、まごついたりするから訳がわからない。若者は奥の小部屋とのあいだを往き来しながら、ナポリからシチリアへ渡る船の時刻だの、運賃だのを調べてくれたのだが、肝腎の予約はここではできないという。

——何某さんにたのむか、コンピュータで予約するか、二つのうちの一つになりますが……。

何某さんとやらは旅行代理店らしいので、そこへ行けばすんなり片《かた》がつくように思われて、気持が動いた。

――ちょっと手数料がかかりますがね。行ってみますか？

若者は紙きれに先方の住所を書いてくれた。それがまた変に捻った文字で読みにくい。ウェスト・ハムステッドの何とかいう通りらしいのだが、何とか通り、というのでは誰かに道を訊ねることもできない。

――ああ、すいません。この〈〉はつまり……。

若者はさっきくれた紙きれの、くだんの癖字の上に〈A〉とていねいに書き添えた。正確には〈a〉とすべきところだろうが、ともかくこれで事ははっきりした。〈i〉が〈〉になるぐらいならまだ許せるけれども、一個の単語に癖字が二つ三つと入ってしまうと、しばらく見つめたまま頭を悩まさずにはいられない。

アルファベットばかりでなく、数字もまた個人によって――あるいは国によって、それぞれの書き癖があるようだ。イギリスでは7を〈〉と書く人が多い。0や9なども、〈〉や〈〉と丸味を強調する。これぐらいなら訳ないのだが、〈〉を5と読むには、少々苦労するのではないだろうか。

これらの癖は幼少の頃に一つの模範を与えられ、その模範に倣って、何べんも筆写するうちに身についてしまったものに違いない。小学校のときの先生やら友達に、知らず識らず影響されていることだってあるはずだ。しかし面白いことに、同国人の癖はすぐにそれとわかり、判読もまた難しくはない。つまり、国それぞれの共通の基盤が、暗黙のうちにものをいっているということになりそうである。所詮は同じ土壌から伸び出た同じ株とでもいうべきか。

日本人は歩く恰好を見ても、すぐにそれと知れる。後ろ姿を見ただけでもわかる。髪形、鞄の持ち方、ほんの小さな挙動から、日本人はどうしても日本人である。英語の発音など耳に届こうものなら、もう百発百中だ。

日本語の発音がおおむね五つの母音でもって組み立てられ、日本人は幼少時からこれを聞き、これを声に出してきた。一方、英語の母音はざっと十五ばかりある。この差異が、まずは歴然と日本人の英語発音のおもてに現れるのだ。日本人が〈ア〉とか〈オ〉と発音してしまうものでも、実際の英語ではアとオの中間の音であったり、アとエの混合であったりする。"of" はオブよりも、ウヴとエヴとオヴをほどよく混ぜ合わせたような音なのである。それから二重母音という、日本人には不慣れなやつがある。"No" はノーでなくてノウ、ときにはナウに近い音にもなる。

母音ばかりではない。日本人による子音のrとlの区別、いや区別不能は昔から冷やかしの種にもされてきたが、さらに日本人のwだのtだのは、おそらくイギリス人の耳には腑抜けの音に聞えてしまうことだろう。

ここにもまた共通の基盤とやらが大きく作用しているわけで、その基盤の上に立つ者どうしには当り前であっても、部外者にとっては異質であり、ときに違和感を伴う。ひと言でくくってしまえば、これこそ国それぞれの文化の違いというものだろう。

イギリスの上流(または上流を志向する者)にあっては、英語の母音を脱落させて発音する傾向が強い、と本で読んでなるほどと思った。handkerchief――ハンカチーフは hunkrchf――フンクチフのごとくに発音される。かたや下層の人(または下層をてらう者)の傾向として、逆に子音を脱落させがちだから、ハンカチーフは ankercheef――アンカチーフとなる。それでも互いに理解しあえるから感心である。それぞれの癖は、文化の共通基盤の上にたちまち砕けて、溶けて、同じ器のなかに混じり合ってしまうわけなのだろう。

地方訛にしてもそうだ。スコットランドを旅したとき、朝のテレビの天気予報で、若い女性アナウンサーが訛っているので可笑しかった。today を〈トゥディー〉と発音する。rain は〈リーン〉と聞える。はるばるスコットランドまでやって来たという感慨が湧いて、むしろよかった。くだんの女性アナウンサーには、かえって愛嬌さえ覚えた。語尾がちょっと尻上がりになるのも可愛らしくていい。BBCから流れてくる英語には望むべくもないローカル風味というべきだが、これとてもやはり、同じ英語の器に収まってしまえば大同小異の兄弟姉妹といった次第だろう。

発音や、声の調子や、いろいろ違いはあっても、「英語」という共通基盤の上に立てば何のことはない。それらの差異はひっきょう個人の癖、または地域文化の特徴として片づけられ、同じ縄張りのなかでは無視されてしまう。つまりイギリス人の耳には、スコットランド訛も、コクニーの無骨な英語も、要するに英語、すなわち自分たちの言葉として一括りにされるものなのだろう。

たしか三島由紀夫だったか、イギリス人は発作を起こしたように英語を話すと評したことがある。一外国人として大いに引っかかったわけだろうが、しかしイギリス人のなかには、語尾まできちんと発音して、発作に襲われない人だって大勢いることも事実である。ラジオのアナウンサーにしても、それぞれ細かい癖を持っていて、たとえば夜十時過ぎにラジオ第四放送を点けると、ロビン・ラスティグの声が流れてきて、これはなかなかいい。彼の話し癖は、単語ひとつひとつを切り離さんばかりに、いちいち語尾に力をこめる。暴走を避けて、しっかりと踏み固めていく話し方だ。あるいは午前のラジオ番組で、若い女性アナウンサーのちょっとかすれた甘い声が、まったく瑕のない流暢な英語をくり出すのを聞けば、一日の気分も明るくなるというものである。他にもドラマ番組やら、何かのインタヴューなどで、素人玄人を問わず、棄てがたい味の、うっとりするような英語に出くわすときが決して少なくない。

同じ文化圏の人たちにとっては何でもないことなのだろう。取るに足らぬ、めいめいの癖にすぎないのだろう。それが、外部の人間の耳目を驚かす事柄に転ずるから、なんとも興味ぶかい。

奇人変人狂人

たとえばある朝、戸外へ出て、空気の肌触りにふと季節を感じる。そんなとき、やけに懐かしい気分に駆られたりもするのだが、曇天の昼前などに、周囲が明るく灰色に乾ききって、妙に静かで、どこからか秋の匂がふーっと流れてきたりすると、もう堪らない。むやみに胸さわぎがして、あてどなく先へ先へ歩いてゆこう、という次第になってしまうのだ。

また、こんなこともある。むこうの街路樹の、やわらかに黄ばんだ葉むらが、風にさらさらと揺れて、先ごろまで夏の陽射をまぶしく照り返していたあの風景が、今はもうない。あるいは、ゆるい坂道をのんびり下って行く。道ぞいの家の垣根や庭先に、紅い実をどっさりつけた灌木が枝を伸ばしていて、そのつややかな実も枝先も微動だにしない。秋のこの静寂には、どこか現実離れした不思議な感じがあるようだ。実際、ロンドンでもわが寓居の近辺は郊外の住宅地だから、バス通りを除けば人も車もほとんど通らない。わけもなくぶらつくうちに、気持がひとりでに澄んでいく。

しかし反面、そんな夢見心地もいつ破られるかしれないのだ。いや、まったく、歩きながらときに不快な物が目について厭になることがある。こっちの胸の高さぐらいの、ばかに大きな、黒いゴミ容器が目ざわりなのだ。そいつが舗道にまでしゃしゃり出て道をふさいでくれる。これは、どうしたって頂けない。そればかりか、大量のゴミが容器のふたを高々と突きあげて、異臭を放つ芥の山は今にも崩落せんばかりだ。周囲の美観をそこねてしまう、というがごとき繊細な心の働きなんぞは、どうやら期待できそうもない。汚物は自分の敷地内に置いてくれ、と注意してやりたくなるわけだが、ひょいとその庭先をのぞけば、花壇の片すみにも、出窓のかげにも、ゴミ容器を一つ二つ置くぐらいの空き地は充分に、いや充分すぎるほどにある。それなのになぜ、汚い物を公道のおもてに押出して平気でいられるのか。まったく気がしれない。もしや、ゴミ容器を舗道に並べておけば、ゴミの回収にそれだけ手間が省けてよかろうとでも思っているのか。確かに、回収する側としては有難いに違いないのだろうが。

ともあれ、こんな物を舗道ぎわに出しておいてもらっては迷惑である。こないだも買物に出て、フィンチリーのバス通りを歩いて行くと、棟割住宅が並ぶ舗道の上にゴミ容器がだらしなく置いてあって、見るからに鬱陶しい。いやな道だな、とつい不平をこぼしたとたん、容器と容器の狭い隙間から、黒い、小さな動物がちょろちょろと走り出て、かたわらの茂みにもぐり込んだ。ああ、やっぱり見てしまったか、と全身から血が引いていくのを覚えた。いやはや、この嫌いな動物を目にしてしまった以上、もうこの道は歩けない。

こんなこともあった。下宿の三軒どなりに荒れ放題のままの家がある。玄関先に古い椅子だのテーブルだの、汚い毛布やらマットレスやらを山のように積上げて平気でいる。その粗大ゴミが日々埃をかぶって、雨にぬれ、どれだけ蒸れようが腐ろうが平っちゃらという調子だ。その家の窓にはカーテンがないので、もはや人は住んでいないのかと思ったら、そうではない。ほの暗い室内が道のほうから辛うじて見えて、乱雑に並べた安楽椅子の一つには白ひげの老人が腰かけ、ぼんやりパイプなぞふかしている。まるで仙人だ。

老人は、他人に迷惑なんかかけていないつもりでゴミと同居しているのかもしれない。しかし近隣に住む者にとって、これはやはりいい気持がしないわけで、つまり迷惑なのである。いつかの新聞にさる投書が出ていた。近所迷惑も甚だしいという、某夫人からの苦言である。隣人がけしからん趣味の持主だとのこと。のら猫を三匹ばかり飼いならし、加えて鼠を五、六匹飼っているそうで、猫と鼠をいっしょに飼うのに、鼠は鉄籠に入れて、猫に襲われないよう隔離しておくらしい。鼠には毎日餌をやって肥らせ、ぱんぱんに肥ったところで籠から出して、庭の芝生で猫と決闘させるというから呆れる。まったく、とんでもない悪趣味というほかない。当人は、まわりに迷惑なんぞかけていないと思っているらしいが、これほど迷惑な話はないのである。

下宿の玄関を出てバス通りの先のほうには、ここにもまたゴミ容器が、緑色の大きなやつが二つ、でんと並べて置いてある。そこは細い路地へ折れていくちょうど角の所で、大通りに面する側は、建物の粗いコンクリート壁が突っ立っているばかりだから、家の入口がどこなのかわからない。路地の裏からでも出入りしているのかどうか知らないが、ともあれ、ゴミの容器だけはいつも表の舗道に出しっぱなしなのだ。誰かさんなどはこれを公共のゴミ箱と勘ちがいして、あるいは勝手にそう解釈して、自宅の台所のゴミ袋なぞを突っ込んでいくらしい。ある日、そばのコンクリート壁に、一枚の貼紙がガムテープで留めてあった。——ゴミ容器にゴミを入れないでください。写真をとって警察に通報します、とある。なんだか笑えてしまう。

話は逸れるが、ロンドンでは街の到る所に監視カメラが設置されていて、いつもどこかで、誰かがこっちを見ている。見られていると思えば、安易に悪いこともできない道理なのだろうが、実は、そんな素直な奴ばかりとはかぎらない。見られているのに慣れてしまって、カメラが何だい、とうそぶく大胆不敵のつわものが少なくないらしいのだ。オーウェルの『一九八四年』には、監視カメラに見張られ恐怖におののく深刻な市民生活が描かれているが、現実のロンドンを見るに、あの小説のごとく深刻な方向へ着々と進んでいるようには思えない。現実は小説よりも、ずっとずっと楽天的にできているようだ。

それから数日後、くだんのゴミ容器の警告文も、ついに満足のいく効果を発揮しなかったとみえる。貼紙は除かれて、その代りに、なんとまあ、ゴミ容器のふたの縁から鎖を通して錠前なんぞぶらさげているではないか。さすがに、これなら護りも完璧というべきだろう。

しかしそれにしても、錠前とは恐れ入る。通常なら、中身を盗まれたくないから鍵をかけるわけなのに、中身を追加されたくなくて鍵をかけるというのだからあべこべだ。不届き者に対する徹底抗戦の執念から、こんな突拍子もない戦法を思いついたのだろうか。

だがそこまではいい。これでやっと安心、とひとまず落着いたわけなのだろうが、この先自分がゴミを捨てるたびに、いちいち鍵をあけなきゃいけない。そのへんのところをどう考えているのだろう。またゴミの回収が廻ってくる日には、容器の鍵をあけて待っていなければならない。回収がすめばすんだで、ぐずぐずしてはいられない。敵に隙を突かれる前に、さっさと鍵をかけておかねばならぬ。まあ、なんと忙しいことか。一つの名案が、否、迷案が、単純な生活をどれだけ複雑に、また面倒くさいものに変えてしまっていることか。

——ふーむ、ご苦労な話ですな。

ある日、偶然にも、くだんのゴミ容器の鍵をがちゃがちゃいわせている若い男女に遭遇した。容器の持主に違いない。ふと一片の興味から声をかけてみると、若い女はこっちを見て、ちょっと恥ずかしそうに笑みを浮かべた。それも束の間、たちまち表情を曇らせて、むっつり顔になった。何なのだろう? そのふくれ面に、昔読んだ某女のある唄が重なった。その女は、ほどなく狂い死にしたそうである。

イギリス人は　おそろしや
知らない人にゃ　近づくな
知らない女にゃ　近づくな

気むずかし屋は　イギリス人
知らない人は　おことわり
知らない男は　丸のみよ

イギリス人は　おそろしや
気むずかし屋は　イギリス人
知らない女にゃ　気をつけろ

これも秋の日のこと、一台の風変りなミニ・キャブが下宿の門前に着いた。それが風変りというわけは、つまり運転手がいささか変り者なのである。初対面にして、こんなに頓珍漢な、つい笑ってしまうほどに変ちくりんなドライバーというものに、かつて出遭ったためしがない。

朝八時半にミニ・キャブを予約しておいたので、こっちはその少し前から門前の舗道に立って待っていた。やがてあずき色の乗用車が、反対側の車線を走って来て、やや速度を落としたかと思ったら、すいっと斜めに横断してこちらの舗道ぞいに車を横づけした。折しも二階建てバスがこっちへ猛進してきたから、乗用車は辛うじてバスと衝突を避ける恰好でハンドルを切った。危機一髪の早技である。

顎ひげの白くなりかけた男が、乗用車の運転席の窓ごしにこっちを見ている。目と目が合うなり、あっちは顔をそらす。それから、またこっちを見る。もしや、他の車かな、と心配しながら、

——あなた、ミニ・キャブ？

と訊ねたら、男は黙ったまま降りてきて、おのが車の後方へと歩きだした。放っておいてくれ、

邪魔しないでくれ、と無言のうちに人を突き離しているような態度だ。やはり別の車かもしれない、と半信半疑で、

――パディントン駅へ？

もう一ぺん男に声をかけたら、

――いンや。

男はポーカー・フェイスで吐き出した。いかにも迷惑至極といった様子だ。それから、ちょっと間を置いて、意外にも今度は男のほうから、

――六九一番地かい？

と訊いてきた。

――そう、そのとおり。わたしの名前が…。

――いンや。フラットの三番かね？

――そう、そう、そのとおり。

――いンや。

男の、いンや、というのがどうも気にいらない。そうやって、いちいちこっちの言を否定してきながら、やおら車の後部の荷物入れをあけて、当方の大きなスーツケースを力いっぱい抛り込んで何食わぬ顔つきなのである。

――さて、忘れ物はないか？

男はいきなり調子を変えていう。変な奴だなと思いながら、いよいよ車の座席に落着いたら、なんだか愉快な気分がこみ上げてきた。口もとがむずむずして、笑いがこぼれ落ちそうだった。

——パスポートは？

運転手がまたいう。

——ちゃんとあるぞ。

——航空券は？

——だいじょうぶ。

——財布は？

——しっかり持っているさ。

——スリにやられるなよ。

——うん、わかった。

——ところで、どこへ行くんだ？

それをはじめに訊いてくれなくちゃいけない。何も知らないうちから、よくぞパスポートだの航空券だのと気をまわしてくれたものだ。

——イタリアへ。ナポリにね。

——いゝや、だめだ。ナポリまでは行けない。

そんなことを真面目くさっていう。とうとう笑ってしまった。笑いながら、この風変りな運転手にはいささか呆れたというべきかもしれない。

――いやいや、まずはナポリじゃなくて、パディントン駅までたのむ。

――いンや。

どうやら、この運転手の口癖の、いンや、というやつは、イエスとノウの両方の意味に使われるらしい。それを好きな場面で好きなように使ってくれる。奇妙な男だ。しかしまた、屈託のない、のどかな感じが伝わってきて愉快でもある。

――さあ、いいか。

運転手はしばらく沈黙したあと、唐突にぶつけてきた。

――覚悟はいいかね。もうすぐ到着だ。

――ほう、早かったな。

――いンや。

パディントン駅舎のかたわらの、タクシー乗場のきわに車は止まった。料金は？　と訊いたら、約束どおりに十三ポンドと返してきたので、

――これはご苦労賃に。

と少しばかりのチップを付けてやった。

――何、ご苦労賃？

運転手は非常につまらない顔つきで、さよなら、とつぶやいた。つまらない顔をして見せただけ

なのかもわからない。

風変りだ、なんて面白がっているうちはまだいい。風変りも度を越すと、奇人変人、さらには狂人、となって始末が悪い。ときどきその始末の悪い輩に出くわすことがあって、お蔭で、まあ、日々の無聊に悩まされないで過ごすことができたといっておきたい。

ロンドンではよく、あてどなく、ぶらぶら歩く。するとひょっこり、何かを思いついたり、何かとんでもない事柄にぶつかる。それが得にも損にもなるわけなのだ。ある日、こんなことがあった。

フィンチリー街のバス停留所前を通り過ぎたら、道のむこうから、髪を乱してひげもじゃの、浮浪者じみた男がやって来た。昼間から飲んだくれているのか、足もとが覚束ない。実はこれまで何度か、この男を見かけたことがあるのだ。汚い恰好で、ふらりふらり歩いているから、遠くからでもすぐに奴さんだとわかる。

男はこっちへ向かって来て、目の前で立止まった。黒いだぶだぶのオーバーのポケットを探るようにして、飲みかけの罐ビールを取り出したと思ったら、一つぐいと呷って、おまえも一杯やれとばかりに罐をこっちへ突き出した。睨みつけるようなその目が、赤く濁っている。男は上体を前後に揺らしながら、どうにかバランスを保っているようなのだが、片手を突き出しているから、それもちょっと難しい。そうして、いきなり大声をぶつけてきた。

——なんでぇ、何が悪いんだ？

そんなふうに聞える。なにしろ呂律が回らない英語だから、外国人の耳にはよけいわからない。

オレ様はこうやって昼間っから飲んでいる。それのどこが悪いんだい、というつもりなのか。あるいはさらに拡大して、ふん、おらぁ、虫けらみてぇに生きているのさ、文句あるかよぉ、とでも絡んでみたいのか。こんな手合いは相手にしたくない。

しばらく両方で睨み合ったあと、男は突き出した手をくるりと巻くようにして、罐ビールを小脇に引寄せながら、ふうらり歩きかけた。

——へん、どうせこの世は……。

男はぶつくさやらかして去って行ったのだが、心なしか、その後ろ姿がひどく淋しそうに感じられたから妙なものだ。どうせこの世は…阿呆ばかり、気狂いだらけ、むちゃくちゃ、でたらめ、嘘っぱち——そうそう、どうせこの世はもうじきお仕舞いさ、とでもいうつもりであったかどうか。男は何やら、いいたいことが多いようだ。それを巧く表わせないから、実に淋しいわけだ。

それやこれやで、ふと思い当ることがある。あれだ、『ハムレット』第五幕だったか、あの墓掘り人夫の台詞だ。

ハムレット王子はなぜイギリスへやられたか、と訊かれて墓掘りが答える。

——あんにゃ、王子はキ印だからよ。イギリスへ行きゃ、治るだろうってわけ。いや、もし治らんでも、あっちじゃ、なんてこたぁねえ。

それはなぜか、とまた訊かれて、

——あの国じゃ、どっちみち目立たねえさ。どいつもこいつも、気狂いぞろいってぇんだから。

墓掘りの言葉は、どうして、侮れたものじゃない。それどころか、当地で朝晩を過ごすうちに、妙にこっちの気持にしっくりくるところがあるから困る。

なしくずしの暴走

十一月上旬、ワイト島に遊んで一泊した。海も空も青く小春日和に耀いて、小さな町や村の、その一つ一つが目にうるわしく、またどこか懐かしく感ぜられた。明るい晩秋の風景が目にしみるようだ。島からの帰路に、サウサムプトン発の列車でプールの町へと向かい、プールでもう一泊しようと宿さがしにかかった。しかし結局、暗くなるまで町の方々へ歩いてみたものの、空室ありの宿はみつからない。諦めてロンドンの下宿に帰ったのが、夜の九時過ぎであった。

あとから思えば、この日のうちに帰っておいて、むしろよかった。なぜなら、次の日にとんでもない事が起きたのだから。午前十一時頃、家主がいきなりガス職人をつれてやって来たのである。ガスの安全確認をしたいという。この確認は一年ごとに義務づけられていて、検査結果の証明書をもらわねばならない、と家主は忙しそうに説明する。

——や、おはよう。

大きな図体の男が、家主の後ろからもっそり入って来た。口ひげをうっすらと生やして、そのひげも、短く刈り込んだ頭髪も、そろそろ白くなりかけている。

ガス職人は台所の流しの下の小さな引戸をあけて、その奥に取付けられたメーターの器具をのぞいている。そうして、こいつはおかしいぞ、と頸をひねった。メーターの横に付いているはずのハンドルがないのだそうだ。どこへやった？　と訊かれても、こっちにはさっぱりわからない。何ひとつついじっていないがね、と返したら、職人は悩ましい顔をして溜息なぞつく。

——それに、メーターにゃ、木箱がかぶせてあるもんだが。

——いや、去年も見たけど、箱なんかなかったよ。

と家主がはじいて、

——誰か、外しちゃったんじゃねえのかい？

と職人が勘ぐりだす。こっちには、とんと通じない話ばかりだ。職人はやおら携帯電話を取り出して、

——ああ、おれだ、今メーターを見たらよぉ、部品の何々がねえんだよ、うん、消えちまってるんだがな……

職人は会社の仲間とでもしゃべっているのか、作業の細部にわたって、長話がつづく。

——だからよぉ、部品をすぐ届けてもらいてえんだ。なにぃ、時間がかかるって？……

職人の声はだんだん大きくなる。とうとう相手をねじ伏せた恰好で電話を切った。それから、かたわらの安楽椅子にどさりと腰を沈めて、よもやま話が始まった。おしゃべり好きの男のようである。家主がときどき合の手を入れるものだから、奴さんの話の炎はいつまでも消えない。こっちとしては、招かれざる客が闖入してきて、そのまま居座られてしまったようで不愉快である。昼飯どきになっても、いつもの飯の支度にかかることさえできない。洗濯物だって、朝から浴槽

の水に浸けっぱなしだ。日課の書き物も残っている。ワイト島から持ち帰った資料の類には、熱の冷めぬうちに目を通しておきたい。それやこれやの仕事がみな頓挫して、空虚なお付合いに引きずられていく。情けない話というほかない。

やがて職人は雑談にひと区切りつけて、再びメーターの周囲を検分する。バールを使って勝手に床板まで外しては、ガス・パイプの伸びていく方向などを睨みつけている。

——となりの寝室に伸びているのさ。もともと、あっちが炊事場だったからね。

家主が注釈を加える。

——ふーむ、いつのことだ？

——二十年、いや、もっと前だね。親父がまだ生きていた頃だから。

家主のそんな話から、職人はズカズカと寝室に入っていって、すみの洗面用流しの下の床板をはがし始めた。傍若無人とはこのことだ。次はカーペットをめくり上げ、壁づたいの木枠を取り外し、そこかしこを電気のこぎりで切りさばき、バールでこじあけて、とうとう見るも無残な荒れ部屋にしてくれた。そこまでされても、こっちとしては何もいえない。

——ん、パイプはここに伸びてらぁ。

しかし二本のパイプのうち、どっちがガスで、どっちが水道だろうか、なんて職人は悩んでいる。

——おーい、そっちのパイプを引っぱってみてくれや。

台所に突っ立っている家主に、となりの寝室から声が投げつけられる。

――よっしゃ、ほれ、こっちがガスだよ、これ、これ。

家主は床下に伸びているパイプを忙しく動かしてみせる。

――どうも、あっちの先んとこに、連結があるみてぇだな。

職人はそうつぶやくなり、先へ先へと床板をはがして、部屋のすみの洋服ダンスに突き当ったところで、進路を左に変えてまたはがす。

――懐中電灯は、あるかい？

パイプの連結部が奥のほうにあるはずだが、暗くて見えないというのだ。非常用の小さな電灯を手渡してやると、電池がきれかかっていて灯がとぼしい。

――ちっ。

職人は腹立たしげに電灯をわきへ転がして、何やらむっつり考え込んでいる。それから、いきなり意を決したように、壁ぎわのダブルベッドの移動に取りかかったから、いよいよ只事ではない。布団やマットレスやベッド台が、一つまた一つ、居間のほうへと移されて、今度は居間が粗大ゴミの置き場みたいになった。

寝室では職人がさらにカーペットをめくり上げ、床板を引きはがし、横木を切断したり合板を取り外したり、これでもかこれでもかと、荒仕事を進めている。仕事というよりも、これはどうしたって鬱憤晴らしの破壊行為、やりたい放題の大暴れというべきだ。

――だめだ、だめだ、何ぁーんもめっからねえ。

職人が怒ったように声を荒げると、家主は変に希望を持たせるように、

――パイプはここで曲って、ええと、あっちへ走っているがね。ということは、ええと、トイレの入口あたりかな。

――さもなきゃ、突っ切って、となりのフラットだ。

――ああ、となりかね。

そんなふうに二人は調子を合わせたところで、トイレの入口のカーペットが切り裂かれ、床にはぽっかり穴があき、それでもまだ止まず、ついにとなりの住人のフラットにまで侵入していった。暴走、止まるを知らずである。家主はフラット全部の合鍵を所持しているわけだが、しかし家主だからといって、部屋の住人が留守のところへ無断で入るとは何事か。あまつさえ、どたん、ばたん、の狼藉三昧だ。となりの住人は中年男性の日本人だが、一、二度会釈したきりで、言葉を交わしたことはない。その程度の浅い関係なのだが、こうして無断で侵入され荒らされているところに彼がふと帰ってきたら――と、いささか心配である。同国人としての感情が、無言のうちにも働いてしまうものかもしれない。

ガス・パイプの何がそんなに問題なのか、さっぱりわからない。はじめの話では、ガス・メーターの付属部品が欠落しているとかで、それを届けてくれるよう電話で頼んだのではなかったか。にもかかわらず、ガス・パイプの連結部がどうのこうのと話が脱線して、なしくずしに暴走した。あれよあれよという間に、室内がめちゃめちゃにされてしまった。ここに住む者の気持なんか、一切

気にかける様子もないのが腹立たしいかぎりだ。

職人があっちの部屋で、またもや誰かに電話している。引きつるような声がひびいたかと思ったら、やたらに興奮して、相手を頭ごなしにやっつけている。ガス漏れがあるとか何とか叫んで、臭い、臭いとくり返している。どういうつもりなのか、さっぱりわからない。

職人と家主がこっちの居間に戻ってきて、今から担当者がやって来る、その前にちょっと外で珈琲を飲んでくるからというのだ。

——ガス漏れが起きた、ってことにしてあるんだ。さ、窓をあけて、電気も消して。

職人はまるで命令の口調である。そばに付添う家主までが、へらへら笑っているから面白くない。こっちだって、そういつまでも黙ってはいられない。

——いったい何なのかね。何がそんなに……。

——英国ガス会社の検査員を呼びつけてやったんだ。奴ら、すぐに来るもんじゃないからさぁ、ガス漏れをでっち上げて急がせたってわけ。

そういいながら、家主はばかに得意がっている。そうして、職人のあとについてさっさと部屋を出て行った。なるほど、こっちはガス会社が訪ねてくるまでの留守番役というわけだ。従って、どこにも外出できない。ガスも電気も使ってはならんというので、遅い昼飯がわりにビスケットをかじり、ミネラル水を飲んだ。ばかばかしい気分である。

窓辺の明りで本でも読もうと思ったけれど、窓をあけておけということなので、寒くてたまらない。とうに二時が過ぎている。オーバーを着て、ゴミだらけの部屋のなかを歩きまわって寒さをしのいだ。珈琲を飲みに出た二人はなかなか帰ってこない。腹が立った。

そうこうするうちに、晩秋の西日が傾いて、つまりこの季節には暮れるのが早いわけだが、そのうち室内がますます冷え冷えとしてきた。このまま夜になってしまうのか、と気が滅入った。

薄闇にぽつんとひとり腰かけて、何をするでもなく、空ろな時間の流れに身をまかせているほかない。防寒コートを引っかけて、かたく腕組みしながら、窓の外の暗い庭木なんぞぼんやり眺めていた。ときどき腕時計をのぞく。ああ、もう四時を廻ったな。ぼつぼつ日暮れだ。

階下の玄関口に人声がざわめいて、階段を上る足音がひびき、扉をノックするでもなく入ってきたのが、家主とガス職人、そしてもう一人の男である。室内が暗いために、窓辺に腰かけている部屋の主人の存在なんざ誰も気づかない。電灯がつく。まぶしいばかりだ。それでもなお、この部屋の主人の姿なんか、誰の目にも入らないらしいのだ。

三人目の男はガス会社の検査官とやら、あとで家主からそう聞かされた。その男と職人とが、寝室の床下の穴をまたぎながら議論にふけっている。二十数年前のガス工事がでたらめだね、不法工事だね、と一方が批判すれば、当時は法律も別だったろうよと他方が弁解する。双方、ああだこうだの応酬が止まない。そうして、とにかくこのままじゃ安全確認証は出せないという結論になった。

外はもうまっ暗だ。来週月曜日にまた出直すから、と職人は帰りかけた。ちょっと待った、今夜はガスを使えるのかねと訊けば、答はいともあっさり、来週まで不可ときた。職人は今朝からずっと切って、はがして、たたき割った板きれを部屋の外へ抛り投げて、その乱暴な後片付けに、何やら不満と怒りをこめているようだ。床の穴はそのままに、上からカーペットをかぶせたきりだから、これではとうてい人が住めるような部屋ではない。

家主に文句をぶつけてやった。工事をしたけりゃ、するがいい。気がすむまでやったらいい。但し、その間の仮住まいを他に用意せよ、こんな部屋では仕事もできない、寝ることすらできない、と。

家主はややひるみながら、J不動産の支配人に連絡をつけた、もうすぐ見えるはずだから、と巧くかわす。ほどなく支配人の桜田さんが、両手に大きな電気ヒーターを二個まで抱えてやって来た。鼻の頭も赤く、吐く息も白い。

——申し訳ありません、今夜だけご辛抱願います、明朝は別のフラットにご案内できますので、どうかお許しを。

ああ、今夜だけ、とにかく一晩だけ、このおぞましい部屋で過ごさねばならない。何が恐ろしいかって？　そりゃもう、わかりきっているではないか。考えるだけで心臓がつぶれそうだ。あの大嫌いな、夜行性の小さな動物が、床の穴からごそごそ這い出て、わがもの顔に部屋のあちこちを走りまわる……ああ。

まずは近くのフィシュ・アンド・チップス店に出かけて夕食を調達した。朝から碌にものを食っていない。食事がすんで風呂に入って、朝やりかけの洗濯も片付けた。水をしぼった洗濯物は、居間の入口から台所の高窓へと紐を渡して、そいつにぶらさげた。

やれやれ、とんだ一日だ——と溜息をついていたら、作業服姿の大男が三人、家主に案内されて、どすどす入って来た。また何事か？　一人は先ほどの検査官なのだが、きつい表情で他の連中とぶつくさやりながら、そのまま寝室へと入って行く。そっちでカーペットをめくり上げて、またしても議論だ。しばらくして連中は、洗濯物の紐の下をくぐり抜けて出て行った。またしても、こっちの存在などまったく意に介さない。

いったい何事か、と思っていると、再びベルがけたたましく鳴って、作業員の一人が戻って来た。流しの下のガス・メーターを見る、あちこちいじる、それから庭に出て、わいわい大声をぶちまけていたと思ったら、甘いガスの臭いが流れてきた。いやはや、こんな夜分に。家主がやって来て、戸外のメイン・パイプを誤って切ってしまったとか何とか、説明にもならぬ説明をぶつくさ吐く。窓をいっぱいにあけろというから、甚だ面白くない。

入れ替り立ち替り、知らない人間が部屋に入って来る。自分の部屋もへちまもありゃしない。しかも夜の九時半だ。再々度、家主が顔をのぞかせて、これが最後の訪問さ、あんたのベッドを調えてやろう、なんて宣うから、いらぬお世話だ、帰ってくれと扉を強く閉めてやった。あたりが急に静かになった。

不思議でならないのは、同じ建物内に他の住人の気配がまったく感じられないのである。となりの日本人も、階上の中国人男女も、階下の中年おばさんも、いきなりどこかへ消えてしまった。ガスの暖房やら調理台が使えないことを早々に知って、さっさと友人宅なり、どこへなりと避難してしまったのか。賢明な人たちである。衝突だの争いごとを好まぬ、穏やかな人たちだ。しんしんと夜がふけていく。物音ひとつしない。この静寂がまた不気味でもある。——

そんなことがあってから、二週間が過ぎた。この間、J不動産の桜田さんの手配で、イースト・フィンチリーの贅沢なマンションに住まわせてもらったから、文句はいえない。そこはまったく静かで、清潔で、明るい住居だった。ひろびろとした居間、それに寝室が二つ付いていて、一人で住むのにはどうみても贅沢というほかない。浴槽には熱い湯がたっぷり入る。台所の窓の外には、むろん花の時季ではないが、大きな金鎖が冬の枝をひろげている。階段わきの扉を押せば、中庭に出ることもできて、中庭の丸い植込みの前にはベンチが置いてある。そんな安らぎの場にも、人影ひとつ見えない。皆さん、すでに満ち足りているというわけなのだろうか。その中庭を通り抜けて、むこうの小道に出ると、もう地下鉄の駅までものの三分とかからない。駅前からまっすぐ伸びている広いプラタナスの並木道がまたいい。散歩するにも、買物に出るにも、道ぎわのパブに寄るときでも、この大通りを歩くのはまことにもって気分爽快である。

こんな住まいでずっと豊かな気分に浸っていられたならいいが、とつい溜息をもらしてしまう。いや、それはかえって危険だ、と別の考えも同時に浮かぶ。安楽の生活に沈み込んでしまったらおしまいだ、と。いやいや、そんな屁理屈はしゃらくさい、とまた逆の想念が湧いて、きりがない。どっちが正しいのか、どっちに分があるのかわからない。それはそれとして、この二週間はまことに極楽の日々であった。

工事は三日ぐらいで片づくだろうという話だったが、ばかに手間取ったものだ。途中で三度ばかり、食品の残りやら、生活に必要な品々を取りに本宅へ帰った。帰るごとに部屋の様子を打ち眺める。扉はあけっぱなし、床の穴はむき出し、泥靴の男どもが出たり入ったり、あちこち切ったり叩いたり、それはもう、上を下への大騒ぎだ。もはや自分の部屋じゃない、帰る所ではないと思った。

そうこうしながら二週間が過ぎた。本宅の長びいた工事もいよいよ終って、好むと好まざるとにかかわらず、また元の古巣に帰ってきた。いささか鬱屈した気分である。ここをフィンチリー御殿なんて、もはや呼ぶだけの気力もない。ひとわたり室内の掃除もすみ、ベッドも以前の位置に戻してあったのだが、なんだかやけに冷え冷えしていけない。いつも台所の窓から眺めていた、むこうの家の庭の大木は、もうすっかり葉を落として、この留守のあいだに季節が変ってしまったかのようだ。

ガスは使えるようになったものの、戻ってきて初日の真夜中に、トイレの外のガラス窓に水がざあざあ流れ落ちる音で眠りを破られた。水音はいつまでも止まない。窓を打つ豪雨のようにも聞えるが、もちろん雨ではない。水音はずっとつづく。とうとう心配になって、何事ならんと、階上の中国人男女の部屋の扉をノックした。スイマセン、シャワー浴びているもので、という返事である。やれやれ、ずいぶん長い深夜のシャワーもあったものだ。それがまた、階下の窓づたいに、ざぶざぶ降り落ちてくるとは。ガスの次には、さて水まわりのトラブルだろうか。

それから十二月、一月と過ぎて、二月に入ると少しずつ日が長く感じられるようになった。気持の底がふわふわする。台所の窓から外を眺めると、晴れた一日のおしまいなどでは、西日がむこうの家の屋根のへりに飛び散って、空の一郭にほのぼのと朱を流す。陽が落ちる位置は、この頃では、真夏日のあの真っ赤な太陽の位置とは大きくずれている。一見したところ、今では、ほとんど九十度ぐらい南に寄っているようだ。これがまたじりじりと位置を移して、日照時間もどんどん長くなり、再び春から夏を迎えるわけなのだろう。むろん、その頃にはもう、こっちはいないわけだ。

ぼつぼつ帰国のための航空切符を買い求めたり、本やら資料の箱詰め作業にかからねばならない。そんなことを考えているうちに、さあ、いよいよ帰るぞ、と弾んだ気分が湧いてくる。見えない鉄格子が取り払われて、ついに解放されるような、すがすがしい外気に触れるような、喜びやら戸惑いやらがいっしょになった気分だ。同時に軽い疲労もおぼえるというのは、やはり歳のせいもあろうか。

新聞の短評に刺激されて一枚のCDを注文した。いや、オペラなんか知りもしないくせに、ロシアの若い歌姫の誰々が素晴らしいなんて新聞に書いてあったものだから、その気にさせられてしまった。十日ほどして品物が届いた。しかし、これは頼みもしない現代音楽か何かのCDだったので、電話で間違いを先方に伝えた。もはやコンピュータの時代だから、注文から発送まで、その記録がそっくり残っているらしい。こっちの話はすぐに通じた。誤りのCDを送り返してくれれば、ご注文の一品を改めて発送しますという先方の返答である。一つ一つが、近ごろ面倒で仕方ない。

バス通りの角を曲ったところに小さな郵便局があって、ここではときどき封筒を買ったり手紙を出したり、ガス代、電気代、住民税の支払いなどをすませてきた。たまには新聞や牛乳も買った。局員というか、店員というか、郵便局の男とも顔見知りになって、急ぎの郵便物があれば日曜日でも窓口をあけてやろう、しかし誰にもいうなよ、なんてささやかれたことさえあった。くだんの間違いCDも、ここの郵便局から送り返したものである。

話は変って、二月のはじめに大雪が降った。いつも見てきた周りの風景が、いきなり白一色におおわれて耀いている。こうなっては、じっとしておられず、カメラを持って外に出た。

ゴーダス・グリーンへ向かって歩いて行くと、細かい雪が顔に降りかかって、遠くの並木道が、家並が、往来の車や人びとが、音もなくかすむ。静かな、何やら清らかな気分に沈んでいくようだ。道のむこうから三人の若い女たちが、はしゃぎながら歩いて来る。女たちはめいめいが、バレーボールほど大きな雪の白玉を胸に抱きかかえているのだ。甲高い笑声を撒き散らしながら、喜びいっぱいにやって来る。

――こいつは写真になるぞ。……

しかしカメラを開いて、ぐずぐずしているうちに、娘たちはそばを擦れちがって、みるみる後方へ遠ざかってしまった。歩くのが速いところを見ると、どうやらイギリス娘であるようだ。

ゴーダス・グリーン駅前からバスに乗って、ハムステッドの丘を越え、ケンウッド・ハウスに向かった。ここはその昔――あの年の冬にも大雪が降り――二人の小さな子をつれて橇遊びに興じた場所である。記憶のアルバムには、そのときの写真が数枚貼りつけてあって、何だか、つい先日の出来事のように思われてならない。

道むかいの古いパブ、「スパニヤーズ・イン」で休憩した。ここも昔のまま、ちっとも変らない。窓辺の椅子に腰かけて、好きなビターを飲み、いつまでも降りしきる外の雪をぼんやり眺めた。いや、別に何かにこだわっていたわけではない。頭のなかは空っぽだ。もろもろの胸の思いがきれいさっぱり雪《すす》がれて、気持が透明になっていくようである。

――静かだな、なんて静かなんだろう。

しんしんと降る雪に、昔も今も、その日々の残像が跡形もなくかき消されてしまうようなのだ。

"The rest is silence."――あとは静寂のみ、と。

それから数日後、CDが届いた。すると、またしても別の品物とあって、がっかりしてしまう。どうしてこう間違えてばかりいるのか、訳がわからない。電話で再度の間違いを伝えると、その品をどうぞ送り返してくださいというだけで、相手は実にさっぱりしたものだ。申し訳ありません、なんて謝るわけでもない。人間ならそれぐらいの失敗は当然だ、といわんばかりの調子である。あるいは、どうせコンピュータのやることさ、ぐらいに大きく構えているのかもしれない。どっちにせよ、彼らとしては、完璧はこの世にあり得ない、と腹をくくっているらしい。いやはや、大したものだ。

間違えたCDを送り返してやるために、郵便局へ急いだ。このところ日々の雑事がめっぽう増えて、なんだか落着かない。いつも、せかせかした気持でいる。それが災いしたのだろう――とんでもない事故に遭ってしまった。

外は霧雨が降っていた。靄も、うっすらとかかっていたように思う。道むかいの郵便局へ行こうとして、車道を渡りかけた。こっちの舗道ぞいには車が点々と停めてある。その車と車のあいだに一歩ふみ込んで往来の流れを確かめてから、さあ渡ろう、と思ったそのとき、右の肩から腰にとんでもない衝撃が来た。看板でもふっ飛んで来たのか――それにしては感触が硬すぎるな、痛いや、と上体をひねりながら横目づかいに見た。鉄である。黄色いまだら線を描いた鉄の塊が、ずるずるっ、とこっちに迫ってくる。

――危ない、くそっ、轢かれるぞ。

二メートルばかり飛ばされながらも、転ぶまいとして膝をふんばった。長年のスキーで身に付けた足腰の反射運動であったのかもわからない。とにかく転倒だけは免れたのだが、それが果して良かったかどうか。右膝のあたりが、ごきん、と鳴った。しかし転倒していたら、もっといけなかっただろう。黄色い大きなヴァンが、すぐ背後に一人の人間が立っていることも知らないで、今や、じりじりと後退しながら迫って来ているのだ。

――ああっ、轢かれるゥ。

帰国の日を間近にして、このざまだ。ヴァンは舗道ぎわに停まっていたはずなのに、なぜ動き出したのだろう。動く前にまず後方をちゃんと確認したのか。

――ああ……。

逃げる暇もなかった。が、ヴァンはぎりぎりのところで止まったのである。もしも止まってくれなかったなら、すべてはこの瞬間をもっておしまいになっていたことだろう。

むろん、ヴァンの運転手には文句をぶつけてやった。バックミラーにゃ何も映ってなかったぜ、なんて奴さん弁解してくれる。そんなバックミラーは捨てちまえ、といささか腹が立った。病院へ行くぞ、といってやったら、行けばいいさ、とくる。それから奴は勤め先の電話番号なりを紙切れに書き残して、そそくさと去って行った。つまり、逃げられたわけである。

しばらくすると右膝が激しく痛みだして、まともに歩くことさえできなくなった。大通りの信号が青になっても、それが青のうちに道を渡りきる自信がない。道の真んなかでどうかなりはしないかと、不安でならないのである。

その晩のこと、足の痛みが夢うつつのなかに尾を引いて、睡りを妨げた。布団のなかで足首を垂直に立てて寝たのだが、そのうち力が緩んで、足首がひとりでに外側へ倒れる。すると膝のあたりが捻られた恰好になって激痛が走る。痛くてたまらない。あらし吹く一夜となった。

――くそっ。

と思いながら、またとろとろと浅い眠りに落ちる。クッションか何か、支えになるものを脇に添えたらどうか。いや、面倒くさい。このまま、このままでいいや、投げやりになった。

――痛い、それにしても痛いな。

この調子では、無事に帰国できるかどうか覚束ない。帰ったあとでも、日々の生活や仕事がどうなるものやら。まったく、こんな軀でどうするか。

——いいじゃない、今のままで。何にならなくたって。

その昔、人生に関わる深刻な話のなかで、そばにいた某女がこんな文句をつぶやいたことがあった。それがなぜか、こんな所でひょいと復活した。あのときの声が聞える。幻聴だろうか。ふーっと目がさめて、闇のあちこちを、何やら探し物でもするように慌しく見まわした。キツネが落ちた。某女のことなんか、どうでもいい。はて、自分は今どこにいるのだろう、と考えた。

何のこともない。ここはロンドンの住居ではないか。まだロンドンにいる。やれやれ。帰国？いや、帰国の日まで、あと残り三週間がある。

第三章　スコットランド挽歌

なぜか、この頃では子供の時分をふり返ってみることが多いのでございます。

十《とお》の齢を出たばかりの頃でしたか、私は故郷の町を離れてイギリスへ渡り、ロンドン郊外のさる小学校に入りました。こんなふうに申せば、さも一人きりの大冒険でも為したかに聞えますが、いいえ、決してそんなものではありません。両親がずっとそばに付いていて、つまり、ぬくぬくの保護のもとに異国の生活が始まったわけなのでございます。そのことが得であったか損であったか、今もって私にはわかりません。確かに、お蔭さまで、思い出だけは増えました。自分の過去に厚味が付きました。それはまず喜ぶべきことなのでありましょう。

　しかし一方、当時の思い出の片々が、何の前ぶれもなくひょっこり現れて、現在の私を大いに当惑させることがあります。たとえば夜道を一人で歩いて帰るようなとき、あるいは酒場の片すみに腰かけていたり、町の珈琲店にぼんやり坐っていたり、はたまた夕べの食卓で妻と語らっているときなどに、過去の断片が、まるで気ままな妖精のようにとび出して来るのです。何の前ぶれもなく――これはちょっと困りものです。そこで私は、つい、遠い昔にもどって考え込んでしまうというわけなのでございます。

あの当時は、父も母もまだ若かったようでございます。父は中肉中背の体格なのですが、ロンドンの町なかでは背丈がつまって見えて、顔などもきれいに剃っておりましたので、誰からも二十《はたち》そこその青年のように受取られていたようです。また母などは、遠くから歩いて参りますと、まるで中学生の女の子がふうらり家路を辿っているかに見えて頼りなかったようでございます。もちろん、そういう周囲の印象は後になって聞かされたことで、当時の私の目には、父も母もどっしりとして、大きな岩石のように見えたものでございます。

父はロンドンで何をしていたのか、正直なところ私にはまったくわかりませんでした。大学の先生をやっておりましたから、そちらの関係でイギリスに住む運びになったらしいのですが、詳しいことは知りません。父はよく渋い顔で本を読み、ときどき読みさしの本の上にうつ伏したまま動かない、そういう変な癖がありました。ある日、そのことを母に訊ねましたところ、

「寝ているんでしょ」

との意外な答が返って参りました。どうにも腑に落ちなくて、直接に父に確認しますと、父は難しい顔をして、

「ふん、活字の匂を嗅いでいたんだ」

というのです。父の口もとには涎の痕《あと》が筋を引いて乾いているのが見えました。フランス料理の本か何かの匂を嗅ぎ、つい涎が出たのだと、私はそのとき納得しようと努めたものでございます。

イギリスへ来て半年ほどが経ち、九月の末頃でしたか、家族でスコットランドの旅に出ました。父は道中に手帖を開いて何やら小まめに書き記していたようですが、今、私の手もとにその手帖をのぞいてみますと、文頭に「北方旅記」なぞの仰々しい題目が掲げてあります。そのくせ中身はメモまがいの雑記、舌足らずの感想にすぎないのでございます。

「北方旅記」の書出しには、「キングズ・クロス駅十二時〇分発インター・シティに乗る」とあります。当時は家族であちこち出かけたものですが、こうまでのんびりの出発時刻は珍しかったように思います。朝の用事とか何かが両親の側にあったものか、そのへんの記憶は朧なのですが、ただ一つ思い出されることがございます。

同じ建物の階下にオランダ人一家が住んでおりまして、その一家が私たちの旅行中に田舎の町へ引越してしまうとのことでした。一家はまだ歩くこともできぬ赤坊を含めての三人家族で、それに大きな雌のシェパード犬を飼っておりました。犬の名前はタラというのでしたが、タラはときどきわが家の勝手口に現れ、桃色のおしぼりのような舌を長く垂らして挨拶してくれるのでした。こっちの顔をじっと見ながら、

「ハウ・アー・ユー」

と荒い息を吐くのですが、そのタラの眼には、澄んだ青空が涼しげに映っているのでした。

一家が引越せばタラにはもう会えなくなる、実に寂しい、私はその正直な気持を抑えることなく両親にぶつけたようでありました。旅の出発が遅れたのも、あるいはそんなところに原因があったのかもしれません。

さて、列車は北へ北へと一直線に走って、ピータバラ、ヨーク、ニューカスルと、ぐんぐん過ぎてゆきました。日ごろ地図をひろげて夢を追いかけた町また町が、ついに私の眼前に姿を現して、朗らかに踊っているのです。——やあ、今日は——元気かね——いらっしゃァい——ご機嫌よう……。この地名も知っていれば、あの地名も知っている、と私は一つ一つ旧知の顔でも懐かしむ思いで、窓外にひらけては飛び去る町並を見つめておりました。頭のなかは真白でありました。

「あーあ、イングランドの風景は退屈だね」

父は欠伸《あくび》しながらこんな不平を洩らすのですが、私には応えようがありません。明るい緑の起伏が一面にひろがり、ゆったりと波打ち、丘ははるか遠く水色の空に接しております。そこかしこに牛や馬が草を食み、小川が流れ、ひっそりとした村里のたたずまいが見えます。ときに列車は大きな町の縁《ふち》を掠めて走り、すると緑に包まれた家並が、古めかしい教会の尖塔が、街の往来が、いきなり眼にとび込んでくるのです。これがどうして退屈といえましょう。私には父の神経が理解できないのでした。

「さあ、これ、どうぞ」

母はスナック菓子の小袋だの罐入りの飲物を車内の卓上に並べて、まるで学校の遠足気分です。父は脇でビールを飲みだしました。ビールを飲みながら、黙々と細かい活字の本などを繰っているうちに、またしても例の癖が現れたのか、ふと見ると、父は開いたページのなかに顔を埋めておりました。

「北方旅記」では、ロンドン出発からいきなりこんな叙述にまで飛んでおります。

「エジンバラから先は薄暮のスコットランド洵《まこと》に快味なり。ヒースの花咲く原っぱが処々目につく」

そのあとに、

「夜八時、インヴァネス到着。闇夜にも極北の町の風趣あり」

と、もう終点に着いてしまうのですから、父の列車の旅はまったく速いものです。インヴァネスの駅を出て、町の灯が点々ととももる裏淋しい道を歩いて行きました。予約の宿までは二、三十分ほども歩いたでしょうか、ほの暗い夜道が霧雨にしっとりと濡れて、なんとも陰鬱な気分に沈んでしまうのですが、父はこういうのを北国の風趣と呼んで喜んだようでございます。母は父と正反対に、南の太陽をあおぎ潮風に吹かれて育った女ですから、暗いもの冷たいものをことごとく遠ざける傾向が強いようでありました。

「どこか開いているレストラン、ないかしら」

母は道々、この〈レストラン〉を何度呟いたか知れません。父はそのつど情ない顔を見せて、肩に

食い込んだ旅行鞄のベルトを引っぱり上げながら、

「もう少しだ、辛抱しろ」

と吐き出すようにいったものでございます。

宿のおかみさんは小柄な、もの静かな、どこか温か味の感ぜられる人でした。満面に笑みを湛えて私たちを迎えてくれました。遠来の客を心から歓迎している様子なのですが、ちょうど長旅に疲れきって到着したところなので、よけいそんなふうに感じられたのかもしれません。

「さ、どうぞ」

とおかみさんは爽やかに微笑んで、二階の小ぎれいな部屋に案内してくれました。背中の荷を下ろすなり、私はベッドの端に腰かけて、ほっ、と短い息を吐き、父は早速おかみさんにレストランの位置など訊ねておりました。

「前の小道を右手へ真直ぐにね、信号を二つっつ越してね、それから左手の橋を渡るのよ」

橋を渡った先が目抜通りなのだそうです。おかみさんは腕を振りながら、

「右へ、ずーっとね。それから信号を一っつ、二っつ……」

と丁寧にくり返してくれるのでした。声の末端がやさしく上向きにカーヴして、甘い味がありました。ドイツ女性が英語を訛って発音すれば、こんな味が出るのかもしれません。ときどき父がドイツ語の本を得意げに朗読して、その音の調子が私の耳底に残っていたものですから、ふと、そんなことを想像したのでした。

夜の目抜通りは人影まばらで、わずかに簡易食を売る店や、パブの灯がそこかしこに見えるきりでございました。客のほとんどいない田舎食堂に入ってピザを食べました。外は冷たい霧雨が降っておりました。食後、雨を浴びながら同じ道をまた帰って行ったわけですが、橋を渡りきると、ねずみ色の石造りの二階建てが小道の両側に軒を並べていて、その小さな窓という窓には一つも灯が見えないのでございます。道ゆく人の姿さえ見えず、前後一帯、妖しいばかりに静まりかえって、ただねずみ色の低い建物がひっそりと連なっているのです。

ふと、眼の前の一軒の戸口が音もなく開いて、ブルー・ジーンズの若者が現れるや、若者は雨のなかをぐんぐん歩いてゆきます。玄関の戸を開け放ったままなので、つづいて別の人物が出てこようかと幾度もふり返って見たのですが、それらしい様子はまったくありません。おまけに前方を行くはずの若者の姿までが、気がつくと何処にも見えず、路上にけぶる霞と化してしまっているのでございます。

「さあて、宿に帰ったら寝るとしよう」

と、父の声が耳もとにひびきました。そうして私たち三人の靴音がぴったりと重なって、背後の闇に規則正しい音の連なりを残して流れてゆくのでした。

「朝九時四十分発のバス。大河さながら長々と横たわるネス湖を左に、山道を走る。霧雨をつきバスは猛スピードで走るが、かの運転手、冒険を愉しむが如し。おそらくは血気盛んなる土地の青年か」

「北方旅記」にはこう記してありますが、確かに「猛スピード」には閉口至極、山道をさんざん揺さぶられて終点のフォート・ウィリアムに着いたときには吐気を催してしまいました。あれだけ突走りながら、終点到着は父の記述によると定刻どおりの十一時四十分であったそうですから、たぶん、途中のネス湖で休憩を入れて運転手独断の時間調整を行った、というわけなのでしょう。

ネス湖は霧雨を浴びながら遠くむこう岸の涯《はて》まで白く霞んで見えました。冷たい水をたっぷりと湛えたこの湖は、一の好奇心と八、九の勇気をもって潜水した人の話によれば、水底《みずぞこ》が計り知れぬほどに深く、険しく、切り立っているのだそうでございます。そんな地獄の底をのぞき見るようなまねは、どう足掻いても私にはできません。湖のこちら側の山の斜面に目を移しますと、一面の草はらが紅葉してオレンジ色に燃えています。ネス湖の白銀の水盤とそれとが、みごとな対照をなしておりました。

「フォート・ウィリアムは古来要害の地なり。ロッホ・リニの入江が大西洋に口を開き、かたや、入海が陸地に食いこむ側には肘鉄砲の形にてロッホ・イールをつくる。この肘の所にあたるのがフォート・ウィリアムの町なり。ここはまた英国随一の高峰ベン・ネヴィスの麓に位置する。付近を散策するならば、はるか十八世紀の前葉、かのボニー・プリンス・チャーリーの痛ましき逃亡劇を偲ばずにはおれぬ。王子はスチュアート家再興をねがって蜂起した。亡命先のフランスからひそかに船で漕ぎつけ、祖国ハイランドの民心を奮い立たせてイングランドの王軍と干戈を交えた。初期の戦は勝ちに勝ち、反乱軍は一路ロンドンめざして攻め進んだものの、残念無念、ダービーの地に至りて図らずも士気乱れ退却を余儀なくされた。一七四六年四月カローデンの戦にて大敗を喫し、以後数ヶ月間、チャールズ王子はわずかの部下を率いてハイランドの山野を逃げまどった。ときに王子の首には、賞金三万ポンドが懸けられた」

父はこんな調子で史実のおさらいごときを繰りひろげておりますが、以下、退屈を避けるために要点のみを摘んでおきましょう。「土地の娘フローラ・マクドナルドとのいきさつ、なんとも物悲しい一篇のロマンス、……フローラは若き王子の難を救うために王子を腰元に女装させ、女の二人旅を装って逃亡せり。……難所をすり抜け王子を小舟に乗せて、涙ながらに別れるフローラ、その前後の乙女心を写した哀歌が『スカイ・ボートの唄』なり。……ボニー・プリンス・チャーリーはスカイ島へと逃げ去った……」かの若い二人の恋は、生死の狭間にそっと咲いた一輪の野花であったかと思われます。花はほどなく散りました。「スカイ・ボートの唄」に、次のような詩句があるのだそうでございます。

走れよ、ボニー船《ぶね》
天翔ける翼のごと
水先人《びと》の叫びも遥か
はこべよ、王が縁《えにし》の益荒男を

フォート・ウィリアムの町なかに地域の史料館があって、ここで父はボニー・プリンス・チャーリーの珍しい肖像をみつけました。およそ人の顔ともつかぬ滅茶苦茶の図柄が一枚の板の上に踊っているのです。これが王子の肖像だというのです。なんと、板の端に寄せて金属の円筒を立てたところ、湾曲したその側面に板上の乱れた図柄が美貌の一青年となって映ったのでございます。これは当時の苦しいカラクリでありました。反乱党はこの秘密の肖像をひそかに持参して、人目につかぬ隠れ家の一室につどい、円筒の曲面に映った王子像を拝みながら酒を酌みかわしたという話です。父はこの種の秘儀を、ことのほか面白がったようでございます。

「ボニー・プリンス・チャーリーの容貌には女子の気色あり。荒くれども酔い痴れたるも已むなし」と「北方旅記」にあります。

さて、それはそれと致しまして、私は何よりも自然の景観に、とりわけ高い山岳に惹かれたのでございます。ベン・ネヴィスに是非とも登りたかったのですが、その日はずっと雨が降り、山の中腹から頂までが白い靄に包まれておりました。ベン・ネヴィスの山頂までは狭い山道が伸びていて、この道の往復を自動車レースが走るという話でございます。レースは毎年九月に催され、これまでの新記録では所要一時間半を切ったのだそうですが、インヴァネスからの例のバスの運転手なども、あるいはこの山岳レースに張切って参加していたのかもしれません。

その日の夕方、インヴァネスに戻って中華料理の夕食となりました。当時は旅の先々でしょっちゅう中華料理店に入っていたようでございます。味はもとより、食べた品々に至るまで、今ではすっかり記憶の網目から抜け落ちてしまいましたが。夕食のテーブルで父は奇怪な話を披露してくれました。

「ベン・ネヴィスの山奥にはね、変った動物がいるんだ」

父はものを話すときの癖で、時々ずり落ちる眼鏡を掌でおさえて、眼鏡全体をぐんと押上げるのです。同時に眼玉が大きくとび出して、額にはおびただしい皺の波が立つものですから、顔じゅうがまるで荒模様の海のようなのです。

「山道から逸れて、奥まった所に滝があるんだ。その滝のそばに怪しげな洞窟があってね……」

ここでまた眼鏡を押上げます。眼玉が躍り出て、額に皺の波がさわぎます。こんなぐあいにいちいち海が荒れないと父の話は進行しないのですから、まったくおかしなものです。

「洞窟のなかに、何かがいるらしい。陽が落ちると、がさごそ動きだす……」

母がじれったそうに横から口を挟みました。

「早く、その動物、教えてぇ」

父は、ふふん、と鼻で笑って、煙草を一本抜き出し、しかしすぐに火を点けるでもなく、優柔不断に指先でいじくりまわしているのです。

「日本人は、せっかちで困る」

そんなことを呟きながら、父は煙草の先端をテーブルの上に、とーん、と、と、と軽く突いて、それから徐に煙草を口にくわえるのでございます。

「大きなオオカミなんだよ。毛が緑色の……」

「緑色のオオカミ?」

「そう、それにね、こ奴は口から火を噴くんだ」

母は呆れたような顔つきで黙ってしまいましたが、父の話はまだまだつづきます。

「人間を見ると跳びかかってくるのだそうだ。人肉が大好物らしい」

父はまたひとつ眼鏡を押上げて、

「この話はね、裏に何かがある。くだんの洞窟に知られたくない秘密があるから、人食いオオカミを登場させているんだ」

「それ、いったい何なの?」

母がここで再び乗り出してきました。父はなかなか解答を与えてくれません。父の相手をしていると、あちこち振り廻され、五里霧中をさまよう羽目になってしまうのです。父は断じてマイ・ペースを崩さない、実に身勝手な人だ、と私はときに思うことさえありました。

「他人に見られたり、気づかれたりしては困る秘密さ」

「……」

父は笑いをこらえるような、空とぼけるような、変に歪んだ表情をつくって煙草をくゆらしておりました。

「北方旅記」にはこんな件が見えます。

「この近隣の山地に〝崩れ〟あり。山の土砂がじりじりと崩れ、僅かずつ下方へと流れ、ついには山の形も活力も衰滅に至る。数ある湖の底には微震がつづき、湖底の泥や砂、みな攪乱され水を濁す。この山、この湖、なべて生きているかぎりは動き、動きが止めばすなわち死なり。山川草木に親しむ村人ら、日夜その種の実感より離れ得ず、あるいは自然の転変に人事を映し、あるいは超自然の事どもに天然自然の叫びを聞く。人びとは世にも不思議なる伝説を語り継ぎ、おそろしき化物さえも生みなし、みずから無軌道極まる振舞に身をまかす。里の奥の山蔭に洞あり、ここに夜な夜な壮健の男女ら相忍び、相手を選ばず獣の歓楽に溺れること久し。緑色の魔女の説かく生じ、かく流布し、もっぱら己の頽廃衰微の秘所を隠さんがための便法となる。これまた土地の名物、〝崩れ〟に他ならず」文中に見える「緑色の魔女」というのが、父の話では緑色のオオカミに変ったわけなのでございましょう。いずれにしても、子供には理解がおよばない話であったはずです。


翌日はインヴァネスを発ち東の海へ団子の形に突き出た半島を廻って、アバディーンに着きました。二時間余りの汽車の旅となりました。鉛色の空から霧雨が降り注いで、道ぞいに並ぶ御影石の建物をしっとりと濡らしております。どこか墓場の真中にでも佇んでいるような、薄ら寒い、やたらに淋しい気分に襲われたものでございます。

父はアバディーン大学キャンパスへ連れていってくれたのですが、大学のねずみ色の建物も、時計塔も、子供の私の身には何か巨きな墓石のように迫ってくるのでございます。構内はやけに暗くて、博物館入口という所には「本日電灯故障中」などの掲示が貼り出されておりました。大学すなわち偉大なる暗闇、とでも申しましょうか。

ひろびろとした明るい所へ解放されたくて、町の案内図を開きましたら、ペンギンのくちばしのように岬が伸びて、その突端には灯台があるということでした。私は灯台へ行ってみたいと思いました。

「魚市場には、どんな魚が揚がるんだろうな」

父はここで別の興味を振りかざしたものですから、毎度のことながら、私の希いが一直線に叶えられるはずもありません。そこでたちまち議論が始まります。父は根が頑固で、私はまた私で、一人息子の我ままがすっかり身に付いてしまっております。議論は議論をよび、あっちへ飛んだりこっちへ戻ったり、それはそれは尽きる気配もございません。

「灯台へ行こうよ。博物館とか古城とか、勉強はもうやめにしたい」

「いや、魚市場で北海の魚を見るのも悪くないぞ。見聞をひろめることにもなる」

「ほら、お父さん、また勉強だ」

「勉強なんていう軽薄なものじゃない。趣味の高揚さ。広大無辺の境に遊ぶ、といってもいい」

父は子供相手に難しい語句を遠慮なく浴びせてきます。私はもう慣れっこになっておりましたから、そんな高級理屈にはちっとも驚きません。父は、うーん、と唸って譲る気配もないのですが、こんなとき母はとかく、どちらでもお好きなようにとの消極的な態度に引きこもってしまいます。どこへなりと随いていきます、とにかく早めに決めてちょうだい、というのが母の十八番らしいのでございます。しかし不思議なことに、そんな母が今回ばかりは賢者の指揮棒を振ってあっさり結論を打ち出してしまいました。

「今日は灯台、明日はお魚でいいんじゃないのかしら」

鶴の一声と申すべきかもしれません。父は相変らずしかめ面をして、遠くに霞む御影石の建物の群を睨んでおりました。

「待てど暮らせどバス来たらず。駅まで歩いてタクシーをつかまえ、岬の灯台へと向かう。風が吹くばかりで何もないぞ、と運転手は同情するが、それで結構、と応じる。橋を渡り、ゴルフ場がひらけ、その先方に白亜の灯台を見る。なるほど、風が強い。丈の伸びきった草むらがあっちへ倒れ、こっちへ倒れる。草はらの末端は切り立つ断崖なり。車から降りて下方をのぞけば、潮の退いた岩場に釣人の影あり、また海鳥の観察を愉しむ人の姿あり。さらに車を待たせて灯台の周囲を歩く。北海の風、頬に冷たし。帰路、運転手はご苦労にも魚市場の前を走り、その所在を指差して示す。明日は魚市場見物なり」

翌日の父の記録がさらにつづきます。

「六時起床、七時朝食。晴れわたる空のもと駅まで歩く。荷物をロッカーに収めて魚市場へ。岸壁にシェトランド島行きの船を見る。港のそこかしこに、漁船の出入り忙し。魚市場では男衆が魚の入った木箱の縁に立ち、どら声たてて将《まさ》に競りの最中なり。誰も彼もが、木箱から木箱へと平気で歩き廻る。箱のなかの魚は、ほとんどが大小のタラ、他にカレイ、サメ、アンコウ、エイ、イカ、等々」

私は魚市場のコンクリートの床に氷の破片を蹴って遊んでおりました。そのかけらが、誤って作業中のおじさんの足に当ってしまうと、

「痛っ、たっ、た」

おじさんは潮焼けの赤ら顔を歪めて片足をもち上げました。それから、サッカー・ボールでも操るように、おじさんは氷のかけらを足先で右へ左へと遊ばせて、最後にそろりとこっちへ滑らして寄こすのでした。別のおじさんが、私にカレイの大きな一枚をくれたのには驚きました。その生魚をどうしたものかと迷っていたところ、

「有難く、いただきましょう」

母は笑いながらそういって、魚をさっさとハンカチに包んでしまいましたが、魚のその後の行方は果してどうなったことでありましょう。まさか次の宿のエジンバラまで、母がカレイをぶら提げていったようにも思えません。

アバディーンを十時前に発ち、ダンディ、セント・アンドルーズの町を過ぎてエジンバラに着い

たのは正午を少し廻った頃でしたか。エジンバラに到着する手前の所で、湾岸をまたぐ雄大な鉄橋を渡りましたが、これは開設百年を誇るフォース大橋なのだそうでございます。

エジンバラの名は、子供の私も以前から何となく親しみを感じておりました。黒岩の頂にそびえ立つエジンバラ城、映画で観た「宝島」の作者ゆかりの地、これら二つが私のエジンバラなのでありました。父もまた、この都には一方ならぬ関心があったようでございます。

「アボッツフォードを是非訪ねたい。バスの発車は午後三時、しかも途中で乗換えねばならぬらしいので、タクシーに乗らんとする。しかるに運転手は距離を調べて、料金が高いからよせ、と客の立場になって止める。四十六ポンド也とのこと。諦めてバスを待つ」

アボッツフォードは前世紀の詩人かつ小説家ウォルター・スコットの邸なのですが、夕方のバスが着いたときにはもう閉館の二十分前に迫っておりました。邸の管理人が切符を半額に負けてくれました。邸内を見物して何よりも驚いたのは、壁一面に釘づけされた兜や刀剣や銃のコレクションでした。スコット自身が古戦場にまで足をはこんで集めたという品々なのだそうです。ところが父は、そういう蒐集物には冷やかな視線を投げかけて、どういうものなのでしょう、書斎の真中に茫然と立ちつくしたり、食堂の窓辺に寄って溜息なぞついているのでございます。

「ああ、スコットは、ここで死んだ」

しばらくして父が独言のように申しました。窓の外には庭の芝生がひろがり、垣根を越えて緑の草はらへとつづき、ずっと先のほうには一すじの川が流れております。

「ツウィード川だ。スコットはあの川を遠くに眺めながら死んだ」

川岸まで下りてみようと父は誘うのです。しかし、閉館の刻限が迫っております。迷惑になるからと母が制止しても、父は馬耳東風で、どうにも仕方ありません。急ぎ足で芝生を横ぎり、草はらをぐんぐん歩いて、とうとう川岸へ下り立ちました。暮れなずむ岸辺の木立を水に映して、ツウィードの清流はさらさらと流れておりました。やさしい川のようでした。川岸から邸をふり返りますと、今や、いかめしい館の二階の窓に、川すじを望むあの食堂の間に、やわらかな灯のともるのが見えました。


「宿のすぐ前にバス通りが走る。バスを待つ人影二つ三つ。街路樹が早くも紅葉して、その色づいた葉々に細かい雨が降りかかる」エジンバラでは朝から夕刻まで霧雨のなかを歩き、旧市街の坂道を登ったり、古びた建物と建物のあいだをのぞいたりもしました。「ハイ・ストリートからキャノンゲイトを歩く。くさぐさの店が立ち並ぶ。ハントリー館見学。その昔、水を引くのに使った木管やら種々の警棒、原始の土器に石器の数々。ホーリロッド宮殿ではガイドに導かれて各室を巡る。王侯の血腥い歴史あり。次いでレディ・ステアズ館に入る。こちらはスコットが幼年期に遊んだ木馬、彼の小説を刷った活版印刷機、詩人バーンズの肖像、さらにスティーヴンソンの展示室あり」

父は道を歩きながら、相手が小さい子供なのに、文学だの歴史の話をしこたま聞かせてくれるのです。教師の職業病というものなのかもしれません。父の解説はおおかた忘れてしまいましたが、ただ一つだけ、グラスマーケットの処刑場趾を見たときのことが今も記憶に残っております。そのときの父の表情が、口をねじ曲げ唾を吐こうとでもするようなあの表情ばかりが、やけに生々しく目に浮かぶのでございます。しかし処刑場趾を歩いた一件は、父の記録には触れられておりません。

「妻子ともに健脚なので頼もしい。何マイル歩いたか知れぬが、泣言の一つとて無し。冷雨に濡れて辛いとも申さず。帽子や上衣に雨がしみこめば肩までが重くなる。その不平も聞かず。プリンシズ通りの店に休んで紅茶を飲む。先方、ガラス窓を透かしてエジンバラ城見ゆ。緑にけぶる夢の城か」

そんな一日のおしまいに、夜は身づくろいを済ませて某ホテルのディナー・ショーに出かけたのでございます。父は予約の際に案内のちらしを一瞥して、

「ふん、ジョンソン博士の泊ったホテルか」

と呟きましたが、そのことで厭だとは申しませんでした。雨のためにホテルまではタクシーを使いました。ディナー・ショーは「スコットランドの味」と題されて、フル・コースの夕食に土地名物の歌や踊りや器楽の披露、それにハギスの賞味までが付いておりました。タータンをまとった男女の五、六人が舞台の上で歌っては踊り、歌っては演じました。観ておりますと、気分が浮き浮きして参ります。母などは拍子を合わせて首を振ったり手を叩いたり、やたらに忙しそうでした。何しろ早いうちから音楽に打込んで楽器を演奏したり歌ったりしてきた母ですから、こういう催しには単純に反応してしまうものなのでしょう。そのへんも、父とは真反対の性格のようでございます。

「ふん、男がスカートを穿くなんて、気持のいいものじゃないな」

スコットランド古来の正装に父は理解を示さないようでした。そうかと思えば、タータンの下は丸裸であるのが正式だ、下着を付けてはならん、など注釈するのですから、父の理解の仕方はどうも方向が狂っているように思われてなりません。

「ねぇ、ほら、ほら」

母が父の膝を小突いて、注意を別のほうへ逸らそうとします。今や、舞台の上に、肩から胸のあたりを円やかにふくらませた一人の女性が現れました。彼女は観客一同にほのぼのとした微笑みを送り、やおら両手をお腹の位置に組んで、背伸びでもするかのように高い一声を発するや、歌が始まりました。一つ、二つ、三つと、いずれも愁いを帯びたスコットランドの歌がつづきました。さすがの父も、もはや無駄口を差し挾みません。

「声が、ねぇ、透明よ」

母は父に同意を求めるように囁きましたが、父は無言のまま何やら考え込んでいる様子なのです。眼鏡を押上げ、額をなでて、ついでに髪なぞかき上げて落着かないのですが、父の胸の裡は知るすべもありません。「北方旅記」にはこう記してあるのでございます。

「年増女のソプラノを聴く。声に甘味あり。嬰児《みどりご》を包みかかえる母の温もりに似る。中休みの折、後ろのバーでくつろぐその年増歌手に声をかけて、『スカイ・ボートの唄』を所望した。その唄なら知っていますわ、ええ、あなたのために今夜は特別に歌いましょう——と彼女。それは、それは

――と小生。御礼までに、とスコッチのグラスを勧めて乾杯」

父もこんなふうに無邪気になる瞬間があったわけでございます。仏頂面が一とき緩んで、あどけない童《わらべ》の顔がふっと浮かんでまいります。

「土地の呼名で何々とかいう小型ハープの演奏がつづく。ハープは実に女性の弾くものなり。白い、細い、しなやかな腕の弾くものなり。曲目は『ツウィードのせせらぎ』とやら。なんという音色であることか。胸奥に眠れる感情が一どきに目をさます。ああ、嗚呼……」こうなりますと、父はもう喜びのあまり前後を忘れんばかりの態でございます。父という人は、嗚呼《ああ》、なんと不思議な人なのでありましょう。そしてこの私にも、体内にかの父の血の何割かが流れているものか――と、この頃では、子供の時分をふり返りつつ考えることが多いのでございます。

第四章　スコットランド抒情の旅

ここに一人のプレイボーイ氏がいると想像していただきたい。四十男ながら、自分では永遠の三十代を気どっている。イタリア製の小麦色ジャケットに、海よりも青い細めのネクタイをきりりと締めて、その気弱な目つきを隠すためか、インクに浸したようなカルバン・クラインのサングラスなんぞかけている。

プレイボーイ氏は今、船ばたの手摺に半身をもたせて、ダンヒルの煙草をくゆらしながら、アバディーン港のねずみ色の建物に午後の陽が照りつけている光景を、さもつまらなそうに見ていた。その様子からして、彼は何か屈託するものがあったのか、あるいは今から何かが始まるのを苛々しながら待っていたのかもしれない。たとえば一時間後の船出を、船内レストランでの贅沢なディナーを、落日を流し目で見ながら飲む酒を、あるいはまた——。

プレイボーイ氏が二人用寝台付のキャビンを予約しておいたのは、むろん、雑多な客の群れを離れて二人きりで夜を過ごしたいと考えたからである。彼はぬかりなくも某女をロンドンから連れて来ていた。ぬかりなく――この前後を詳述すれば長くなるので、ほんの一言だけ申し添えておこう。プレイボーイ氏は海が恐いのである。子供のときに川で溺れかけて以来、水が恐くてたまらない。川でも海でもプールでも、足が立たない所は駄目なのだ。だから船で海を渡るなんて、考えただけでも鳥肌が立つ。せめて誰かがそばに付いて、やさしく宥めて、子守唄でも歌ってくれなきゃやりきれない。

それならなぜ船で出かけるような仕儀に至ったのか。これも一言ですませたい。シェトランドの島を是非とも見たいと思ったからである。島への飛行機便もあるにはあるが、飛行機はまた別の理由で、プレイボーイ氏としては恐くてたまらない。つまり、何とかに付ける薬はないというやつだ。

――船は定刻どおりに出航し、外洋に出てから早や数時間が過ぎた。プレイボーイ氏はキャビンのベッドの真白なシーツの上にあぐらをかき、一見びくともしない偉丈夫のように装いながら、内心はすこぶる落着かない。尻の下がゆっくり盛りあがっては深く沈む。また盛りあがったかと思えば、すぐさま急降下する。そのたびに全身から血の気が引いていくのだ。ときおり窓の外に詩的なまなざしを向けてみるのだが、果せるかな、目にとび込んでくるのは黒々とうねる恐ろしい波ばかりである。

「なかなか日が落ちないのね」

相手の女性はブランディのグラスを徐《おもむろ》に傾けながら、茫洋とひろがる海原に目を細めた。それから手首をそっと倒して腕時計をのぞくと、もう午後の九時を廻っている。

「さすがに北国ね」

プレイボーイ氏はふふん、と応じたばかりで、心ここに在らずといったあんばいだ。

「あなた、シャワーでも浴びたら？　仏像みたいに坐ってないで」

さては真実を見透かされたか、とプレイボーイ氏は慌てた。いくら空威張りして見せたところで、こちんこちんに固まっているのは誤魔化せないとみえる。

——い、いや、日没を見てからでいい。

と、またも本心を偽って、小卓の上のブランディに片手を伸ばしたところが、ぐーっと一つ大きく揺れた。来たか、と思った。プレイボーイ氏はグラスを握ったまま前方につんのめって、ああ、頭から転がり込んだその先が、女性の——。

＊

以下はかのプレイボーイ氏の旅日記である。帰りの船中で、あるいはそれにつづく車中にあって、もしも心臓麻痺に襲われ斃れる羽目になったなら、と万一のことを心配して書き記しておいたのであった。

六月二十二日、シェトランド島はラーウィク港、朝七時半到着。霧雨。寒い。船とターミナル舎をつなぐ長い通路を歩きながら、まずは誰もが、外の風景をちらりと一瞥して、長い船旅のあと海から陸に上ったときの最初の気分を味わうものだ。こいつはなかなかいい。ターミナル舎の階段を下りて行くと、階段のふもとに出迎えの人びとが群がっていて、なかには肩にかついだ大きなカメラなんぞこっちへ向ける者もある。有名スターのご到着というわけか。みんながその気でいる。我ら船客、誰もがくすぐったそうな顔をこらえてゲートを出た。

——寒いや。この島は、夏には温かくなるんだろうかねえ。

雨のなかを走るタクシーの女運転手にこう訊ねると、

「そう願いたいけど」

と、語尾を可愛らしくもち上げた。彼女は淡いピンク色の半袖シャツを着ているぐらいだから、ちっとも寒くないのだろう。

ホテルに荷物を置かせてもらったのはいいが、さて、どこへ行ったものか。早朝の町はしんと静まりかえり、細い道の両側に、黄褐色の石の建物が眠たそうにくっ付きあっている。細かい雨が風といっしょに斜めから吹きかかった。坂道を下って港ぞいの広い道に出たところが、ここでは海から吹く風もさらに遠慮がない。頭の帽子を片手で押えながら歩く。一緒に歩く連れの女のコートの裾がへらへら踊る。

路地のかたわらに一軒の小さな食堂をみつけた。やれやれ、とそのペンキの剝げ落ちた木戸を押した。生温かい店内にソーセイジの焼ける匂がこもり、狭いカウンターのあちら側では赤い紙帽子をかぶった島のねえさんが客の注文を受け、その後ろの調理場では、三人のおばさんが忙しそうに働いている。朝飯を食って仕事に向かう男たちが、どうやらこの店をひいきにしているようだ。

「はいっ、ブレックファースト、三丁!」

紙帽子のねえさんが高い声を張りあげる。

三人の男たちが、巨きな軀をもそもそ動かして立上がり、カウンターの呼出しに応じる。その手に持ち帰った大皿のなかには、黒光りのするソーセイジやら、肉厚の目玉焼き、湯気をたてるビーンズ、そして三角形のトーストが山盛りになっている。その大皿を木製テーブルの上にでんと置き、粗末なイスに腰かけて、男たちは黙々と食らう。飯を食うのに、これほど真剣な表情はあまり見ない。今から一日が始まるというわけだ。

大皿はみるみる空になっていく。茶《ティー》か珈琲《コーヒー》、そんなものは飲まない。もっぱら食うばかりだ。大皿を平らげてしまうと、男たちは所在なげに仲間らとぼそりぼそり雑談を交わす。ここで古びたパイプなりを取り出して食後の一服でも始めたなら絵になるところだろうが、しかし先ごろの法律により、公共の屋内にあって喫煙はご法度となった。いささか味気ない。男たちはテーブルに肘をついたり、天井を見上げたりしながら、ごそごそっ、と言葉を交わす。笑顔は皆無だ。やがて重い腰を上げ、紙帽子のねえさんに声をかけるでもなく、黙って店を出る。その背中に「満足《ハッピー》」の一語あり。

*

太古の人はよくもこんな所に居を構えたものだ。湖のむこう岸へ向かって地面が突き出て、その先端に、平石を丹念に積上げた大きな室《むろ》が見える。

「これがブロッホ。青銅器、鉄器時代の人間がこういう住居に棲んでいたのであります」

ガイドは教室の授業のような調子で語った。ブロッホはシェトランド島に百二十個も現存していて、はなはだ考古学上の興味をそそられるというお話だ。ともあれ、人はよくもこんな遠隔の土地までやって来て、風雨をしのぎ、食糧を確保し、外敵から身を守るための恰好の場所をみつけるものだ。

「……かくて島の人口が、現在二万三千人にまでふくらんだのであります。そのうちの七千六百人が首邑ラーウィクに集まり……」

ガイドの話は長い。以前の職業はきっと学校の先生だったのだろう。そんな印象が否めない。

しかし島とはいえ、ラーウィクの位置するあたりは中央本土《セントラルメインランド》と呼ばれ、島の南方が南本土《サウスメインランド》という次第で、双方あくまでも自ら「本土」を主張するから可笑しい。小さな島々が周囲に散らばっているところから、我こそとばかり殿様気分にひたりたいのも無理はないが。

「これから本土の南端へご案内しましょう。初期キリスト教の香りをとどめるセント・ニニアンズ・アイルの小島、サムバラ飛行場、それから、ええと、サムバラ・ヘッドの灯台、その崖にはパフィンやギルモットが群をなし、ええ、ああ、はるか海上に鯨の泳ぐ姿も見られ……いや、見られるかもしれません、オホン」

ガイドはマイクロバスに五人ぽちの観光客を乗せて出発した。五人のうち三人は知らない者どうしである。

「ほら、あそこに、シェトランド・ポニーが。あれ、まあ、寝ころんじゃって。まさか、死んでいるの?」

口紅を真赤に塗ってアヒルそっくりの初老の女性が、窓外の風物に一同の関心を促した。そんなにご自分の興味を押しつけてもらっては困るのだ。

実際、ポニーなどより羊のほうがいい。羊が緑の草っぱらに腹ばいになって、遠方に空しくひろがる海を茫然と眺めているなんて、なかなか風情があっていいではないか。これがもし絵であれば、「望郷」という題はどうだろう。いや、「失恋」というのも悪くない。

「ねえ、あなた、海鳥を見るのに双眼鏡お持ち?」

アヒルのおばさんが、隣の青年に声をかけた。

「ぼく、海鳥なんかどうでもいいんです。それよりも、岩ぶちに咲く小さな、小さな花たちが…」

青年の声までも細く小さく縮まっていくようで、どうにも聞いちゃいられない。

「花たち、なんていっちゃいけないわよ、あんた。あたしの趣味は匂だな。ピートの燃える匂を嗅いでみたいわァ」

次に口を出したのは大柄の若い女である。女の声を出すから女だとわかるような女だ。バスの道づれ、めいめいがそれなりの癖を発揮してくれて面白いといえば面白い。もっとも、ガイドの先生は五人を相手にいささか疲れ気味と見える。

「……皆さアん、さあ、飛行場に着きました。休憩しましょう。ここの茶房のビスケットは、すこぶる美味しいのでありまする」

*

午後は閑《ひま》になるのでご一緒しましょう、とホテルの給仕がいった。島の夏祭が波止場で盛りあがっているのだそうだ。野外店が並び、楽器がかき鳴らされ、酒も飲めるという。島の老若男女が物珍しげにあちこちから集まって来るというわけだろう。

「五時の船出までビールでも飲んで、ゆっくりなさって下さい」

と給仕は嬉しいことをいってくれた。波止場は近い。ホテルに荷物を置いて、我ら二人、ふうらり出かけた。

大きな天幕を張って、そのなかにイスや丸テーブルが乱雑に並び、前のほうには小さな舞台までが設けられている。後方のバーでギネスとテネンツの大グラスを買い求め、くだんの給仕君と飲んだ。ヴァイオリンが鳴りだした。

「たいへんな人出だね」

「毎日、これといって楽しみがないんですよ」

給仕は自分自身に引きつけて物をいっているのかもわからない。だから、よその国から客が来たりすると、つい嬉しくなってしまうのかもしれない。

「一杯飲んだら、店から店をちょっと冷やかしてみませんか」

店といっても、手作りのクッキーを売る店、手芸品を並べた店、肩掛けやら皮革製品をぶらさげた店、……その種の素朴な素人店が並んでいるきりだ。そしてそんな店々の前では冷やかし客の二人、三人が店番の女と談笑している。そののどかな風景をぼんやり見ていたら、でっぷり肥った男がこっちを向いて、やあやあ、という調子で近づいてきた。顔に見憶えはない。

「あなた、今朝がた、崖上の道を散歩していたでしょう」

そういえば、シープドッグを三匹引き連れた男と擦れちがった。互いに朝の挨拶を交したではないか、といわれて思い出した。

「あなた、海をじっと睨んでいたようだけど、何かみつけたの？」

「鯨が……」

「ほう、鯨が来た？」

これぐらい大きい奴だった、と両手をいっぱいにひろげて見せたら、わきで給仕が吹き出した。

「それはきっと、ドルフィンですよ」

肥った男は給仕を咎めるように、

「なんだ、おまえさん、勤務中じゃないのかね」

とテーブルの上のビールのグラスを指差した。

「うん、お客さんをもてなしているのさ」

と相手は涼しい顔で返す。男は大笑してむこうへ去った。

ビールのお代りをした。ラム肉バーガーも食った。これは旨い。クロフト博物館で買った冊子には昔の島人《びと》らの生活光景をとらえた写真が何枚も紹介してある。当時の人びとの息吹に近いものが、今ここに飲みながらくつろいでいても、ひしひしと感じられるのはなぜだろう。この感じは、現代のロンドンなどではまず望むべくもない。

＊

船はまた別の島に着いた。夜の十一時。夕闇に灯が燈されたのもつい先ほどながら、島の人たちはぼつぼつ寝支度にかかる頃だろうか。北国の夏の夜は短い。うかうかしていると、すぐ朝になる。それにしても淋しい所だ。だだっ広い土地がゆるい起伏をなす。白い一本道を、たまに車が黙々と走り過ぎる。

「ほら、聖堂の屋根がちっちゃく見えるでしょ。あれを目差せばいいの」

翌朝、街《まち》へ行きたいが、と宿のおかみに訊ねたところ、おかみはそんなふうに返事した。朝の道に人影はない。とぼとぼ歩いて行くと、右手に真新しい平屋の建物があって、カークウォール小学校、との看板が見える。小学校の前に、道を挟んで大きな池がひろがり、海鳥が飛ぶ。その先方にはまた、広々としたバスの発着所がある。しかしそこにバスは一台も停っていない。

聖マズナスを祀った聖堂の周辺が、さだめしこの町の中心といったところだろうか。東西南北に伸びる道を出鱈目に歩いてみると、洋品店、物産店、靴屋、パン屋、茶房、スーパー・マーケットと、さして珍しくもない店々が並ぶ。むしろ珍しいのは、こうして歩いても、酒場がまずみつからないことだ。町をあげて禁酒禁煙にこれ努めているとも思えない。なぜなら、スーパーではビールもワインもちゃんと売っているのだから。酒場がない代りというべきか、大の男が道端に立ってソフトクリームなど舐めているのをよく見かける。やれやれ、この町では酒よりも牛乳が好まれているらしい。

辛うじて一軒のバーをみつけた。いそいそと飛込んだところが、店内には只一人、町の兄《あん》ちゃんが所在なげに赤いジュースごときを飲んでいる。昼間から酒など呷るのは、とんでもない堕落とみなされているのかもしれない。しかしそれはそれ、一パイントの冷たいビールを注文した。別に変な顔もされなかったから、何だかよくわからない。ここは人口七千人を擁する島一番の町らしいが、人びとは日々の生活にいったいどんな愉しみを見出しているのだろう、と考えてしまう。余計なお世話だといわれれば、そのとおりである。しかし一介の旅人の目に、この町の風景はいかにも淋しい。

夕方、途中のスーパー・マーケットでオークニ・ワインの一瓶と、サンドイッチその他を買って宿に帰った。暮れなずむ夕べの窓辺に寄って、連れの女人相手にちびりちびりやるためである。かくあらばこそ、旅の一日も完成されようというものだ。

いつしか、ぱらぱらと雨が降りだした。風も出てきた。しかし空は明るい。近くの運動場で子供らの声がする。十時頃、外に出てみると、西空のちぎれ雲が黄金色にたなびき、どこまでもひろがる薄墨色の草原をわずかに照らしていた。草を食む牛の影はもう見えない。動くものは何もない。物いわぬ自然だけが一面にひろがっている。この世の始まりか、あるいは終末を告げるような、神韻縹渺たる風景だ。

＊

海風がやわらかに頬をなでる。遠浅の浜がひろがり、大きな弧を描いて前方の青海原を抱きかかえている。浜辺を人が行く。犬が走る。左手に伸びた岩鼻のふもとがフェリー発着の港スクラブスター、はるか右手の突端にはごつごつの岩場が、また土色の廃墟と化した古城の残骸が見える。午後の陽は燦々と、まるで早春の陽射のようにまぶしく、惜しみなく、あたり一面に降りそそいでいる。

町のはずれに小さな駅舎が、ぽつんと見えた。イギリス鉄道最北端のサーゾウ駅である。駅舎を過ぎて左側の坂道を登って行くと、ほどなく家畜の競売場があり、下方をふり向けば、家並のむこうに明るい海の帯がくっきりと横ざまに走っている。

「まあ、あの海の色ったら」

連れの女人が声を釣りあげた。海がばかに青い、尋常ではない、というのだ。

「よし、もう一ぺん下りて行ってみよう」

坂道を下り、また駅舎のわきを過ぎて、しばらく先へ進むと、図らずも今夜の宿の前に出た。自分の家の前を黙って通り過ぎるのも、いささか躊躇《ためら》われるというものだ。できることなら、お母さァん、ただいまァ、の一声ぐらい発したいところだが、それは叶わない。

「部屋へもどってワインを一杯引っかけていこう」

ここで一旦、燃料補給のつもりである。宿は別棟の平屋づくりで、外から扉の鍵をあけて好きなときに出入りできるのが有難い。それこそ自分の家に帰ったような気分である。室内も浴室も、申分なく広い。ソファにくつろいでワインなど飲んでいると、一晩だけでここを去ってしまうのが惜しい、まったく惜しくてたまらないという気分になる。

「さあ、海へ」

と連れの者がせかすので、これまた已むを得ない。むろん海の青も、もとより気になるところだ。

浜辺に向かって目抜き通りをぶらぶら歩いた。折しも日曜日にあたり、たいがいの店は閉っている。それでも町なかに生気が感じられるのは、なぜだろう。もしや海が、あの青い海が、何か、慈母の肌のぬくもりのごときをこの町に与えてくれているのだろうか。

聖堂のわきを抜けて、その先はもう馴染みの道だ。二度三度と同じ道を歩くことになる。そうしてまた同じ一郭に出て、色鮮やかな花々を集めた花壇のへりを廻り、古びた建物の煉瓦のアーチをくぐり抜けると、いよいよ眼前に海がひらけて、ほっとする。潮風がさわさわと吹く。

「ああ、また来たぞ」

しばらくぶりに古里を訪ねたような気分に誘われるから、いい気なものだ。犬を連れた老人が微笑をふりまいて擦れちがう。浜の小道を散歩する人たちは、男も女もみな上機嫌で、声をかけたり笑顔を見せてくれるから、こっちまでいきなり善良な人間になってしまう。紺碧の海に染められて、心の邪悪な部分——仮にそれが在るとして、エヘン——その部分がすっかり覆い隠されてしまうというわけだろうか。有難きかな、この海の力。

*

サーゾウ発六時五一分、これを逃がせば午後一時過ぎと四時過ぎの列車があるきりだ。妙なことに、最北の地でありながら、サーゾウが始発なのではない。東南の海辺の町ウイックを出発してサーゾウに着き、再びウイックの方向へ戻りながら途中で進路を変えるという。イギリスの鉄道はとかく複雑な方式を好むようだ。

これからインヴァネスに着くまでの約四時間、かくも北方の単線列車に乗る機会なんてそうそうないだろうから、ここで窓外の風景をとっくり眺めることにしよう。

——まず「途中で進路を変える」のは、ジョージマス・ジャンクション駅である。しばらく樅か檜の原生林が茂り、はたまたヒースの野がひろがる。人家も人影も動物の姿もない。

——四十分ほどするとフォーシナードに着く。駅前に白いホテル、他にも二、三軒の家あり。なだらかな起伏のヒースのひろがり、処々に草地が切れて小川あり、遠くに小高い山が見える。草はらには錆びた針金を渡した木の柵がつづく。目印も標示も、何ひとつない。突如、夢のように静かな池が現れる。山と青い空とを水のおもてに映す。ときおり野鳥が飛ぶ。さてまた平石を積上げて草はらの境界となす。青草に乾草の黄が混じる。はるかの空に白い綿雲が浮かぶ。

——二十分ほどでキルドナン到着。高圧線の鉄塔なぞ見える。小川の水、青黒く澄む。岩陰に鹿の一団あり。金色に燃え立つウィンの花に驚く。

——丘の中腹に人家が見えてヘルムスデールに着く。この先、線路ぞいに舗装道路が走る。野兎一ぴき、茂みに駈け込む。海が近いせいか、カモメ飛ぶ。岩山に羊の群れ、牧草地に牛や栗毛の馬。山が間近に迫る。石ころだらけの山道、また遠くには土色の丘。

——ほどなくブローラに到着。灰色の駅舎の壁に一八九五年設立とあり。ここは歴《れっき》とした町並でモルタルの家が目立つ。野に咲くピンクや黄の小花また佳し。

――八時半、ゴルスピー到着。しばらくして丘のむこうに黒いぼた餅岩見ゆ。山や林が近くに迫れば、さながら日本のローカル線の趣あり。草地を囲む木々の緑が濃い。ごつごつの岩山のへりを車が走る。

――ロガート到着の直前、家畜の競売場あり。駅付近に材木の山積み、丘陵に羊の群れ。線路ぞいに細い道がつづく。なだらかな丘づたいに車が通る。ヒースの焦げたような色、谷間の家の静けさ。やがてレアグに到着。

――白樺、湖水、古い灰色の館が見えて、ほどなくカルレインに着く。さてまた林間の細道に目をさまよわせれば、まもなくアードゲイ到着だ。アホウ鳥が線路をよちよち歩いている。左手に大河の流れ、それから河口が、また干潟が見える。

――テインに着き、五分してファーンに着く。巨きな水タンクやら、煙突の煙やら、そうしてインヴァゴードン到着。テニスコートだの停車中のバスを見る。いかにも人間臭あり。

――十時にアルネス到着。十分してディングウォール到着。聖堂あり、新築家屋あり。

――やがて平屋住宅がつづく頃にはミュア・オブ・オルド到着である。五分後のビューリでは川の流れに胸が騒ぎ、さらに十五分後、列車は終点インヴァネスのプラットフォームにすべり込んだ。

*

船着場の前の石垣に腰をおろして、しばし日向ぼっこである。動くのが億劫だ。町はあらかた見てしまった。海と山に囲まれた小さな町だから、さして見るほどの物もない。むしろ眼前にひろがる深い海の碧《あお》、岬の濃い緑、白壁にまぶしく陽があたるホテル、そんなものをぼんやり眺めているほうがいい。

「ここは、まるで夏みたい」

石垣に並んで腰をおろす連れの女人が、ふっと呟いた。そもそも、六月は夏なのである。陽射も強く、青空のもとに景色がくっきりと澄んでいる。夏の高原に海辺のリゾート地を重ねたような印象だ。後ろのほうで口笛がひゅーっと鳴った。広場のはずれに売店の小屋があって、小屋の前で男が犬を呼んでいる。黒い大きな犬が、ホテルの建物の蔭からぬっと出て来た。男は背を向けて歩き出した。すると犬はこっちに方向転換して、ひたひたと迫り、道草をくってやれといった調子である。

「だめよ、あっち、あっち」

そばの女人が男のほうを指差しながら、犬を叱った。犬は大人しくむこうへ去った。しかし、次は帽子を被った小柄な女が近づいて来て、

「もしもし、日本人の方でしょうか」

と日本語でいった。バスをお待ちなのでしょう、まだ時間がたっぷりありますわねェ、スカイ島へいらっしゃるの？　まあ、ポートリイへ。あたしたちも同じでございますわ、とばら撒いて女はわきに腰かけた。広場のむこうの縁《へり》に芝草が植えられ、松の木なぞも見える。そのあたりがバスの停留所であろう。停留所の標識の前に、帽子を被りリュックを背負った男が退屈そうに立っていた。日本人女の連れにちがいない。

「スコットランドは初めてでいらっしゃるの？」

女は閑にまかせてあれこれ訊いてくる。先刻の黒い犬のように大人しく去ってくれないから面倒くさい。

「あたし、何度来ても、このへんの地名の読み方に困ってしまうの」

とこぼして女は、折たたみの地図なんか開いた。ほら、ここの地名だって、あなた、読めます？

水を向けられたのは、こちらの連れの女人である。彼女は非常につまらなそうに、

「カイル・オブ・ロカーシュじゃないのかしら」

と突き放した。相手はいつまでもべた付いてくる。

「まあ、ロッホがロカになるなんて、発音がお上手だこと。たしか、湖という意味じゃなくて？」

この女は、本当のところ何をいいたいのかよくわからない。深入りしたくないから、知らん顔で海を眺めていた。海も、緑の木々も、ぎらぎらと耀いて目にとび込んでくる。風景そのものが、若

い、逞しいエネルギーにはち切れんばかりだ。

「……」

くだんの女は黙って立上がって、気が抜けたように停留所のほうへ歩み去った。話にならないと思ったのかもしれない。

*

一説に、スカイ島はかすみ立つ島といわれる。土地の無名詩人の一作に「かすみ」と題して、

窓のかなた
うち海ひろごりて
われ、心おぼる

あやしや鳥が飛ぶ入り江こそ
かすみまぶしつ
絵にもあらじ

あるいは、静かな美しい海にちなんでこんな一篇も見える。

朝《あした》の海に鏡張る
白ぬりの家並
はるかに映すべし
夕《ゆふべ》の海は引潮に
小貝ひろふ
をとめご、黒く

かくも風光明媚の地に住めば、誰でも詩人の真似事ぐらいしてみたくなるものだろう。島をあちこち案内してくれたガイドもまた、白髪まじりの頭を掻きながら、ひとつお愛嬌までにと自作を披露した。

プリンスは今いづこ
かすみうららの島影見つめ
女《をみな》の墓ひとつ

右に一片の注釈を加えるなら、プリンスとは王冠奪還のため決起したボニー・プリンス・チャーリーである。それを援《たす》けたのが土地の豪族の娘フローラ・マクドナルドであり、彼女の墓が、遠くアウター・ヘブリディースの島々を望む丘の上に立っている。プリンスとフローラのあいだには哀切のロマンスがあった、と伝えられて久しい。十八世紀七〇年代にジョンソン博士と弟子のボズウェルが当地を旅行した折、すでに妻となり母となったフローラにも面会している。彼女の伴侶は、むろんプリンスその人ではなかった。

スカイ島の西方にはまた、フローラとの縁《ゆかり》浅からぬダンヴィーガン城がある。フローラの娘が結婚してこの城に住み、フローラ自身もここにしばらく逗留した。くだんのプリンスがらみの品々は母から娘の手に渡り、今では城内の一室に展示されている。ときに、ジョンソン博士らはこの城でも歓待を受けた。

さらにまた、ユーイストの島々を遠望する丘の上に佇むと、かたわらの古家の軒先からピートの煙が流れてきて、何やら懐かしい思いに誘われ、ここでガイドの詩の一篇に報いるつもりで、

ピートの匂に
初老ガイドも童顔《わらわ》

と洒落てみせた。お陰でガイドとはすっかり親しくなった。スカイ島の北から西を大きく廻って

ポートリイの町へ戻ると、広場の黄昏《たそがれ》、バグパイプも高らかに、というあんばいである。一日の充実を感じないではいられない。

＊

海からの強風にあおられて細かい雨が吹きつけた。原野を走る灰色の道が一すじ、その道のかたわらに観光案内所の小さな建物がある。

「まあ、まあ、ずぶ濡れになりながら、ようこそ」

案内所の肥ったおばさんが笑った。行先を告げて、バスの時刻を確認すると、

「その大荷物じゃ、ご苦労ね。どうして車で来なかったの？」

と怪訝な顔をする。

「我らはそういう安易な旅を嫌うのですよ、奥さん」

「あら、まあ、そちらの小さなレディこそお気の毒ね」

おばさんは受話器を取って宿に連絡してくれて、バスが六時二十分にそちらへ着くから車で迎えに出なさいと先方に命じた。なかなか威厳がある。

「荷物をいっぱい抱えた中高年の男性と女性よ。二人共よれよれの恰好で見映えがしないから、間違う心配なし。じゃ、お願いね」

つづいておばさんは、事務所を閉じる時間だからといって、我らの荷物をさっさと自分の車に積み、バスの停留所まで運んでくれた。雨が一段と激しくなった。

「こうなると、ご親切が身にしみますな、奥さん」

「あら、そうお？」

おばさんはつんと澄まして、そんなのは当り前という顔を見せた。

停留所のガラス張りの蔭に縮こまっていると、目の前を黄色いマイクロバスが逆の方向へ走って行った。

「あれが、我らのバスじゃないか？」

だが時刻はまだ早い。バスは船着場まで行って、ふたたび戻ってくるのだろう。

「しっかり手を挙げなきゃ、置いていかれちゃう」

やはり思ったとおりである。黄色いマイクロバスが戻ってきた。急いで乗り込んで、「リノクレット(Lionacleit)学校前」と綴った紙片をたどたどしく読みながら運転手に見せた。運転手は、よし、わかったと応じた。

その後の顚末は、宿の近くのレストランでの二人の会話にうかがえよう。

「やれやれ、とにかく無事にたどり着いたな。さあ、乾杯！」

女もまたほっとした表情で、

「ほんとに、ひどいあらしねえ。親切なおにいさんに乗せてもらって大助かりよ」

と感激しながら、ワインをこくりと飲む。

「レストランはここだけという話だから、雨でもあらしでも出かけて来なきゃいけない」

「あたしのキノコ傘を見たので、おにいさんの車が止ってくれたみたい」

「これだけ厳しい自然に接して生きていると、人の心も温かくなるのか?」

「ぬくぬくの環境では、逆に人間が冷たくなるのかしら」

「……」

「けれど、バスの停留所に迎えに来た、あの宿の爺さんだけは偏屈者だぞ」

「あれはあれでいいのよ、だいいち、お客が偏屈者なんだから」

レストランのガラス窓に雨水が滝をなして流れていた。手持ち無沙汰の若い給仕が、窓の外のあらしを呆然と眺めながら立っていた。

*

だだっ広い野に風が吹く。風に逆らって、頭を前方に倒しながら、歩く。——まだか? いや、この辺でいいだろう。宿のお婆さんにバスの停留所はどこかと訊ねたら、そんなものはどこにもないし、どこにでもある、といった。つまり、道ばたに立って手を挙げさえすればバスは止る、ということらしい。

むこうの一軒家から、ずんぐりむっくりの男が出て来て、おい、おーい、と叫んだ。すると一頭の仔羊が、柵のふちにふらふらと近づいて、さも懐かしそうに男の顔を見上げる。男が頭を撫でてやると、仔羊はもっと撫でろとばかりに柵のあいだから白い頭を突き出した。へえ、驚いたな、羊は何歳？　と男に訊ねてみたら、生れてまだ三ケ月だという。――人間を恐れないんだね、友達のつもりなんだな――そうよ、こ奴はいい友達さ。

乾草色の軍用トラックが、あとからあとから数珠つなぎにつづく。島のどこかで演習でもやろうというのか。戯れに手を挙げたら、運転席に神妙に並んだ三人が一せいに敬礼した。――うん、非常によろしい。感心しながら、次のトラックにも、また次のやつにも手を挙げてやった。軍人はみな律義に礼を返す。

図に乗って、あとから来た赤いマイクロバスに手を挙げたところが、こっちは親切にも止ってくれた。いわゆる路線バスなのかどうか、いや、きっとそうに違いない、という思いで、ロッホボイスデールへ行くかと運転手に確認した。――ああ、乗りなよ――じゃあ、よろしくと乗った。他にも三人の客が乗っていた。赤い車が動きだすと、車内に島の民謡が流れた。

乗ってしまってから、気持にちょっと引っかかるものがあった。赤い車の頭部に「ロイヤル・メール」の標《しるし》を見たような気がしたのだ。もしや郵便車ではあるまいか、と心配になった頃、客の一人が、サンキュとかいって降りて行った。降りぎわに、運転席のわきの紙箱に小銭を抛り込んだ。

しばらくして、道ぎわに車を寄せて運転手が降りた。そこには赤い小さなポストがあって、運転手はポストに鍵をあてがう。なかから封書の束を取り出す。そうして、車に戻った。

ほら、やっぱり、と連れの女人が溜息をつく。こうなっては仕方ない、郵便の仕事に付合おう、と腹をくくった。女がくっくっと笑った。

白い一本道は百メートルおきぐらいに小さな瘤を付けて道すじをふくらませてある。右に左にと、瘤だらけの道だ。対向車と擦れちがうための車寄せに使われるわけだが、おかげで道が無恰好に見えてユーモラスである。道ぎわの野なかに、処々、黄色いアイリスの群落が見える。湿地でもないのに、とこれもいささか可笑しい。

ここで二、三分待ってもらいたい、と運転手が降りて行った。さる村の郵便局へ到着したらしい。連れの女人がこっちを見て、困ったような、情ないような顔つきで苦笑した。乗合せた他の旅人らは、何喰わぬ顔で正面を見すえている。彼らは外来者なのか、鉄の心を持つ人たちであるには違いない。

＊

エリスケイ(Eriskay)の山道を登った。右側には草はらがゆるやかに波うち、はるか下のほうに真白な砂浜の帯が見える。その先はエメラルド色の海だ。

——なるほど、この夢の島に漕ぎつけたというわけか。何でも、ほんの一にぎりの家来を引連れて来たのだそうな。

――ふう、ほんの一にぎりの……

道の左側はごつごつの岩が突き出た山の斜面である。岩蔭には魔物でもひそんでいるかのようだ。あちこちに羊歯《しだ》が生え、土は水気をふくんで泥と化している。

――ここら辺りもさ迷ったのかね？　こいつァ、厳しいわい。

――ふう、ふう。

しかしさらに道を登ると、岩場の只なかに、突然、目のさめるようなやさしいマリア像がこっちを見ている。

――大丈夫ですよ、ここは安全な土地ですからね、さあ、お楽になさって。

ボニー・プリンス・チャーリーはフランスから海を渡り、初めてこの島に上陸した。王位奪還の野望に突き動かされながら、とうとうやって来た。が、ハイランドの豪族にせよ民びとにせよ、王子を支援する者ばかりではない。敵方にまわる者も少なくなかった。結局、戦に敗れた王子は身を隠しながらハイランドの山中を彷徨《さまよ》った。

――なんだか、最初から危い綱渡りじゃないか。それにしても王子は、少数ながらいい側近に恵まれたな。彼らに救われたんだ。

――ふう、彼らに。

坂道の頂まで来た。さらにむこうへ下って行けば船着場に至る。このあたりは風が強い。はるか下方を見おろせば塩のように白い浜、そうして、うす緑に耀く海。

——浜のどこかしらに、王子が身をひそめた洞穴があるらしい。標識が出ているとか、店の女の子がいっていたな。

——それはそれで、もういいでしょ。この山と海を見るだけで十分よ。

——うん、まったくだ、王子に恋したわけでもなし。ときに奴さん、ひどい酒呑んべえだったそうな。

——こういっては何だけど、それほどいい人じゃなかったらしい。敗れたから、いい人間になってしまったって、お店のおじさんがいっていたわ。

——死に直面したから、切なくも美しい恋が生れたってわけか。

——おじさんもそういっていた。

——つまり、仕上げはフィクションていうことかね。

——……。

——人間はフィクションを作るのが巧いわけか。

——いいえ、拙いフィクションを作るほうが巧いのよ。

もと来た道を戻って、村はずれの店にまた立寄った。店番の若い女の子が微笑んだ。

「島ではどんな毎日を送っているの？　休暇には何をするの？」

「お金を持って遊びに行っちゃう。グラスゴーにね」

ああ、グラスゴーの一語に妙なるひびきあり。女の子は休暇の来るのを楽しみに、毎日こつこつ働いて金をためているのだろう。——その日々に幸あれ。

＊

東京ってどんな街かしら、と宿のおかみが車のハンドルを握りながら訊いた。

「旅人の勝手な印象をお許しいただけば、まあ、ここロッホボイスデールの正反対と思っていいでしょうね、何もかもが」

さきほど港の観光案内所で宿の場所を確かめたときも、係の親切なおばさんが、

「その宿なら、この人の家よ」

と、カウンターのわきに立っている中年女性を紹介してくれた。その女性、つまり宿のおかみは我らを車に乗せて荷物もろとも運んでくれたから、この偶然の遭遇ほど喜ばしいものはない。これほどの幸運には東京ではまず恵まれないだろう。

今夜の宿そのものもまた、ひろびろとした原っぱの只なかにあって清々することかぎりない。夏の陽はさらさらと照り、涼風が吹く。夕食のために港のホテルのレストランへ——当地唯一のレストランへと出向いた。途中、入江が細い川の流れのように切込んでいる所を通る。橋のかわりに小石を積上げて、白い堤防道ができている。おびただしい羊の糞などがこぼれ落ちているからには、

この簡易道をぞろぞろ通過してゆく羊の群があるのだろう。

白塗りのくだんのホテルは港の端にあり、湾のむこうにぬっと立ちはだかる山の恰好ときては、絵や写真で見る桜島にそっくりだ。かたわらにホテル創業者の碑があり、ポールに掲げた旗が風のなかで暴れている。こうも風が強いのは、桜島もそうなのかどうか。

レストランでは窓辺の卓に着いた。外はまだ明るい。もう夕食をすませたのか、五、六人の子供らがホテルの前でぶらぶらしている。とくに遊びに興じている様子でもない。コンクリートの縁に腰をおろしたり、何かしゃべったり、そこいらを歩いてみたり、なんだか寝る前の時間潰しでもしているようなあんばいだ。

そのうち子供らはレストランのガラス窓に額をくっ付けて、室内をのぞき、食卓の客の誰かれを指差した。その食卓のほうをうかがうと、若い男女が差むかいで黙々と食っている。卓上にシャンパンの瓶が冷やして置いてあるのに、そちらには全然手が伸びない。男も女も小ざっぱりした服装で鎮座して、どこか居心地のよくない趣である。しかしまあ、誰にでもあることだ。多かれ少なかれ、似たような経験が。

「よし、今夜は飲むぞ」

「今夜でなくたって飲んでいるくせに」

いや、そういうつもりでいったのではない。今夜で島ともお別れだ、明日は本土に帰る、つまり旅もこれで終った、と。

「いいえ、オーバンも、グラスゴーも、そのあとのロンドンだって、みんな旅です」

「ということなら、死ぬまでずっと旅だ」

まあ、物事をそこまで拡大しなくてもいい。やはり、今夜をもって旅はおしまい、だから、今夜はめでたく酔いつぶれなくてはいけないのである。

この島で手に入る食材がどんなものか、おおよそ見当はついている。それというのは、港の角にある只一軒の食品雑貨店を先刻のぞかせてもらったのだ。野菜も肉も豊富であるとは、まずお世辞にもいえない。それなのに――。

「このラザーニャ、とろっとして旨いや」

「あたしのこれ、この揚物、カニ肉が包んであるの」

そしてまたビールがいい。香りがある。

「おねえさん、このビールは何?」

「スカイ・カスク・エールよ、お気に召して?」

「ええ、ええ、とっても。おねえさんは島の人?」

「島娘よ、お気に召して?」

「ええ、え……いや、旨い」

しばらくして、食事もすんだ頃に、島娘のウェイトレスがまた近づいて、

「あちらのバーで今夜は生演奏があります」

と誘った。そいつはいい。ふと見れば、いつの間にかレストランの客がみんないなくなっている。あの沈黙のカップルも、そして冷たいシャンパンも消えてしまった。どこへ行ったのだろう。

「きっと、バーへ移ったのよ」

「そうかな、どうかな?」

「あたしたちも、ね」

つまり、我らも食卓を離れてバーへ移ることにした。ほの暗い室内のあちこちに、二人、三人と固まって飲んでいる。皿の料理を食っている客も見える。くだんのウェイトレス嬢は、今度はバーで動きまわっているから、レストランもバーも結局いっしょなのだろう。

「おねえさん、赤ワインを二つ、グラスで」

なかなか雰囲気のいいバーだ。のんびりした気分になって、ワインも調子よく喉を通る。

「あのお二人さん、やっぱりいないわ」

――何が、やっぱりなのか。しかし他人のことはどうでもよろしい。人それぞれだ。このワイン、やけに口当りがいいではないか。

「おねえさん、ワインのお代りを」

――どちらからお出でかな? とわきのイスに腰かけた男が訊いて、――日本、と応えると、男は安心したように表情を綻ばせて、

「懐かしいね。昔、神戸に住んだことがあるんだ」

それからまた、

「ずーっと昔、軍隊に入ってね、それで日本へ行った」

そしてまた間を置いて、

「神戸は良かったなァ、何だかわからないけど良かった」

と、ひどく嬉しそうだ。男は、ワインのお代りを是非とも奢らせてくれといった。

前方の壁ぎわでヴァイオリンが鳴りだした。それに合わせてアコーディオンが、キーボードが鳴る。頭をつるつるに剃った老人が、縦笛のごときを吹きだしたと思ったら、その音がバグパイプそっくりだ。合奏が盛りあがった。客の目がいっせいに演奏者のほうへと向けられた。ヴァイオリンの弾き手は初々しい青年で、真剣に楽譜を追っている。キーボードが若い女、アコーディオンが楽器さながらにずんぐりの中年男、そしてつるつる頭の老人が鳴らしているのは、あとで訊いたところ、電気バグパイプなのだそうだ。この老人は、ちらりちらりと客の表情をうかがいながら笛を吹いている。

音楽に乗って一人の肥ったおばさんが踊りだした。両腕を宙に振りあげ、大きなお尻で盛んに円を描く。客席からどっと拍手が湧いた。おばさんは陶酔しきっている。ダンスの相手を空想しながら、片腕を腰にぐるり、別の腕を肩に、と空想のパートナーを抱いて踊っている。

しかしここまでは、おばさんからすれば準備体操のつもりであったのかもしれない。あるいは、一同の注目を集めるための軽いデモンストレーションであったか。と、おばさんの太い腕がこっちに伸びてきた。摑まえられてしまった。引き出された。ボールのようにふくらんだその胸元にがっちり押さえ込まれた。音楽が軽快にさざめいて、二人の素人ダンサーを煽り立てる格好になった。おばさんはもはや空気を抱いて踊っているのではないのに、そのへんがまるでわかっていない。やみくもに腰をふり廻す。腕をひねる。手首をねじる。あっちへ三歩駈け出し、こっちへ四歩走る。ジャンプにステップ、さあターンだ、もう一つ逆のターン、ついでに二つ跳んで、ほいほいほい、と調子のいい掛声が熱い息といっしょにこっちの顔に降りかかる。いやはや、めちゃくちゃである。しかし逃げられない。さあ、まだまだ、サッサカサッサカ、と音楽が伴奏する。音楽に後押しされて、おばさんはやたらに熱くなり、ますます張切るのはいいが、相手のことも少しは考えてもらいたい。

酔いが全身に廻った。心臓も高鳴った。いよいよおばさんから開放されて席へ戻ったときには、室内のあちこちから爆笑のつぶてが飛んで来て、頭がくらくらした。

「いやァ、お上手だ。なかなかのタコ踊りでした」

神戸の軍人がいった。

「とんでもない、まるで駄目だね。君には素質がないな」

ふと気がついたら、つるつる頭の老人が横に立っている。老人はさらにつづけた。

「もしかすると、そちらのお嬢さんには素質があるかも知れん。どうかね、この電気パイプを吹いてみんかい」

お嬢さんと呼ばれたほうは、甚だ気を好くしたものか、つるつる頭からすぐに楽器を受取って、教えられるままに息を吹き込んだ。ところが、まともな音にならない。

「うん、まあ、一週間はかかるな。どうだい。わしの家で修業してみんかい?」

とんでもないことを持ち出した。我ら二人は明日の船でオーバンへ向かうのである。

「なァに、君はオーバンへ行け。彼女は島に残るさ」

と、つるつる頭は大笑いした。よしよし、この問題を考えるためには酒が要る。

「おーい、ワインのお代り。いや、グラスじゃない。瓶をもらおう」

島娘が苦笑しながら一瓶のワインを持ってきた。やっぱり可愛い娘である。

「おねえさんや、私といっしょに日本へ行かないか。君には隠れた素質があると見た」

「……」

島娘がもじもじしているので、代ってつるつる頭が反応した。

「なんだい、若いほうに鞍替えか。君もなかなかやるな」

老人は感動のあまり手を差し伸べてきた。やけに骨太の、がっしりとした手であった。

その後のことはよく憶えていない。十二時も廻った頃だったか、バーのみんなに別れを告げて、白く浮かびあがる夜道を帰った。入江が切込んでいる所の、あの堤防風の石道も、白くぼんやりと見えた。まぼろしを見ているような気がした。

翌日はまたいっそう猛烈な風が吹いた。港に打寄せる波も高い。寂れた波止場の道を二匹の犬が、あっちへ歩き、またこっちへと戻ってくる。耳の大きな白い犬に、毛の短い真黒の犬だ。たまに人がそばを通ると、ふらふら近づいて尻尾なぞ振る。

船が来た。地元の青年の奏でるバグパイプが鳴りひびいた。客らが、大小の車が、ぞろぞろと船に乗込んだ。と、見送りの人たちの固まるなかに、昨夜のダンスのおばさんが、あらぬ方角を向いて立っている。服装を替えても、軀つきからしてすぐ判るのだ。照れくさいので声はかけない。無言のまま、島を出る船に乗った。さようなら、ぐらいの一声をかけてやってもよかったかな、と後で思った。

*

帰路の船上にあっては、なぜかこのプレイボーイ氏、海の青、白い水しぶきにちっとも怯えた様子を見せないのである。そうして連れの女にむかって、微笑をふくんだ表情で、そっと胸のあたりを撫でおろしてみせるのだった。イタリア製の小麦色ジャケットの、その内ポケットには、右の旅日記が忍ばせてあった。

第五章　川のある町

一

町に、川が一筋流れていると、それだけで生活にロマンがあるようで、もしそんな所にずっと暮らせたならどれだけ幸せか知れない。せめて半年ほど、いや、二、三ヶ月なりとそれを実現させたい、そう思ってこの町へやって来た。ここはロンドン西方の郊外、テムズの上流へさかのぼること数マイルの小さな町である。

——あんな家だったとは、幻滅だな。大通りに直に面していちゃ、かなわない。閑静な住宅街というやつがいいんだ。写真ではそんな印象を受けたんだが。どうも写真と実際とはちがうようだから困る。玄関を入ってすぐの居間にしたって、もっとひろびろとしているかと思った。いやァ、とにかく失望したね。

早春の陽だまりに、終日為すこととてなく、川べりのベンチに水の流れを傍観していると、一艇の細いボートが目についた。八人漕ぎのレガッタ艇で、赤やピンクの半袖姿が点々と肩をつらねているのは、あでやかな女性クルーなればこそ、その息の合ったオールさばきは水面をかすめ、桜色に染めたブレードの先端をいっせいに水中へ落とす。モーターボートが伴走する。それに乗る鬼のコーチが太い声をぶつける。従順な乙女らはただ黙々と腕や膝を突っぱって舟を走らせ、川岸の遊歩道にぶらつく人びとは目をみはる。八人漕ぎが行き過ぎたあとには、舵無し四人漕ぎが、二人漕ぎスカルが、また一片の笹葉を浮かべたような一人漕ぎスカルがすいーっと鋭く切り込んで来て、またたく間に眼前を過ぎてゆく。みずみずしい乙女ばかりか、筋骨たくましい若者らまでがオールを操っているのは、もしや、いずこかの大学のボート・クラブでもあろうか。

——若いスマートな男性社員が目立つ店やら、女性だけで運営しているオフィス、年配のキャリア・サラリーマンが応じてくる所やら、ラフな恰好の若い男女がきびきび応対する事務所と、不動産屋にもいろいろあるようだ。たいがいは客あしらいが丁寧で、かたわらの椅子なんぞすすめてくれて、さあ、具体的な条件を聞きましょうとくる。紙だのノートだのをひろげて、こっちの名前から連絡先から、希望地域や家賃の上限、それに家具付きか家具なしかを確認してくる。まあ、面接試験を受けているようなものだな。その間、こっちは相手の誠実度を計り、あっちも客相の感触なりをつかむという次第だろう。やれやれ。

別の日、さて日曜日の昼前のこと、川べりにたたずみ、まぶしく照る早春の陽光に目を細めていると、川沿いの遊歩道を走り去るランナーのつらなりに出くわした。若い娘から白髪の老人から、男も女も、ノッポにチビに太っちょに、白い肌も黒い肌も、皆まちまちに身支度して、片手に水のボトルなど振りまわしながら、背中にはおかしな幟を突き立て、しかしいずれもが胸に白いゼッケンを付けてせっせと走っている。先頭と後方と、もうだいぶ差がひらいたらしく、あとからあとからランナーがつづき、シャツの背に汗のシミを黒く残したり、足運びがふらついていたり、なかには頭をがっくり落としたまま歩いてしまっている者さえある。町民参加のマラソン大会か。かたわらのベンチでしきりに拍手が湧く。応援の声が上がる。あっ、マミー、マミーと叫ぶ子供あり、見ればこの子、父親が押す車椅子のなかから一人の母さんランナーにむけて精いっぱいの声をぶつけているではないか。

――ひとつ、家具のことが問題だな。どうせ半年ほどで去ってしまう身とあれば、大きな家具など買いそろえるのは愚かしい。はじめから生活の品物を一通りそろえてくれている住居がいい。うん、それはそうなのだが。そもそも「家具付き」とはどういう意味なんだい。たとえば、台所に小さな食卓なんか置くこたァないと考える家主がいる。ベッドの枠は用意するけれど、マットレスや上掛けは自分で買ってくれという家主がある。鍋、食器、フライパンなど、借家人としてそんな品々まで要望するのはおかしいらしい。家主のなかには、数ヶ月で去ってしまう人間のために品物を買いそろえてやるなんて筋違いだという御仁もある。部屋の器だけ貸してやるから、あとは好きなように室内をデザインしたらいいとくる。まあ、短期入居を希望する外国人などには、そもそも貸間なんざ縁がないということかね。

川べりに白い建物のパブがあり、外のテーブルに陽除《よ》けをかざして客を待つ。川の流れに見入りながらこんな所でビールを飲むも愉快なりや。その建物の横ばらに石の階段が取りつけてあって、外側から店内へと通じているが、階段わきの標示を見れば、満潮時の避難用にとある。これだけの高みにまで潮が迫ってくるとは。急いで石の階段をのぼる大人や子供の姿がふと脳裏をかすめたが、一方では、川に沿うて先まで歩く人びとが見え、そのあとに随いていけばやがて人影まばらとなり、小道のかたわらに木製のベンチの肘掛けがほのぼのと温もっている。ひとりベンチにくつろぎ黙想にふける。気持の結び目がゆっくりとほどけていく。ときの経つのが気にならぬとは、なんと嬉しいことか。ところが、ひとしきり休んでから、もと来た道を戻るようにして川べりを歩いて行くと、いつの間にかテムズの潮が押しよせて岸べの草地を越え、歩道のかたわらを洗い、場所によっては膝下まで水に浸かるほどの深みをつくっているのだ。子供らは靴を手に、はしゃぎながら浅瀬を渡り、無謀にも自転車にまたがる青年は水の深みを走りきろうとして叶わず、ズボン濡らしながら自転車を押す恰好となった。冬から春にかけて、この付近のテムズは大潮に見舞われるという。

——いろいろ見せてもらったけど、貸間ひとつにしても種々様々だね。冷たい感じやら、ごたごたした感じ、不潔だったり、うるさかったり、息苦しかったり、実際に検分すればいずれも帯に短し襷に長しといったところかな。ぴったりしない物件が多いのはどうしたことか。そのうち疲れて妥協してしまうのがオチかね。

丘の頂きの、白茶けた木のベンチに身をくずして眺めれば、遠く、はるか遠くに、地平線をつたう森のつらなりが見える。はるかの水色の空に青黒い雲が筋を引く。ずっと手前には家並が、煉瓦の茶に白い窓枠を配した建物が、点々と、樹々を透かして散らばる。丘の下方のどこかしらに、緑を映す川の流れが蛇行していようものの、ここからそれは見えない。いきなり、野鳥の高いさえずりが耳を打つ。深い茂みの奥のほうから車の走る低いうなりがひびく。

白茶けた木のベンチは、それよりもっと白茶けた石の手摺を前方に見すえ、手摺は半月形にベンチをまもり、折々に小径を行く人びとの顔をかくす。驟雨が来た。キツネの嫁入りだ。濡れようが、この雨では濡れたことにならない。いざとなれば丘の背後に防空壕よろしき雨宿りの穴蔵が用意されているので、当地はいかにも安全地帯、雨など案ずるに足らずというもの。そうこうするうちに、陽が照りだす。川のほうから涼風が吹きあげてくる。この何も起こらない生活に、何もない生活に、さて何があるのだろうか。ひたすら待つ、それだけがある。

——あれを断ったんだから、仕方ないさ。あんなふうに、ぐずぐずいわなきゃよかった。あっちはあんなに乗り気だったんだから。不動産屋の若者だって誠実に接してきたじゃないか。でもやはり、こっちの気持に引っかかるものがあった。平々凡々の、どこにでもある町の生活というやつに抵抗してやりたい気持もあったようだ。あの若い店員には、すまないことをしたよ。あと一歩のところまで話が進んでいながら、いきなり白紙に戻してしまったわけだから。もし何かあって考え直すことになったら、改めて連絡ください、と彼の最後の一言。

突然の雨に見舞われるや、たちまちにして雲間から陽が射す。春先の天候はいつもこんな具合であるようだ。人びとはどうやら傘をさしたがらない。これぐらいの細かいシャワーには驚かないのだ。テムズの岸辺に沿ってベンチが幾つも置かれている。その背板には深く文字が彫られ、誰々の冥福を祈りて、何々、そして生没年とつづく。生前にゆかり浅からぬ親族や友人らが故人を偲び、ここに堅いベンチと変身せしめて半永久に遺そうというわけだ。亡き人の在りし日々を髣髴させる文句だろうか——"Don't sweat the small stuff."(小さな事にあくせくするな)とやら。

——バンクホリデーの月曜日というやつだよ。あれがそもそもの原因だった。若い店員と会うこともならず、事は中断された恰好で休止した。何たることか。気がせく。道ぎわの看板を漁ったり、インターネットのページをさらってみたりと、何かやらねば落着かない。すると、すぐ近くに手頃な家具付きフラットが貸しに出ているのを知った。よかったら見に来いというから、出かけて室内を見せてもらった。悪くない。この同じ通りに、先日も案内されて別の物件を見たが、それはちょっと気にかかる点があって断った。今回のほうが、まだいい。しかし翌日に例の若い店員と会う約束だったから、ここで即答はひかえ、重い足どりで帰って来たのだが、その道すがら、角の不動産店のガラス窓にきれいな部屋が紹介されていて、写真を見ると、ちょうど道むかいの小ざっぱりした純白の建物らしい。ちょっと気持が動かされたけれども、フラットは最上階の四階というので諦めざるを得ない。しかし、そのあとだった。あれには参ってしまった。ふらふら歩いているうちに、白い建物が夢のように建ち並ぶ小径に出た。その端の一軒に「貸し」の看板が突き立ててあったのだ。とにかくこの日はバンクホリデーなのだよ。翌朝一番に取扱い店へ出かけて行って、焦るようにして借家の室内を見せてもらい、焦るようにイエスと応え、そのあと、先に面談を約束したくだんの店へ出むいて若い店員に会った。そこで、きっぱり断った。後味が悪いったらない。

待つ。朝に待ち、昼にホテルを出て、午後はたそがれるまで待つ。メシを食い、一日が終る。陽が昇れば、同じように待つ。雨がふり風がふいても、やはり待つ。そうして、とうとう川のある町のフラットを手に入れた。――第一段階がめでたく通過しました。明日の九時以降に事務所へお出でいただければ、次の段階についてお話ができます。

――ハードルが幾つもあるのだよ。一つまた一つ、ホテルを延泊しながら待つことになる。待つとは、他によけいなことをしてはならず、事態の動きにいつでも応じられるように備えていなければならないものだろう。そんな折、以前の不動産屋の若者からメールが届いて、値引きのおすすめ物件が出たのでいかがでしょう、と新しい誘惑がとび込んだ。いや、ひたすら待たねばならん。やがて待つのにも馴れ、さほど苦にならなくなり、着々と事が進んでいくような気配すら感じられた。そうして、とうとう来た。――人物保証の確認が完了しました。ついては、木曜日に入居可能です。当日に備品チェックをして、鍵をお渡しすることになります。

木曜日は明後日である。ここへきて、なんと、やたらに腰が痛いのだ。ホテルを移るたびに大きな荷物を動かして、階段の上の部屋までせっせと運び上げてきたせいか。今更、腰痛で動けませんとはいえない。

木曜日は曇天の寒い朝である。そのうち霧雨となった。坂道の下の町まで六往復して、枕やシーツ、鍋や皿や、当面の食糧などを買い出した。ママ事遊びの準備をすすめているみたいで楽しい。心配した腰痛もウソのように消えた。夜はウイスキーを二つのグラスに注いで、おのれの影にむかって乾杯した。

二

老人が、ひとりセント・マーチンズ・イン・ザ・フィールド寺院の納骨堂カフェに黙座した。煉瓦をアーチ状に組上げた天井、それを石の太い柱ががっしりと支え、柱にしつらえた間接照明の灯りが静かに天井を照らしている。目の前には地上階からまっすぐに降りてくる急な石段が見え、わきに添わせた黒い鉄の手摺が濡れたように光り、四方をとりまく石壁の高所には小窓が、わずかばかりの外光を招き入れている。床は一面に大きな平石を敷きつめ、その石のめいめいには亡者の名と、生年没年と、この世に遺した言葉などが読める。

小さなテーブルを堂内いっぱいに並べて、人びとはここで茶を喫す。老人もまた、痩せた躰を狭い席にねじ込んで、石の柱に接した小卓にもたれつつ黙想した。頭のなかを駈けめぐるのは近頃しきりに見る不思議な夢の一件だ。なぜか毎夜のように死んだ家族の夢を見る。もちろん目がさめたあとで、もう死んでしまっている人だと知るわけだが、夢のなかではちゃんと生きている。オヤジは畳の上にあぐらをかき、団扇を使いながら、ゆったりと裏庭の泉水など眺めているではないか。ときどき足を組み替えて、しまいにごろんと横になり、昼寝用の竹枕なんぞ引寄せて大きなあくびをする。オフクロは忙しく立ち働き、食卓に近寄っては誰ぞにビールなど注いでやっている。ビールを飲んでいるのは誰なのかよくわからないが、どうやら上のアニキのようでもある。アニキは弾んだ声で何かいっていながら、話の内容はさっぱりわからない。家族のある日の一景を写した図といったところであり、実にたわいのない夢なのだが、いささか気になるのは、こんな絵図をしょっちゅう見せられるのである。

人は死ねば哀れみまさり、生前の声や姿が、また身辺の物品のひとつひとつが、今ここによみがえる。母のふとんを処分した日のこと、分厚い毛布を二枚三枚と重ねて、いちばん上の掛けぶとんはばかに重いが、それだけではまだ夜中のすきま風がこたえようというのか、ベッド台の縁づたいにタオルを細く巻いてつめ込んでいる。電気敷き毛布といっしょに、それらをみんな処分した。八畳の部屋のすみっこに黒やこげ茶のハンドバッグが放り出してあった。母もやはり女であった。

まるまると太った仔犬が、くねくねと尻尾を振りまわしてまつわりついてきた。茶色の温かい毛並みがこっちの脛にやわらかく触れてくる。丸ァるいぶどう色の目がぱっちりと見開いて、いかにもあどけない、無垢な光を投げかけてくるのだが、その可愛らしい目は、つぶらなその目は額の中央にただ一つあるきりだ。それでも愛くるしい仔犬には違いない。この犬をずっとそばに置きたいと思った。

母と息子の議論が嚙み合わないのだ。自分のいい分が正しくて、相手が間違っている。それを双方が等しく感じている。とにかく母としては、息子の幸せを願って、このまま縁談をすすめて良いかどうかと思いあぐんでいるわけだが、息子としては要らぬお世話、いや、ゆるせない妨害である。息子は極寒の山だの内乱の国だの、しばしば危険な旅へ出たがる性質だ。母親はいちいち心配でならない。しかし、その不安を呑みこんで黙っていると、そのときとばかりに息子は反撃してくる。なんと思いやりのない薄情な親であるか、と。

郊外の駅のトイレに入ったら、長身の若い男が、壁の鏡をひとり覗きながら、ファー、フーと奇声をあげている。しばらくむにゃむにゃ呟いたあと、またファー、フーとやる。こっちはそうでなくても小便がなかなか出ないのだ。思えば昔、道を歩きながらしょっちゅう後ろをふり返る少年がいた。五歩とすすまないうちに、しきりにふり返っては足元を確認して、ときどきぺっと唾を吐いたりする。そんなときには必ず入念に口のまわりを手の甲で拭いている。一瞬、この子の親の気持が電撃のように伝わってきたものだ。

——そのお齢では、まあ、珍しいことじゃありません、と担当医がいう。

——一度、お検べになっては？　と保険センターの受付嬢がいう。

——海外へ出られる際には検診をすませていただくことになります、とは誰のいい分であったか。

都心のさる胃腸科を紹介され、出かけて行った。口のほうからと、尻のほうからと、長い管を通された。

真実とは、ああ、真実とはいずれみなこうなのだろう。大英博物館で人間のミイラを見た。グロテスクな深海魚の干物みたいに口をあけて、枯木のような手や足をそのままくっ付けて横になっている。生前は勁くみずみずしかったであろう肌や筋肉も、今では枯木に垂らした汚い雑巾さながらだ。こうなっては、うるわしの乙女も、りりしき貴公子もあったものじゃない。この単純で、簡明な、あじけない真実に何か意味があるのだろうか。転じてギリシアの彫刻群を見れば、ひとつひとつに、耀くばかりの生命力がほとばしっている。冷たい大理石であるはずなのに、なんとふくよかな、温かい、指で押せば弾き返してくるような若々しい肉体であろうか。これはしかし真実とはちがう、真実を超えたあるものなのだろう。

過去とか歴史とかいうやつは、人の心に不思議な作用をもたらすものだな。たとえばワイト島に行きたいと思う。なぜか？　以前のうるわしい思い出があるから。過去の断片が心のひだに食い入って、忘れがたい独得の文様をつくり、それが、ああ——ワイト島の小さな波止場、村のバス停留所、カフェ、それからハイストリートなる一すじの道ぞいに、スーパーマーケットやら雑貨店、食堂、パブなどが建ち並ぶ。ウェスト・カウズとイースト・カウズのあいだに狭隘な入江があって、むこう側へ渡るために、浮橋と呼ばれるフェリーが往来している。大きな平底船に取りつけたワイヤーをむこう岸から機械仕掛けで引っぱるのだ。帰路は逆にこっちの岸からワイヤーを引っぱる。歩行者は無料だ。乗用車もバイクも乗る。船内の左右に設けられた細長いベンチに腰をおろしていると、三、四分のうちにむこう岸へ着いてしまう。さて、島を巡回する小型バスに乗って南のはしのボンチャーチへ行った。そこはまたしんみりとした村の空気が流れていて、こういう土地での人びとの生活とは、いったいどんなだろうかと思う。郵便局を兼ねた雑貨屋が一軒、道のむこうにぽつんと見える。

こうして、さまざまな絵が頭のなかを駈けめぐる。小卓の上に半分ほど飲み残したミルクティーはもう冷めきって、いい加減に食いちぎったマフィンの残骸は小皿の上に散らばっている。しかし、そんなことなど忘れてしまったかのように、それ以上に気になることでもあるかのように、老人はこの冷たい納骨堂のなかでひとり黙想した。

三

秋の日の花曇り、栗拾いのくわだてにはもってこいの日和となり、小さな女の子を連れてリッチモンド・パークへ出かけて行った。大きな栗の樹が、あっちにもこっちにも、淡い緑のぼんぼりを枝いっぱいに付けて眠っている。昨夜、丘を渡る風が暴れるばかりに吹いて、そこら一面、イガ栗をどっさりばらまいた。茶色のイガは古いから緑のイガを、しかも大きいやつを選ぶんだ、こうして両足で押さえこみ、棒先をぐりっと突き立て、ほら、出てきた。つややかに光る大粒の栗が頭をのぞかせる。それをつまみあげ、手の平にのせればしっとりと重く、ほろり、微笑がこぼれる。両足と棒を使って次々とイガを剝いていく。女の子はすぐに要領を会得して、敏速に事をすすめ、あれあれという間に上着のポケットは栗の粒でいっぱいになった。収穫だ、収穫だ、ばんざーい。

小道を先へすすみ、原っぱに出ると、あたりは丈の高い枯れた雑草の海となり、野道の半ばも枯草に埋れて先方が見えない。さて、生いしげる枯草ごしに、なんということだろう、猛々しい牡鹿の角が宙におどっているではないか。「パーク内には野生の鹿がうろついています。五十メートル以内に近づかぬよう」、そんな看板が入口の門のわきにあった。しかしこの野生の牡鹿を目ざとくみつけて一人の若者がカメラ片手に近づいた。かたわらの野道を行く人影が二つ三つと立止まり、鹿の雄姿に見とれているが、鹿は動かない。カメラマンがじりじりと近づいて三十メートルほどの距離にまで詰め寄った。それでも鹿は微動だにせず、もしや、この荒野の真っ只なかに造りものでも置いたかと疑いたくなる。さにあらず。鹿はゆっくりと頭をめぐらして背後に近づく人影に目を向けた。枯草の茂みの上から突き出ている肩や背中や頭、そしてもちろん、その雄大な角からして、実に立派な牡鹿だ。野生の鹿には五十メートル以内に近づかぬこと、少女の手を引いてこの場を去った。

ペンブローク邸の白亜の建物は、その清楚なたたずまいをもって緑濃い芝生によく似合い、ここの庭園には白布のテーブルを並べて日ごと結婚パーティが催される。街なかの大ホールなりを借りきって空しく大枚撒き散らす豪華パーティが片方にあるなら、こちらは静かに、小規模に、選ばれた趣味佳き知人友人のみ集めて、若い二人の門出を祝おうという。町はずれの高台にひっそりと建つこのペンブローク邸こそが、将来の二人の初夢を結ぶに願ってもない所というものだ。

この日、わざわざ女の子を同伴してペンブローク邸の奥のレストランを選んだのには、ちょっと訳がある。少女は私の死んだ母である。いや、母によく似た女の子といわねばならない。苦労性の母には人生の楽というものがタブーであったかのようだった。少女は、昔のそんな母である。何でも好きなものを食べなさい、と少女にいえば、ライスカレーがいいという。

見晴らしのいいテラスの一角に席をとり、下方はるかにひろがる秋の森から、うす墨色にながれる遠景、そのむこうには地平線が筋を引き、筋のひと所だけがわずかに盛り上がっていて、あれはウィンザーの丘だよ、見てごらんと少女を促す。曇天の空気のなかを風が吹く。そのうちに、注文した料理がくる。少女はカレーを食べて、ワインをすこしばかり飲む。昔の母にそっくりだ。

ここいらに多く見かけるブラックバードとピジョンがかわるがわるに飛び来たり、こっちの頭上をかすめ、客が立去ったあとのテーブルの上にとび乗って、あたりをきょろきょろ伺いながら、ふと思い出したかのように皿の上の食べ残しを啄む。ブラックバードはどこか卑しい感じがある。

来たときと同じ小道を帰った。すると同じ位置に、あの牡鹿がまだ見えていた。さっきからずっとここを動かないらしい。変な気がした。そぞろ歩きの男女が立止まって鹿を見ている。敢えて近づこうとはしない。鹿のほうでも、離れた所から、じっと人間たちを見ている。そうして驚くべきことが起こった。鹿はおのれを凝視する人びとにむかって威嚇するつもりか、一声、空に首を立てて、むおおーっ、と鳴いた。鹿の鳴声がまるで牛のようではないか。その瞬間、失望と同時に驚きを隠せなかった。鹿はその一声を残して枯草の上にどさりと倒れたのであった。角と頭の先だけが茂みの上にのぞいて見えて、鹿は動きを止めてしまった。

——ああ、鹿が死ぬよ、と女の子がいった。

——まさか、一休みのつもりさ。

——いいえ、わたし、知っているの。動物が死ぬときの最後の一声よ。

少女は郷里の祖父さんが死んだときのことを語った。それから、飼っていた愛犬が死ぬときの最後の雄叫びについて語った。人も動物も、死ぬときは同じだといった。

川のある町へ向かって坂道を下って行くと、道のかたわらに一軒のパブがある。入口の扉の上方に金文字でROUBUCK——牡鹿亭とあり、さらに上方、三階付近の壁面にはずっと大きな黄金の文字が輝いている——ROEBUCK。街なかのパブによくあるように、外壁いっぱい燃えるような花々を吊るして飾り立てることはせず、小さな宙吊りポットの二つ三つから、白と黄の小花が咲きこぼれているばかり。また外壁には楕円の銅板がとりつけられ、そこには一頭の牡鹿が、角ふりたて四肢おどらせながら駈けている。元気はつらつたる若鹿だ。

酒を呑み、呑むほどにまぼろし湧き立ち、まぼろしは何処へともなく、細く暗く、夜道のへりをさまよう。しんとしたこの秋の夜、この冷たい晩には、またいつもの奴がやって来るだろう。腹をすかせて痩せこけ、三角形に両耳を立てたアイツが、何か忘れ物でも取りに来るように、小走りに肢を動かして、舗道のあっちからこっちへと、停めてある車のわきをすり抜け、用心には用心を重ねながらやって来るに違いない。こないだも夜おそく帰ったら、青黒い空には白い綿雲が浮かび、雲は天空に止まって動かず、まるで洋上一面に漂う氷のかたまりかと見えたが、そこから地上に目を落とすと、オレンジ色の街燈の灯の流れる静かな夜道に、犬のようで犬とはちがう動物が見えた。舗道を鳴らす靴音に驚いたか、ヤツは玄関わきに置いたゴミバケツの蔭からとび出して去り、しばらくして静かになったところでまた現れた。忙しい奴には違いない。また別の夜、むこうの角を曲がった道ぎわに、大きな鉄のゴミ箱が置いてあり、奴さん、ゴミ箱の口に首を突っ込んでいた。ひょろりと痩せた、茶色の、童画にでも見かけるようなキツネである。川のある町のわが宿は、これを名づけて「キツネの宿」と人はいう。

四

日曜日、朝七時、霧、この秋の、川辺の風趣もまた棄てがたい。川はハンプトンの果てから流れくだり、キングストン、テディントン、トウィックナムと、ゆっくり蛇行しながら流れ、リッチモンドのあたりに達する頃には幾らか川幅を増し、しかも今日は一面に狭霧の薄化粧ときている。こんなにうるわしい、いや、なまめかしいばかりの貌は、この地へ来て稀に見るというべきか。静かな、冷たい、朝の川辺に嬉々として飛び交うは、カモメに鳩、そしてわずかながらに潮の匂がただよう。

むこう岸は、ぼんやりと舫う大小の舟、いまだ夜の睡りからさめず、かすかにその船主らしき人影が、品物をどけたり運んだり、もぞもぞと動いている。かたわらに古いアーチの石橋が川をまたぎ、アーチのむこう、遠くにのぞいて見える風景は、うっすらと霧につつまれて静もる。額ぶちの絵さながらに。

岸辺の草、朝露にしとど濡れ、濡れた草を踏みながら、行き交う人もまれながら、たまに犬を連れた主婦やら老人やら、霧のなかに笑顔ほころばせ朝の挨拶を投げてくる。つい、心がはずむ。心の闇に灯がともる。これをやや大げさに喩えるなら、遭難しかけた山中でとうとう出逢った人と人との感動的瞬間、あるいは人間に生れついたことを感謝したくなる瞬間とでもいおうか。さても後ろに建つ煉瓦のお宅の庭先には、赤々と燃える紅葉の枝、その朱い葉先がしっとりと濡れている。

こないだ、こんなことがあった。

ハロウィーンの晩は小さな躰をオバケ衣装にくるんだ子供らが、奇声あげながら家の前の道を駈けぬける。カボチャをくりぬいて目鼻をつけ、顔のなかから赤い灯がもれて、夜風に灯はチカチカ揺れ、そんなお飾り置いた家の玄関先で、子供らが背伸びしてドアベル鳴らせば、それを合図に奥から出て来た大人のオバケ、黒いトンガリ帽子をかぶり、手に抱えているのが大皿いっぱいの菓子ときて、小さなオバケの甲高い声がサンキュー、サンキュー、サンキューの合唱となる。ハロウィーンの晩はにわかに冷えこみ、さぞ明け方には、家々の並びに濃い霧がながれ、壁をつたうモミジ葉の赤や黄をぬらし、カボチャの目や口のなかへと霧はながれ、戸口の鍵穴の奥の奥までも忍び込むに違いない。

それから、こんなこともあった。

寒い晩に、まっ黒い空のどこそこから爆発音がとび散る。弾けてはひろがる色どりとてなく、うるさい音だけだ。テロリストどもが近くまで来ているのかもしれない。あんなに乱射して、子供じゃあるまいし、欲望が満たされないと、地団駄ふんで、大暴れする。いい気なものだ。夜の川は墨を流したようにどろりと流れ、アヒルの一種でもあろうか、腹のふくらんだ大きな水鳥が七羽、八羽と集い、黒い水の流れに逆らって泳いでいる。むこう岸のどこか遠くで、人目につかないどこかしらで、相変らず機関銃の乱射だ。ただ見えるのは、川の中州の大樹の上空に、細い鎌の刃をきらりと光らせて、三日月が冴えている。他はまっ黒い漆の空、ガイ・フォークスの夜である。

また、こんなことがあった。

冬は朝、川べりに出て、冷たい空気を肺腑のなかへと送りこむ。ひとーつ、ふたーつ、みぃーつ。十までやると、なぜかお腹がいっぱいになる。こうして始まる一日こそが、健康、充実、幸福そのものだろう。しかしこれは、ああ、これはやっぱり理想にすぎない。森の小鳥のさえずりにも等しい、美しい絵空事にすぎない。そうこうするうちに、川面がぬくもり、霧がほのぼのと晴れてゆく。朝のまぶしい光が鏡の水面を照らせば、ハトが二羽三羽こぞって水の浅場に降り来たり、羽をばたつかせながら全身にシャワー浴びて身を清めているのは、この鳥の綺麗好きなるゆえか。頭から脇の下、そうして下腹部にいたるまで、清潔を心がけねばならぬ。身だしなみということもある。今日はちょっと遠出をしたいから。

あるいは、こんなことがあった。

その日の夕べのこと、声を競っちゃいけないよ、と老いた指揮者がいう。ソプラノはとび出しすぎ、テノールは死んでいる、全体がまるで音の濁流ではないか、と彼は嘆いた。そんなふうに仰っても、と若い女性たちが旋毛をまげた。トランペットがこうまで汚い楽器とは思わなかったね、音が割れてしまっているじゃないか、とここで老指揮者は鼻腔をふくらませ、いちばん好ましいのは太鼓だね、ハレルヤを巧く駆り立てている、とうなずいた。トランペットと、その隣のチェロにダブルベースは、うな垂れてしまった。ハーレルヤ、ハーレルヤ、ハ、ハ、ハーレルヤ。ヘンデル自身、ダブリンで奮闘しながら、思いどおりに事が運ばなくて、どれだけ血圧を上げたことか。音楽は楽譜をもって完成というものではないだろう。その先がある。しっかりやってくれといいたくなるわけだ。楽譜から演奏へ、ときに犬と猿、両者なかなか折り合わぬ。かたや文学はどうかね。ロンドン中央の某劇場にて、サイモン・キャロー が「クリスマス・キャロル」をワンマン・ショーで演っていた。役者とは驚くべきかな、ディケンズの原典をみなソラで覚えている。よどみのないセリフ、一字一句たりとも誤らず、あとからあとから言葉が奔流をなして迫り、割れて砕けて宙に散る。しかし実は、そこに大きな問題があるのでは？　原作が文学である以上、それはすでに完成されたものじゃないか。完成されたものに手を加えるなんて、どうかね。ここにもう一つ別の「クリスマス・キャロル」が生れるだけの話だろう。してみれば、原作を一字一句まちがえず正確に再現してみせて、何が面白い？　観客も観客で、それに参ったとばかり感心するなんざ、そもそもがおかしな話だ。つまらん。文学作品の映画版、朗読、翻訳、みなそういう落し穴にはまりやすい。危ない、危ない。文学作品はそれ自体が完成している。あとはそれを超える第二、第三の似て非なる作品の誕生あるのみか。うん、そうだ、もしそうでなきゃ、チャールズ・ラムさん声をかぎりに、シェイクスピアは観るものにあらず、読むものなり、なんて訴えはしなかったろう。

別の晩にはまた、こんなことがあった。

「クリスマス・キャロル」の始めのほうに、この時節であればこそ貧乏人にはよけいこたえますな、という文句がある。まことにこの時節には、ロンドンの路上にホームレスの姿がよけい目につくというものだ。若者もいれば白ひげの老人もいる。男ばかりか、若い女までが石の壁を背に、いつまでもいつまでも坐っている。お尻が冷えてやりきれまい。骨盤が痛くてたまらんだろう。陽が落ちれば一層冷えこみ、彼らは為すすべもなく、そのままボロ毛布をかぶって倒れこんでしまう。終日そうやって同じ場所で、小銭が降ってくるのを待っていても、生活はいっこうに好転しまいと思うが、実際動けないのだ。幾日も飲まず食わず、風前の灯よろしき生命の炎をじっと見つめているうちに、とろとろと眠くなる、このまま死んでしまうのだろうか、うん、もう、それでいいや。しかしそのとき、耳のずっと奥のほうで、遠くかすかに、カチーンと音がして、霞のかかった目に、紙コップのなかへ落ちるコインがおぼろに見える。思わず口をついて出た一言が、メリー・クリスマスときた。いったい誰の声なんだ？　その声がふるえている。メリーでなんぞ、あるはずがないのに。

クリスマスの晩には酒を飲み、歌をうたい、大勢くり出してうかれ騒ぐ。そんなとき、暗い建物のかげに転がっているホームレスの、汚れきったその寝袋のわきに、なんと、ビスケットやらチョコレートの山が、そしてシャンパンの瓶までが仲よく並べて置いてあるではないか。この国に「クリスマス・キャロル」はそのまま生きている。God bless you!

五

正月気分というようなものはない。間延びしたような、長い休日がいつまでもつづく、それだけだ。町をぶらついても、ほとんど人影を見ない。道沿いの店々は戸を閉めて暗く、車の往来もまばらである。そんなところへ、今しがた一台の灰色の乗用車が走って来て、マークス&スペンサーの前に停車した。細身の中年女性が降りて来たと思ったら、足早に建物の入口へ近づいて、手にもっていたカップ一杯の熱いコーヒーを誰ぞに手渡して車へと戻った。車が走り去る。マークス&スペンサーの入口前にダンボールの板塀が入念に築かれ、その板塀ごしに、先ほど黒い腕が伸び出してきたのを見た。

川のほうへ道を下りてゆく。歩道の丸石が朝つゆに濡れてすべりやすいから、用心には用心が必要だ。とくに図書館裏の小道ときては、古いでこぼこ道で、もしやその昔、馬の蹄さえもすべって難儀したことだろうか。さて川の岸べに出て、しばらく川べりの道を歩いていたら、すぐ後ろでギャアと叫ぶ声が聞えた。サイクリング姿の男がタイヤをすべらせて、石畳の道にしたたか叩きつけられたのだ。大丈夫かね、石が濡れてすべりやすいんだよ、ずいぶん痛そうじゃないか。うーん、有難う。男はどこの誰か知らないが、正月早々に大転倒するなんて、縁起でもない。

川の流れをふと見ると、飾りをすっかり取り払ったクリスマス・ツリーが流れていく。濁流のなかを、ためらいもせず、どんどん流れくだる。土左衛門でもあれと同じ勢で流れていくのだろう。ツリーの緑の茂みから、ほら、白い手が突き出して、さかんに振っているじゃないか。それを岸べに舫うモーターボートの舳先にしっかと立ち、一羽のフェロン（シギ）がじっと見下ろしている。何あろうが、フェロンは一向に反応を示さないのだ。この世のことは大概つまらぬ、とこの哲学者はいうのである。そうして、ちょっとふざけ心が湧いてきたときには、片足を胸に引きつけて一本足で立ったまま、やはり世のなかをじっと見ている。これぐらいの藝当なんざ、わけないさと誇っているのだろう。哲学者の顔にはそう書いてある。小さな目がやにわに鋭く光る。

川べりの小道から町の方角へゆるい坂道がつづく。緑の原っぱに出る道だが、原っぱをとり巻く樹々はすっかり葉を落とし、そこへ霧雨までが吹きかかり、いかにも寒々しくうら淋しい。ところが裸の大樹の蔭の、濡れそぼるベンチに腰かけて、若い男がひとり、サンドイッチを頬張っているのだ。黒いTシャツ一枚の薄着姿で、ちょっと背中を丸め、さかんに顎を動かしている。ただ一人で、まわりを気にする気配すらなく。その身体つきが死んだ兄にそっくりなのだよ。どうしてこんな所に？　声をかけようとして、やめた。女は可愛いというよりも小憎らしいんだな、と兄はいった。本当にそうかね、とここでまた議論してみたくなった。とにかく図々しくてさァ、身勝手な女が多すぎるんだよと兄はこぼした。へぇー、そりゃまた、と突ついてやると、兄はさかんに自説を披露した。ああ、居酒屋ではよく議論した。だいこん、という駅前の店で。互いにまだ生きていることを確認するみたいに議論した。

正月の雑煮を食うよろこびに勝るものなし。大根に鶏肉《かしわ》を醤油のダシ汁で煮て、真っ白な切り餅を一つ、二つ、三つとすべり込ませ、ふと、このあたりで何か足りないものがありそうだと気づく。そう、三つ葉だよ。しかし贅沢をいっちゃいけない。何もかもそろわないのが今の生活というものさ。欠けたるもまた悦ばしからずや。うん、そうそう、絹のごとき真白き餅よ。さあ、食うぞ。餅は箸先にやわらかく伸びて、その熱い鳥もちを、目をつぶりながら口中に移す。その瞬間に何やらひらめいた。幼少期からこの老年に至るまでの、まぶしい人生の総齣が、長いフィルム状に連なって、フィルムのおしまいがやたら白っぽく光って、――そのまま老人は音もなく、どこへ行ってしまったものやら、数日後に発見され、検死にまわされたときには、老人の汚れた喉奥に餅の残骸がみつかった。

大寒ともなれば雪がちらつくのも珍しくない。母は大寒の朝に子を産んで、母は大寒の朝に死んだ。母の野辺送りをすませた夕べには、安ホテルの薄暗い食堂で、ごくろう様の一声をもって母に献杯し、忘れもせず、ひそかにわが誕生日を祝う。すると目の前に雪がちらついて、空はこんなに明るいのに雪が糸くずのように舞い飛んで、川は鉛色に冷たく流れ、雪を吸い込んでは嬉々として流れ、見ているうちに笑いが止まらず、インターネットの契約停止などいう、実にくだらない雑事にふりまわされ気持がささくれ立って、その気持をなだめようと近所のパブで一杯ひっかけ、ギターをざらざら掻き鳴らし声ふりしぼる歌なぞ聞かされたあとには、不思議や不思議、とげとげしい顔つきが好々爺の丸顔に戻って、流れゆく水のおもてに日々の恨みツラミも小さな影と消え、みんな笑ってすませば事もなし、ああ、めでたき哉。

今日はラグビーの日よ、と小さな女の子がいった。たしかに駅のほうから大男に大女に、爺さん婆さんから子供づれの父親母親までが、ぞろりぞろりと人の波に乗り、波はどこまでもつづいて、なるほどラグビー熱とはたいへんなものだ、しかしラグビー場は隣町のはずれじゃないか、いいえ、それぐらいは平ちゃらよ、途中のパブでハシゴして燃料補給しながら行くんだから、と女の子は自分も人波に加わりたいかのよう、ところが道のかたわらに灰色のジャージー引っかけて身を縮こまらせているのはホームレスの若者、この男は以前から気になって、一度うちに連れてきて風呂に入らせ、メシをたらふく食わせ、そうだ、酒も好きなだけ飲ませて、人生を語るなんざバカなことはやめ、ただにっこり笑って、このひとときをいっしょに過ごすだけでいい、それぐらいの親切があってもいいのでは、と女の子に提案したところ、イヤよ、イヤ、イヤとにべも無く反対されては仕方なく、せめてこのぐらい、とわが身にまとう臙脂色のセーターを脱ぎ、これは君のものだよ、オレにはもう用がないから、さあ、どうぞ、と馴染みのミスター・ホームレスに差出すと、ああ、セーターですか、もう春が近いから、と遠慮するので、しばらく押し問答がつづき、ふと低い石垣のむこうを見たら、黄と紫のクロッカスが縦長の蕾をきりっと立てているのが目につき、そうか、もう春だな、といっしょに随いてきた女の子の手を引きながら川辺に降りると、早春の川ここにあり、との万感胸にせまり、川の流れはサラサラ、スルスル、チラチラ、チカチカ、シワシワ、ムクムク、といろんなオノマトペを当てはめようとして当てはまらず、むこうのアーチの石橋付近を見つめれば、川面に白いまだら筋が湧き出て、それが光のぐあいで消滅すると手前の水がまぶしくきらめき、岸辺の小舟や樹々の影をほのかに映したまま、薄氷のおもてがいちどきに川下へと動き、孤独な一羽のアヒルが泳ぐ航路もまた白く筋を引く。

冬枯れの小道はつま先上がりにうねうねとつづき、花壇の花々も絶えて今はむなしく、そのかたわらのベンチにしばしの休息をとり、ふと前方の切り株を見れば、憎らしや、森のリスが横目を使ってこっちをうかがい、どういう了見か、一歩また一歩と近づいてくるではないか。靴音をたてて追い散らしてやると、奴は大きく飛びのいて、黒松と一位の木のむこうの細枝に飛びつき、その枝先をしならせたのを合図とばかり、あたり一面に細かい虫が飛散して、それを見て驚いているスキに、黒い毛並みのつややかな猫が忍び寄り、ひらりとベンチの上に身を躍らせた。

先方の洞窟には小さなテントが張られ、黒人女のホームレスがそこに棲み、長い一日の時間をどんなぐあいに消しているものやら、夏のある日のこと、さすがにテントのなかは鬱陶しいとみえ、夕風さわやかな外のベンチにくつろぎ、いつの間にか顔見知りになった話好きの老人と人生問題の何がしかを語り合っていたっけ。洞窟わきの壁ぞいに這い上がるジャスミンが、甘い香りを風に乗せてロマンチックな雰囲気を演出してくれたのはよかった。あの夏の日が恋しい。

夏の日々を脳裏に再現させせようものなら、日照りのときをねらって、海辺の浜のまぶしい砂の上を歩いてみればよさそうだ。遠浅の海はなんという極楽浄土の色合いか。緑がかったミルク色、これをひとつ目が痛くなるほど凝視してみようではないか。さまざま想うところあり。ミルクの波は大きく盛り上がって頭《こうべ》を垂れるや、波の横腹に緑の影をつくり、影は次第に濃くなり、渚めがけて一目散に走って来るかと思えば、それに追いすがらんとする小ぶりの波が、幾重にもシワを際立たせ、老いたシワを白く小さく折りたたんだあとには、まだらの泡を打ちひろげ、泡はするすると渚にすべり寄り、浜に白い簾の筋をひろげる。波が寄せれば風が立ち、波はよけい青みを加え、鎌首もたげた波頭には鋭い刃先を光らせ、そうして、幅広の刃物がバリバリと音たてて横ざまに割れるにつれ、白い泡の筋がこっちへ駆けてくる、駆けてくる。なるほど、自然は〈くり返し〉で成っている。同じ動作の反復飽きもせず、そのなかに微小の変化あり、たまに荒れ狂ってみたり、跳び上がってみたり、しかしながら同じ動きだけは、いつまでたっても同じこと。広い浜辺に一羽のカラス在り。

ぼつぼつ五幕のおしまいにも近い。もういっぺん第一幕から順にふり返ってみたいと思うのだが、しかしそこで有終の美を飾ろうにも、次のごとき他愛ない話がとび出しては詮もない。川のある町へ来て、いちばん旨かったものは何？　と女の子に訊けば、冷たいUDONだそうで、これは町のスーパーで手に入り、ツユも瓶入りを買うことができるから手軽なメニューとなって重宝この上なし、それから、他には？　カツ丼、ああ、そうか、母さんの思い出につながるのだな、母さんが取ってくれた出前のカツ丼だろ、病院の一室で、秋の弱日が窓をやわらかく染めていた、うん、それもいいや、それから？　ええっと、うーん、わかんない、と女の子が応えると、どこか近くで家の修理でもしているのか、金槌の規則正しい音がひびいて、あとはのどかな、昼下がりの静寂に早春の陽射しが照るばかり。

第六章　テムズのほとり

源流を訪ねて

テムズは彼方、果てしなく、何々、――と古来風流の士は舟を漕ぎ、足腰を励まして旅に出た。岸辺のみどり絶えもせず、楡、櫟、柳の枝々は水辺に黒い影を落とし、影はさらさらと風に揺れる。折しも天上より陽が射せば、川面いちどきに耀きわたり、水辺の景色は忽ちによみがえる。しかしそれも束の間、流れる雲が地上に薄ぎぬのヴェールを打ちかぶせたと見るや、周囲一面、はや暮れどきの静けさに包まれてしまう。

いま旅の孤独を慰めんと、ジェローム・K・ジェローム作『ボートの三人男』を膝元に繰れば、なんとこの若者ら、ハマスミスの岸辺からボートを漕ぎ出し、テムズを蜿蜿と遡ってオックスフォードに到着するなり、あっさりボートを打っちゃって汽車にとび乗り、ロンドンはパディントンへと舞い戻ったではないか。すなわち、オックスフォードより西方へ、テムズのずっと上流へと彼ら三人の興味また忍耐心が持続することはなかった。「ボートのやさ男、三人組」とでもいおうか。

それからすればオックスフォードの数学講師チャールズ・ドジソン先生ことルイース・キャロルは、やさ男の風貌を顕わしながら、どうしてなかなかの曲者、いや曲者じみた才人だ。先生はピクニックと称してクライスト・チャーチ学寮を抜け出し、小さな女の子たちを舟に乗せ、ゆるりゆるりとテムズを遡るにつれ、夏の陽射しに吹く川風、汗ばむ肌にもやさしく、折々に幼女らの明るい歓声をよぶ。ゴッドストウ付近まで来て、ここらで一休みと陸に上り、涼しい緑蔭にお茶会としゃれたあと、幼女らもぼつぼつ眠気に誘われる頃、先生、好機至れりとばかりに得意技をくり出した。夢物語の一滴、また一滴を聴き手の小さな耳穴に注入してやったのだ。かくて『地下の国のアリス』が成る。

ゴッドストウは古色蒼然たる石橋が美しい。両岸の樹々も一段と色を深め、みどりに濁る水中には大きな鱒が棲むとやら、ふと目を移せば、川のほとりに“TROUT INN”(鱒亭)の看板が立ち、看板のなかの魚が宙に跳びはねる。キャロルの一行はこの先どこまで川を遡ったものか知るすべとてないが、作中のアリスが夢から醒めてお姉さんの傍に戻ったように、夢みるボートの旅人らも、ふと気がつけばクライスト・チャーチの塒《ねぐら》に帰っていた。

一方、そう易々と帰らなかったのは、もっと烈しい情熱に燃えたウィリアム・モリスである。社会改良を夢みるモリス、藝術と人生の合体を夢みるモリス、夢を夢みるモリス、そのモリスはテムズを愛した。川辺の村ケルムスコットに居を定めて晩年の二十有余年を過ごし、ここにおのが夢の花ひらくのを追いかけた。灰褐色のコッツウォルド石を積上げた館は、見るほどに重く激しく、何やらずっしりとのし掛ってくるかのよう。モリスはベッドも椅子も食卓も、窓のカーテンからテーブル・クロスから、小机も便器も、生活のすみずみにまで手作りの創意工夫をもち込んだ。内から溢れるものが、さながら嬉々として身辺におどり出た。そしてここに一人の不思議な女性がいる。モリスの文学と藝術に火をつけて、ついにモリスの妻となった村娘のジェインである。モリスはジェインを深く愛したが、他にもう一つ、ジェインを見つめる別の眼があった。ラファエル前派の詩人かつ画家として脚光を浴びたダンテ・ゲイブリエル・ロセッティが、モリスとの友情に惹かれるままケルムスコットへお邪魔して、くだんの館に同居した。何たることか、ロセッティはジェインの妖艶な美貌にのぼせて、彼女の裡に、絵のモデルとして当世稀なる理想の極致を見た。それだけならまだいい。ロセッティは一介の絵描きに、またジェインは単なるモデルの役割に止まらなかった。まことに奇妙な三角関係が、このあたりから始まるのだが、奇妙というわけは、三人のいずれもがめいめいの振舞いに干渉することなく、つまり自由奔放な男女関係を黙認し合っていたのである。しかもロセッティにはエリザベス・シダルという婚約者があった。

エリザベスもまたロセッティの絵のモデルとして画家の制作意欲を刺激したが、やがて結婚から出産(死産)へ、そうしてときならぬ己れの死へと転落していった。ロセッティは発狂すれすれにまで落ち込んでしまったが、男女の交わりとは、むろん一部の男女にかぎるだろうが、かように濃厚熾烈というべきか。ケルムスコットの館にしても、川の流れる自然ゆたかな「くつろぎの里」（モリスの言）どころか、人間情熱の業火が燃えさかる異様な劇舞台であったはずであり、ただ堅牢な石壁のおかげで、内部の様子が見えなかっただけなのである。

ケルムスコットよりもやや上流にレッチレードという、これこそのどかな、うるわしい時間の流れゆく小さな町がある。この地にて、テムズの岸辺ではカフェにレストランに人びとが集い、昼のひとときを愉しんでいる。川幅はさほど広からず、だがそれでも、細長ボートが滑って行くのには充分だ。船着場のあたりには水面に柳の影を乱して白鳥が群れ集まっている。むこう岸を見やれば、どうやら灌木の帯を透かして広大な草はらがどこまでもひろがっているらしい。何より有難いのは、この身を包む静寂と、燦々と照る黄金の陽光と。

「なぜコッツウォルドと呼ぶか、知ってるかい？」

とタクシーの運転手が訊いてきた。名称のいわれでも教えてくれるのかと思ったが、しかし何のことはない。

「コッツウォルド石が採れるからさ」ときた。

これでは説明にもなりゃしない。しかし、この答ともつかぬ答を真面目に披露してくれるあたり、運転手にはむしろ親近感を覚えて、明日またどこかへ連れていってくれたまえ、よろしく頼むと返したのである。

「よしきた、世界一美しい所へ案内しよう」

聞けば、カースルクームという村里がお薦めとのこと、イギリス人なら誰もが住みたくなる所なのだそうだ。チッペナムの先の山中にあるというから、テムズを遡る旅人にとって、当初の目的から大きく外れてしまうのが悲しい。返答にまごついているうちに、

「川なんざ、あとからゆっくり見りゃいいだろ」

という調子で押し切られた恰好である。頭のなかの時計が別の働き方をする人間とは、どこの国にもいるもので、またそ奴に妥協する人間というのもたくさんいる。ああ、我はその後者寄りなのかもしれぬ。

翌日になった。谷間に眠るまぼろしの村、と運転手が形容したわけではないが、カースルクームへ到着したときの第一印象はそれに近いものであった。昼なお暗い原生林をうがつ切通しの急坂が下っていて、タクシーはその狭い道を下りてゆく。どこまでも下りてゆく。突然、森を抜けて広場に出た。そこは村なかの道が四方から集まる広場で、広場の中心点に四角錘のスレート屋根をかぶせた四阿ふうの石造りが見えた。四隅にはゼラニュームの朱が燃えている。むこうに教会があり、教会わきの戦没者の碑はとがった卵形の石に鉄の十字架をあしらい、そこには白文字で「忘れるなかれ」とある。周囲に橙色のアジサイが固まって咲いているのも奥ゆかしい。

細い道の両側にはコッツウォルド石で固めて切妻屋根を付けた二階建ての家並がつづく。陽のあたるその石壁は灰色に際立ち、かたや影を背負った家々は黒々とした煙幕のなかに佇む。魔法の国か、この世ならぬ異界にでも迷い込んだかと思う。とある家の出入り口には小さな表札が貼りつけ

てあって、わずかに凹んだ窓辺に赤や紫の花の鉢植えを吊るしたりして、魔法の国の住人の気配がそれとなく感じられるのだ。急勾配の屋根に石造りの家、その背後には森がひかえ、また梁を露出させた白壁の家、そこには暖炉の煙突が突き出している。まるで御伽の国の趣ではないか。

村のはずれには清らかな細流がさらさらと流れ、古い石橋を渡れば、先方の森蔭に何々ホテルの目立たぬ看板が辛うじて読める。その道をふたたび戻って広場までやって来ると、当初から気づいてはいたのだが、広場のわきの酒場の外席に幾組かの男女が憩い、そこだけがぽっと光を受けて、静まりかえった村の一ヶ所に明るい炎を点じている。男も女も短パンにサンダル履きで、サングラスをかけ、上半身は能うかぎり肌をむき出しにしながら、ときどき言葉を交わしたり、テーブルの飲み物に手を伸ばしたり、抜けるように青い空をふと見上げたりしている。とくに何をするでもなく、時のたゆたいに身を任せながら、それでいて微塵も退屈を感じていないらしいのだ。なんという贅沢な生活であろうか。この甘美な日常に身を置くことができるものなら、この不思議な桃源郷の蜜に酔えるものならば、ここへ移り住みたいと願うのもわからなくはない。そう思いながら、日照りの椅子にそり返っているカップルたちを見ていたら、あちらの皆さんもいっせいにこっちを見た。気の迷いでもあろうか、彼ら男女が、ことごとく魔女魔人の相貌と映ったのである。

ぼつぼつ山から出て、川のほうへと戻らねばならない。スウィンドンから西へ向かうバスに乗ると、二、三十分ほどでクリックレードという所を通る。あちこちに大きな池が散在する自然公園を窓外に見て、さらに西へ向かえば、いよいよサイレンセスターの教会の塔が建物と建物のあいだから頭をのぞかせるのだ。蜂蜜色に耀く立派な四角の塔である。古代ローマの軍鼓のひびきが聞えてくるような、そんな古い町並を眺めていると、古代から現代に至る時間の懸隔などつい忘れてしまう。しかしながら、いつまでも忘我の境にひたっているわけにはいかないのである。肝腎の目的があるのを忘れてはいけない。この町からほど遠からぬ草原のむこうに、テムズの源流があるというではないか。

サイレンセスターの隣にケンブルという村があって、ここには列車が通じているのだが、すこぶる鄙びた村里ゆえ、通常ダイヤがいきなり運行中止になることも少なくない。田舎ではどうしてもタクシーに頼らざるを得ない道理だが、そのタクシーにしても、ふんだんに用意されているわけではないから困る。ケンブル駅前で他の客と相乗りを決めたまま、一時間待ってやっとタクシーが来た、なんてザラにあること、ケンブルは期待できない。テムズの源流を訪ねるにはやはりサイレンセスターから攻め入るに如かず、とホテルで予約してもらったタクシーに乗り込むと、運転手は当地生れの元気な女性ドライバーである。ほど経たぬうち、雑草の茂る一本道のかたわらに車を止めて、

「ほら、そこの柵越え台(stile)をまたいで、ずっと先へ行くんよ」

「トウモロコシ畑を?」

「そうよ。まあ、三十分もあれば充分でしょ。またここへ迎えにきてあげっから」

そういい残して運転手は去った。ここまでの運賃を求めないところから、三十分後には必ず戻っ

て来てくれるにちがいない。こっちも約束を裏切らぬ、まともな客だと信用されたわけだろう。

トウモロコシ畑は見かけにも増して深かった。畑中のゆるい起伏の小道を奥へ奥へと入って行くばかりで、一向に畑が終らない。丈の高さが優に二メートルを超える巨大トウモロコシのジャングルを突き進んで行くと、涼風が吹き込んで葉ずれの音が立ち騒ぐ。太い茎のところどころから、黒いちぢれ毛を垂らした棒状の実が斜めに突き出している。緑の鞘につつまれた実は大きくふくらんでいるが、それをわざわざ手で確かめてみるだけの余裕はない。足の速度が速まった。しかし行けども行けども、トウモロコシの群れは視界から消えてくれない。

突然、左手に線路が現れた。遮断機のような柵をくぐり抜けて、一人の男がこっちへ来ようとしている。息を弾ませながらその様子をしばらく見ていたら、線路を渡りきった男が近くまで来たので、テムズの源流はまだ先かと訊ねた。

「むこうに二、三人が歩いている。きっと源流へ行こうという人たちだよ」

「ああ、あっちが源流か」

やっとトウモロコシ畑が切れて、草はらの下り道が伸びている。原っぱのずっと下方には低い石塀が見えて、その塀づたいに人びとが点々と歩いているから、源流はその先の、こんもりとした茂みに大きな樹が枝をひろげているあたりか。あそこまで下りて行って、また同じ道を引き返すのには時間が足りないのだ。

「源流には何があるの？　泉？　湿地帯？」

「いや、何もない。渇いた地面だよ」

「渇いた場所から川が始まるのかね？」

「そうさ、無から有が生れる」

「ふーん」

男の説明によると、サイレンセスターの北側には町の外べりをなぞるように小川が流れていて、川は灌木林のなかを貫き、人知れず静かに流れ、これが川下でテムズの細流と交わる、そうしてテムズもいよいよ川らしくなるという話だ。小川はチャーン川というらしいが、考えようによっては、これもテムズの源流の一つといえるのではないか。父と母が協力して子が生れるように、チャーン川もテムズと合流して、テムズの一方の親を務めているのではないか。生みの親とまではいかなくても、養母か養父ぐらいの役割を果たしているものだろう。何しろ、テムズの源が渇ききった土くれだなんて、そんな馬鹿なことはどうしても認められないのである。茫然と佇み、下方にひろがる草はらをしばらく眺めていると、風が、草はら一面に青いさざ波を運んできた。

オックスフォードからアビンドンへ

テムズはオックスフォードの町の西方から流れくだり、市街地の外べりをなぞるようなあんばいで南のほうへと落下してゆく。当地にあってテムズは、ゆかしき哉、アイシスというもう一つの古い呼称をもつ。町はずれにフォーリー橋と呼ばれる古橋があり、そのふもとからは遊覧船が出て、下流の町アビンドンへ向けて就航しているが、アビンドンまでバスならば三、四十分のところを遊覧船は二時間もかかり、まことにのんびりとした船旅となる。乗客は船上にくつろいで、あるいはワインを飲み、あるいはサンドイッチを頬張りながら四方山話に花が咲く。当方もひそかにその仲間入りと洒落て乗り込んだ。夏日のまぶしく照る八月の午後であった。

フォーリー橋を出発してほどなく、川岸には大学の校章を飾った艇庫が軒をつらね、裏返して安置された競技用のボートが、いくつも並んでいる。まるで陸に打ち上げられたまま、白い腹をみせて死んでいるクジラの群れのようだ。川沿いには蜿蜒と土の歩道が延びていて、リュックを背負った人びとがぽつりぽつりと歩いて行く。はたまた細船が岸につなぎとめてあって、船腹にはきらびやかな飾り文字が、パメラだの、ヴィヴィアンだの、クリスティだのと、女の名を披露している。ほどなく遊覧船は古びた石橋の下をくぐり抜け、行く手には草原がひらけ、川が大きく蛇行したかと見れば、間もなく川筋が二つに分かれて、一方には「危険」の大文字が現れ、別の一方には水門が待ちかまえていて、ここでしばらく水位の調節のためとどめ置かれることになる。左手前方には広い芝生の庭をめぐらした邸宅が目につき、これはいかにもホテルか何かのようだ。灌木のむこうには赤や白の花がまぶしく咲いている。ほど近く、さらさらとアシの葉ずれの音が聞える。

船はさらにゆく。前景に畑が現れたかと思えば、ふたたび緑の枝々におおわれたジャングルの奥へもぐっていくかのようだ。白樺があちこちに見え、いきなり明るい両岸がひらけたかとみれば、小高い丘のむこうまで畑が一面にひろがり、そうしてまた水門に至る。赤いブイの左側へ寄れ、との注意書きがあって、水門を抜けると、いよいよアビンドンも近い。ここいらの岸辺には公園が見え、水鳥の鳴声が耳を打ち、馬栗の大木が枝また枝を垂らしている。先方に低いアーチの橋が姿を見せて、船はようやくアビンドンの桟橋に接岸したのであった。

アビンドンはオックスフォードの南へ数マイルの位置にあり、その昔、近隣のマーケット・タウンとして賑わったという。どれほどの昔かといえば、まず町を一めぐりして、道の左右に点在する古い建物をざっと観察してみるに如かずである。白ちゃけた質素な壁、切妻屋根、ゆがんだ小さな窓々、今もって残るこれら古風な趣は、さながら時代の波の不遜な侵食に抗っているかに見える。なかでも東のはずれに残存する僧院などは、はるか七世紀の昔にまでさかのぼるという話だ。こんなにも古い建物が、ひっそりとした路地の奥に、さりげなく、つつましく、今の世の人びとの日常と共にある。一驚を禁じ得ない。

この町を訪ねるのは三度目である。オックスフォードから三五番、またはX三番のバスに乗り、田園のなかをしばらく揺られていくと、やがて静かな田舎町のハイ・ストリートに到着する。十九世紀の半ば、鉄道網がイギリス各地にひろがった頃、ロンドンとオックスフォードを結ぶ路線にアビンドンを経由する案も出されたが、町民の反対で沙汰止みになった。そのせいで町の興隆が妨げられたと一部から非難されたかたわら、逆にまた、かえって古めかしいユニークな町の味わいを守ることができて良かったという人もある。

初めてアビンドンを訪ねたときは、シェイクスピアの孫娘エリザベスの一件が気になっていた。エリザベスはこの町に嫁いで来たはずだったが、そう思い込んだ当方の過誤に気づいたのは、しばらく経ってからのことである。なぜそんな愚かな誤りを、と今もって自身の頭が信じられない。ある日、いろいろ書きためた雑記帳を繰っていたら、はたとひらめいたのであった。思い込みとは恐ろしいもの、アビンドンについては、てっきり以下のように誤解していたのだ。恥さらしを厭わず、篋底《きょうてい》に残した文章をそのままここに書き写しておくことにする。「……エリザベスは初めの旦那を亡くしたあと、二度目の結婚でアビンドンのジョン・バーナードという人物に嫁いだ。エリザベスはシェイクスピアの血筋を継ぐ唯一の生存者であったが、二度の結婚から子を残さなかったから、彼女をもってシェイクスピア直系の筋は断たれたことになる。それはやむを得ないとして、問題はシェイクスピアが遺した物品の行方である。さかのぼって考えるに、まずシェイクスピアの長女スザンナとその旦那ジョン・ホールに遺産の〝残余〟はみんな託されたわけだが、そのなかには故人シェイクスピアの書籍とか手紙とかメモ書きなどがあったかもしれない。それらがみな、スザンナから娘エリザベスの手に渡り、エリザベスが十七世紀半ばにストラットフォードを去るにあたって、シェイクスピアの書物も書類もそっくりアビンドンに移されたのではなかったか（サー・ヒュー・クロプトンの話が残っている。René Weis, *Shakespeare Revealed*, p.386参照）。エリザベスは一六七〇年に亡くなってアビンドンの地に埋葬され、その四年後には夫のサー・ジョンも当地で亡くなっている。シェイクスピアの書物やら書類はどこへ行ってしまったのだろう。

サー・ジョンという人は、ときの内戦で手柄をたてて叙勲され、のちには国会議員にまでなったらしいが、事実どういう人品であったものやら、詳細はわからない。エリザベスはこの町へ来て、どんな日々を送ったものか。最後は故郷へもどって初めの夫が眠るホーリー・トリニティー教会に葬られてもよかったはずなのに、それを願わず、アビンドンのほうに奥津城を選んだ事実からすれば、エリザベスの二度目の結婚生活に大きな不満はなかったのかもしれない。しかし、ふたたび問う。アビンドンの夫婦の死後、シェイクスピアが所持した〝宝物〟はいったいどこへ消えてしまったのか。その手がかりになるものが、現在のアビンドンのどこかに埋もれていやしないか、というのがこの町を初めて訪れたときの、私のひそかな関心事であった」。

こんな調子でかつて文章を書いたわけだが、上記に傍点を付けたアビンドン(Abingdon)は実はアビントン(Abington)の誤りであり、その町はオックスフォード寄りどころか、ストラットフォード東方のノーザンプトン附近にある。両者はまったく別の二つの町だ。ずっと後でそのことを知った。まことにもって、汗顔の至りというべきか。情けない話ではある。

シェイクスピアの一件は忘れることにして、それとは別に、やはりここアビンドンには愛着をおぼえるのである。町の中心から少しはずれた所に川が流れている。そこには古いアーチの橋が架かっていて、手摺ごしに中洲が見え、川は中洲によって二すじ、三すじに分断され、そのもっとも広い川すじを細いボートが辛うじて擦れちがう。この川が、むろんテムズである。

岸辺の木立ちをふかぶかと水面に映して、流れるでもなく、とどまるでもなく、川はゆったりと静もっている。こんな川を見ていると、時間の経つのもつい忘れてしまいそうだ。遠くには、木々のむこうに教会の尖塔が空を衝いて伸び上がり、薄日をうけてうっすらと耀いている。古い教会と、みどりを映す川のながれ、これは絵になる光景だ。中洲の一つには、もはや廃業したような荒んだホテルの建物が見え、その近くの川べりの小道を黒い人影が二つ歩いてくる。もう一つの中洲には、季節はずれのバーの野外席に日除けが畳まれたまま放置され、かたわらに舫うモーターボートには青いビニールシートがかぶせてある。遠くに、煙がほのぼのと立ちのぼる。実にのどかな風景である。

昔、ナポレオン戦争の捕虜たちが、この川のほとりの監獄に収監されたということだ。獄舎はいかつい四階の石造りで、小さな窓々には鉄格子がはめられたまま今に残るが、監獄の役目を終えたあとは、レジャー・センターになったり、アパートになったりしながら、近年はさらに改装されて面目を一新している。そんな様子からすれば、この町も、昔と変らず時のながれを流れていきながら、同時にまた身をひるがえし、現代の潮流に巧くのっているような気配さえも感じられる。

ここを二度目に訪れたのは冬のさなかで、さわさわと霧雨が降った。この季節の冷たい雨だ。ときどき弱々しく陽が射して、雨も上がるかと見えながら、なかなかしぶとくて、糸のような氷雨はいつまでも旅人の肩にふりかかり、また靴底に冷たくしみわたった。しかしそれでもアビンドンには何か惹かれるものがある。三度目に訪れるときには夏がいいと思いながら、事実、その希いは叶えられたのであった。

ヘンリー・オン・テムズ

レディング経由でトウィフォードの駅に着いたとき、いささか場違いな感情に襲われた。ろくに実情を知らぬまま、好奇心ひとつで踏み込もうとするから、みっともないことになる。ここへきて後悔の念が湧いて、もう帰ろうかとも考えたが、逆にまた、今さら弱気になるのも情けないと思案に暮れた。短いプラットホームで乗換えの列車を待つあいだ、否応なく目にとび込んできたのが、ロングドレスに身をつつみ、派手な帽子を斜めにかぶって、まるで昔の映画スターでもあろうかという女性たち、男性陣はまた色のきつい縞柄の上着に折目のついた白ズボン、麦わらハットにねじり棒の飴模様をデザインしたような長い傘を携えているではないか。そんな男女に混じって、いささか奇抜の度合いを弱めながらも、やはりよそ行きのスーツやらタイやら、薄衣のような華奢なドレスをまとい、三々五々にかたまっておしゃべりしている男女がいる。それらの人びとのなかにあって、寝巻きじみたシャツにジャンパーをひっかけ、茫然と立ちつくす一人の田舎者を想像してほしい。これはどうしたって、異端者以外の何ものでもありゃしない。不協和音そのものだ。

何という失態であったか。ロイヤル・レガッタの祭典には、それなりのドレス・コードが求められます、と今頃になって教えられた次第なのである。それをしかと知ったのは後日の話であって、当日はすでに遅く、ばかに楽しそうに浮かれ騒ぐ男女の波になぶられながら、浅野内匠頭の心境をじっと噛みしめていた。おのれ一人が他とちがうのである。われは「恥」に弱い国民の一人なり。ならば、なぜ尻尾を巻いて退却しなかったか。そうさせない心情が一方には強く働いていたとしかいいようがない。安易な屈服もまた「恥」と考えてしまうわけなのだ。どうしようもない話である。

ともあれ、トウィフォードからわずか十分余りで終点のヘンリー・オン・テムズに着いたのであった。ここの鉄道はもっぱら恒例のボートレースのために設けられた支線であるようにも見える。六月末のこの日には、各地から大勢の見物客を集めてレガッタが催されるわけだが、もちろん、レガッタでなしに町の見物にやって来たという顔を見せていればいいのかもしれぬ。着飾った皆さんは、どうぞ川べりの観覧席へ。わたくしは反対の方角へ参ります、という調子で駅を出たつもりだが、ああ、悲しい宿命というべきか、事はそう思うようにはいかないものである。人の波に押されて先へ先へと歩いているうちに川が現れ、川岸のバーやレストランでは早くもビールに酔って大声を上げている連中が見えた。岸辺にはモーターボートのつらなりが、川のなかほどには遊覧船が、おめでたい幟を川風にはためかせながら流れてゆく。船上では楽団が景気のいい音楽を奏で、きちんと身づくろいした若い男女がこっちへ向けて手を振る。いい気なものだ。サングラスをきりっとかけて、どっちも映画スター顔負けである。

そのうちに古い石橋を渡る羽目になった。というのは、橋のたもとで交通整理をしていた婦警が声を怒らせ、橋の上で立止まっちゃいけない、そのまま先へ流れていきなさいと命令なさるから仕方ない。橋の中央からは、遠くのほうにレースのゴールが見える。また手前の艇庫から舟をかついでコースへ出てゆく選手たちの緊迫した表情がうかがえる。関係者らが一列になって、選手たちに拍手を送る。戦場へおもむく若者たちは異様な胸の高鳴りと、みんなからの注目を浴びて、いかにも誇らしい気持を隠しきれないようだ。こうして、いずれのクルーも歓声のどよめきに押し出されていくのだが、もちろん、皆が皆、勝って戻るわけではない。泣きべそをかきながら水から上がってくる大男や大女のほうがずっと多いはずだ。

そういう明暗の光景をとくと観察するためには、どうしても橋の真んなかで立止まらねばならない。しかし、それはならぬというから、やむなく川のむこうを素早く一瞥して、あとの不足分はもっぱら想像力で補わねばならない。むこう岸に渡ったあとも、相変らず人波に押されながら歩をすすめ、大テントのあたりや、周囲にあふれる騒音を浴びたままぐずぐずしていると、係の男がチケットを求めてきた。そんなものを持参してくるはずがない。要するに、チケットなしではそこから先へは行けず、おとなしく橋の反対側を渡って元の位置に戻ってきたというだけの結論となった。

このあたりのテムズ河はたっぷりと水をたたえて、実に頼もしい。ボートレースのために数マイルの直線コースが確保できるのは、川として立派なものである。周囲の小高い丘は緑の樹々につつまれ、夏の陽射しが燃え、深い水は雲一つない青空を映しながら、規則正しく掻き立てられるオールの泡玉を点々と後ろへ流している。

町へ出て、古めかしい家並をながめて歩くのもわるくない。古い石造りのタウンホール、その前の広場には屋台店がならび、土地の野菜だの肉だのパンが売られている。三角屋根を尖らせた黒と白の瀟洒なホテルが見える。川べりの喧騒をよそに、こちらにはまた別の生活があり、別の時間が流れているようだ。なんとも興味ぶかい。普段着のままでちっとも恥ずかしくない時間と空間が、こちら側にはある。

マーロウ

マーロウの町が大そう気に入ってここへ移り住んでしまう、そんな昔の文人が幾人かあった。十九世紀初期の特異な作家トマス・ラヴ・ピーコックがその一人である。『夢魔邸』という彼の奇妙な小説には、人間や時代にむけて放たれた強烈な諷刺が生きているのだが、ピーコックの名を出すなら、その友人であった詩人のP・B・シェリーも挙げないわけにはいかない。シェリーとその二度目の妻メアリは、ピーコックに勧誘されてマーロウにしばらく住んだ。メアリは人も知る『フランケンシュタイン』の作者であるが、彼女はマーロウ滞在中にこれを書きあげた。それから十九世紀の終り頃に、ジェローム・K・ジェロームが『ボートの三人男』という軽妙洒脱なエッセイふうの小説を書いた。ロンドンからボートに乗ってテムズ川をさかのぼる若者たちの道中談という造りであるが、先述したように、彼らのボートの旅はオックスフォードでおしまいになっている。このジェロームもまたマーロウに住んだ。いずれ等しくマーロウを愛した文人たちである。

今も変らず、マーロウの町には何かしら人を惹きつける磁力があるようだ。たった一つだけのプラットホームに短いディーゼル列車が到着すると、線路のすぐ前方には赤いマークを標示した停止壁がひかえている。つまりここが終点であり、帰路の始発駅でもある。プラットホームの端には誰もいない吹き抜けの小屋がぽつんと建っていて、せいぜい雨風をしのぐほどの待合所となっている。列車は一時間に一本ぐらいの頻度で発着するから、それを思えばさほど辺鄙な所ともいえない。ここからメイドンヘッドまでが二十分、さらに主線に入ってロンドン・パディントンまでなら都合一時間ちょっとで都会文化に触れることもできるわけだ。

さて、駅らしくもない駅を出て田舎道を少し歩くと、左手に大きなパブがあり、パブの壁にはシェリー夫妻の肖像画と、簡単な紹介文がとり付けてある。到着の列車を待つあいだなど、ここで地元のエールを試してみるのもいいだろう。閑散としてどこか退屈な、田舎の昼間のパブもそれなりにわるくない。

ハイ・ストリートを川の方向へ歩いた。すぐに教会の尖塔が見え、白い吊橋が見える。教会の裏手の墓地の、そのへりに立ってテムズを眺めれば、水はゆたかに深々と流れ、前方の堰でざあざあと飛沫《しぶき》をあげながら川筋は二つに分かれ、分岐点に小島を残してさらに流れくだる。昨夜来の雨で水量を増した川がたっぷりとひろがり、むこう岸の、吊橋のふもとには古いホテルが見えて、その名も「釣魚大全ホテル」(Complete Anglar)というから、大胆な命名である。十七世紀半ばの名著『釣魚大全』を書いたのはアイザック・ウォールトンだが、そのウォールトンが当ホテルの前身であった昔の宿に泊まったという。ウォールトンは釣竿と魚籠を携えてこの近辺をぶらついたものだろうか。そうして手頃な川べりに腰をおろし、のんびりと釣糸を垂れたものか。『釣魚大全』のページからページに漂う明るい、のどかな田舎の空気が、今ここによみがえるようだ。作中の釣師は道すがら出逢った人たちに、こう語る。

「わたしの釣りへの熱意を短気と勘違いなさいませんよう。何事にも無害だとか、昔のキリスト教徒のような、無口な平和の愛好者といった印象を釣師にだぶらせないでいただきたいものです。（中略）……法律の擁護者たる弁護士というもののなかった時代には、貴族たることを証明するのに掌一枚の羊皮紙があれば充分だったのです。こういう単純さが釣師の真の心意気なんですよ。だから、そういうふうにとってくださるなら〈単純な人間〉という言葉を、われわれ一同、喜んでお受けします。しかし、この〈単純〉という言葉で釣りというすばらしい芸術や、それを楽しむ釣師という人間の欠点を語ろうというつもりなら、わたしはひとつ、ここでゆっくりとあなた方の偏見をとり除いてさしあげたいと思います。もし、あなたさえ辛抱強く聞いてくださるなら、この古い芸術についてわたしと議論をしようと張り切っていらっしゃるお気持ちを充分満足させてあげましょう」

（森秀人訳）

　釣りは芸術だ、という話になる。ウォールトンの心境にどれだけ近づけるか心許ないが、吊橋を渡って、その先の釣魚大全ホテルの庭先から改めてテムズを眺めてみた。利休ねずみに濁った川はどこまでもゆったりと流れ、前方にかすむ教会の尖塔と、むこう岸にかたまる墓石の眺めがまた鮮烈だ。天候さえ許すものなら、この近辺の川岸のベンチで、日がな一日瞑想に耽るのもよいだろう。

そんなとき、あるいは天来の妙音が耳もとにひびいてこないともかぎるまい。それを、しっかりと摑みたいものである。慌ただしく流れゆく現代生活のただなかに、ぽっかりと口をあけた空っぽの時間を敢えて設けてもよいように思う。『釣魚大全』の虚構世界もそんなふうに読める。

ウィンザー

ウィンザーには鉄道駅が二つある。リヴァサイド駅と、中央駅と。川の近くを求めるなら、もちろんリヴァサイド駅になるわけだが、こじんまりとした町なので、どちらの駅から歩いても川はそう遠くない。川には街灯をつらねた立派な橋が架かっていて、対岸には古い町並が、またその先方には有名なパブリック・スクールの一つ、イートン校がある。かの真面目にして破天荒なジョージ・オーウェル君(本名エリック・ブレア)も、この橋を渡り、この古い学校へ通ったものだろうか。あるいは橋など渡らずにキャンパス内の寮に朝晩を送ったのかもしれない。

川はゆっくり流れるというよりも、大きな池か濠かと思えるほどに静もり、鳩や白鳥や海鳥のごときが、鏡の水面をすべるように泳いでいる。川岸に立止まって見ていると、鳥も何やら察して、呼んだわけでもないのにすいーっと近づいてくる。群衆心理に弱いせいかどうか、一羽が二羽に、二羽が十羽に増えてみんなでやってくる。その労に報いてやろうにも、投げ与えてやる餌がない。すると三羽が去り四羽が去って、あっという間に皆いなくなる。ほほえましい奴らだ。

近くに桟橋が見えて、そこからボートの遠出が楽しめるらしい。別の日のこと、この附近の道のかたわらに水陸両用のバスが客を待ちながら停まっていたものである。あの手のバスが、川のなかへざぶざぶと進入してたちまちボートに変身するなんて、考えただけで愉快だ。ともあれ、このあたりのテムズ川はおっとりとして、のどかで、どこか優雅でさえある。

女王のお膝元とあれば、万事が優雅であっても不思議はないのかもしれない。ウィンザー城そのものにせよ、威容を誇りつつも、やはりどこかに女性の温かみを隠している。事実、その種の温かみを求めてこの町を訪れる人たちも少なくないはずだが、一例として、クリスマスの時分ともなれば、ウィンザー城前の岐路に立つヴィクトリア女王像の背後には大きなクリスマス・ツリーが飾られる。ツリーは十九世紀の昔、ドイツから婿入りしてきたアルバート殿下が鬱々として楽しまず、それを心配した女王が、殿下を慰めるためにドイツ伝来のクリスマス・ツリーをウィンザー城へ運ばせたとか。今、人びとはこの像の前に立ち、ツリーの電飾のまたたきに目を驚かせながら、どこか心癒される思いではなかろうか。敢えて申すなら、女性らしい女性が、救世主のごとき温もりが、いつの世にもあらねばならないということだ。

ついでながら、この冬ウィンザーには雪が降った。いや、ウィンザー城には、と改めねばならない。ウィンザー城の円塔がそのまま巨大スクリーンと化し、日が落ちて刻々と闇の色が濃くなる頃、円塔の湾曲した壁面いっぱいに雪がはげしく降り始めたのであった。雪はさながら暗い空から舞い落ちて、円塔の高みに降りかかり、灯りのもとに蝟集する無数の白い蛾となって、あとからあとから、闇の底へと落下しては消えていく。この日、ウィンザーの町はホワイト・クリスマスの気分に盛り上がったようである。

町の目ぬき通りを歩けば、通りを横断する飾りつけのもろもろに出くわすことになるが、その一つ、やはり女王の町だけあって、紫色の王冠が宙高く吊り上げられ、歩行者の頭上に耀いていた。かたわらに揺れるユニオン・ジャックの旗とあわせて、宝石をちりばめた王冠は地域のシンボルでもあろう。

しかし実は、それ以上に忘れられない光景がある。目ぬき通りの両側には店々が軒をつらね、道は先へ伸びて、やがて商店も人影もまばらになり、建物は低く小さく道ぞいにつづき、さては家路を急ぐ買物帰りの主婦、子供たち、犬をつれた老人などが歩いて、その一本道のずっと先方には夕映えがかすかに棚引いている。あたりの空気が冷たくよどむ。あのほんの五分間が、たそがれの風景が、さながら石板に永久に刻みつけられた絵のように忘れがたい。むろん、同じ道をくり返し歩いてみても、もう二度と、あの同じ恵みの瞬間にあずかれるものではないだろう。

ハンプトン・コートから

ハンプトン・コート庭園の外べりをテムズは大きく湾曲しながら流れ下る。川下から到着する遊覧船はここが終点となるが、そのサービスも冬季は閉ざされて、夏の日照りに大勢の客をここまで運んできた川は、しばらく春の再来を待ちながら黙々と流れるだけになる。冬の岸辺には毛糸の帽子をかぶり長靴をはいた釣人が、一人二人、寒風に吹かれながらぽつんと立って釣竿をかざしている。

ハンプトン・コートの門前に小さな商店通りがあって、数軒の古物店、カフェ、パブなどに近所の人たちが寄り集まり、のんびり時を過ごしている光景もまたいい。なに、急ぐこたァない、と彼らは暗黙に伝えているようだ。すぐ近くを流れるテムズ川も、ちょうど同じせりふを呟いているように思われる。人生、急ぐ旅でもあるまい、と。

川はハンプトン・コートのへりをゆったりと流れ、ぼつぼつキングストンに差しかかる頃ともなると、いきなり活気を帯びてくる。キングストンの町そのものが、大学町ということもあって、そこかしこ、若者のエネルギーに満ちているようだ。商店街は賑わい、広場には各地の露店がくり出し、音楽が鳴る。キングストンは西にひろがるハンプトンの自然と、東にひろがるリッチモンド・パークの高台に挟まれて、いかにもテムズ峡谷に栄えた町の観がある。

そのキングストンから川はさらに流れ下り、ほどなくテディントンに達すれば、この辺りではもう潮の干満があるらしく、岸辺の標識に、満潮時には川があふれることあり、注意せよ、とある。船旅を好む人ならば、ここで有名なテディントン・ロックを直に通過してみるのもよいだろう。

川は大きく右へ左へ身をよじらせながら、いよいよトウィックナムに至る。両岸の緑の木立ちはますます濃く、その一ヶ所に、十八世紀初めの詩人アレグザンダー・ポープが詩作にふけったという洞窟がある。現在は学校の敷地内になっていて、そこを訪れるには手続きがやや面倒くさい。ポープがこの川べりに家を建てて住んだ頃は、テムズの潮がここまで上がってくることもなく、今よりずっとのどかで、ひなびた感じがあって、文字どおり世の喧騒から遠く遮断されていたようだ。

これより少し川下にイールパイ・アイランド(うなぎパイ島)という中洲がある。昔、この島に一軒のホテルがあり、そのバーで楽器をかき鳴らす若者たちがいた。そこから、一部の音楽ファンを虜にしてやまぬブリティッシュ・ロックが生れたという話だ。川に架かった太鼓橋を渡って中洲へ入ることができる。庭の小道みたいな一本道を歩いて行くと、左右に個人宅の玄関先が見え、前庭の植え込みなどが目につく。陽が落ちれば道の両側の低い柵に灯りが点々とともり、その小さな灯を除けば、周囲は真の闇につつまれるのだ。小道は先のところで行止りになり、ここでおとなしく廻れ右をして、同じ道を戻るという運びになる。

イールパイ・アイランドの灯がちらちらと水に揺れるのをながめながら、岸辺のパブで飲む気分はなかなかいいものだ。もちろん、トウィックナムはラグビーのメッカだから、試合のある週末には町じゅうのパブというパブが熱気を帯びて、ややもすると興奮の度を越して険悪な空気につつまれることがあるから気をつかう。某パブなどは、午後の早いうちから貼紙を出して、何々チームのファン以外お断り、と敵どうしが鉢合わせせぬよう対策を講じている。こういう特別の日には、パブは飲酒の場からたちまち動物園に早変りするから用心せねばならない。驚くべきかな、まなこ怒らせた雌のライオンも近頃では少なくないのだ。

岸辺のパブの、小道をはさんですぐ隣に小さな劇場がある。地域の篤志家が小劇場建設のために遺産を寄付したそうで、「メアリ・ウォレス劇場」というのがそれである。実に素朴な、ちっとも飾るところのない劇場だが、ここではシェイクスピア劇がかかったり、ディケンズの朗読が行われたりする。劇場内の壁は煉瓦をむき出しにして、天井は三角屋根に吹きぬけ、小さな額縁舞台を正面にすえた客席が八列に並んでいる。都合百人足らずを収容できる劇場だ。しかしこんな所から、とんでもない劇や役者があらわれ出ないともかぎるまい。先のブリティッシュ・ロックの例もあるのだから。

ディケンズの小説『リトル・ドリット』に、主人公アーサー・クレナムがトウィックナム在住の知人宅に泊まり、翌朝の散歩に渡し舟を使って対岸へ行ってみる場面がある(第十七章)。草地をぶらついたあと、帰ろうとすると船着場には舟がない。そばに立っていた紳士が、むこう岸の舟を大声で呼ぶ。その声に応じて、舟がお迎えにやってくるというわけだ。今でも両岸をむすぶ渡し舟は健在で、同じように対岸の舟を呼ぶというやり方がとられているから面白い。もっとも、舟はモーターボートに姿を変えているが。

このあたりの川幅はせいぜい六、七十メートルぐらいだろうか、とにかく両岸の緑が濃い。岸に沿って雑木林がどこまでもつづき、林のなかの小道は川の流れに寄りそってリッチモンドまで伸びている。いや実は、道はもっと先まで伸びているのだが、まあ、われわれも適当なところで足を休めておこう。テムズ川がリッチモンドに到達するなり、風景はいっぺんに際立ち、白い優雅なレストランやカフェや、背後の丘に建ち並ぶ大きな建物が目にとび込んでくる。川はいきなり都会臭を帯びるのである。

リッチモンド

リッチモンド・ヒルと呼ばれる風光明媚な住宅地区がある。その高台から下方を見わたせば、森のむこうに緑したたるテムズが目に入り、そのむこうには蜿蜒と野や林がひろがって、やがては茫漠たる地平線に吸い込まれていく。わずかに人家のかたまりが所々に見え、丘の起伏らしい気配も見てとれるのだが、まずは何といっても広大な土地のひろがりと、それを高みから望む今現在の自分があることを意識してしまう。人はこういう風景を前にして、いったい何を為すものだろうか。現代のレノルズやターナーならば、すぐに絵筆をとるだろうし、絵心がなくても、カメラぐらいをかざす外来客は跡を絶たない。しかし為すすべもなく、ただ息をのんで見とれている人があれば、当方、そんな人にはかえって深い共感をおぼえるのである。わけても、からりと晴れた夕べの空が淡い水色から徐々に赤く染まっていくときなどは、この瞬間の消えてしまうことにいたたまれないくらいだ。

ここの高台のすぐ下方にはテラス・ガーデンという、大小の樹々や花々に彩られた美しい丘の斜面が川のほうへと下っている。夏はまだ明るい夜の九時ぐらいまで、斜面の草地で遊ぶ子供らの声が絶えもせず、ウィリアム・ブレイクの「無垢の歌」にひびきわたるあのあどけない声がそのまま聞えてくるようだ。冬はまた冬で、葉っぱの降り散った裸のこずえが風に揺れ、木の根もとに積もる落葉を乱してリスが走りまわる。

テラス・ガーデンのなかほどに古びたカフェが見える。昔はアイス小屋として氷の貯蔵などに使われていた建物らしいが、今では季節を問わず客を集める憩いの場となっている。カフェのテラスから見下ろすと、何やら、芝草のなかに白い石の彫刻が安置してある。彫刻のまわりを灌木の植込みが取り巻いているため、台座に彫られた文字を読むことはできないが、これは十八世紀後半に作られた「川の神」または「古き父なるテムズ」の像である。もとからこの場所に置かれていたのではないが、貴族の邸内に飾られるよりも(初めはその計画であった)、こうして公共の場にあって、テムズの神性なりを広く人びとに印象づけるほうが理にかなっているように思われる。なぜなら、すぐ近くに川は流れ、地域住民の日常生活に寄り添いながら、テムズとリッチモンドの町とは、互いに切っても切れぬ関係を結んでいるからである。

「川の神」像は筋骨たくましい裸体をゆったりと横たえるような姿勢で半身をひねっている。顔の前まで動かした左の二の腕にはゆたかな白ひげが垂れかかり、右腕には大きな甕をかかえていながら、その甕が手のなかですべるように口を下に傾けて、大量の水を勢いよく吐き出している。神の品物であるからには、甕の水は尽きることなくいつまでも流れ、これがすなわちテムズの流れとされているのだろう。神は頭に花の冠をいただいているが、何ものかを凝視するその目は悲しく、深刻な色をたたえたまま沈んでいる。神は何を憂えているのだろうか。自然の崩壊か、人間の横暴か。いや、おのれの胸に手を当てて訊けと、暗に人びとに命じているものか。

テラス・ガーデンの高台の道をリッチモンド・パークのほうへ向かうのもまたいい。左側には、車道を隔てて白い窓枠に煉瓦造りの建物が並ぶ。その並びの一角にパブがあり、客の多くはそこで飲み物を買ったあとパブ内にとどまらず、グラス片手に車道を横ぎって、さてとばかり、高台のベンチに腰をおろす。一杯やりながらくつろぐには絶好の場所だ。しかし、ここでのんびりしすぎて先へ向かうのが億劫になってしまっては困る。ビールの誘惑に逆らってさらに歩いて行くと、下方には常緑の枝々を透かしてテムズの影がずっと付きまとい、なぜか、ほっとするのである。立木がまばらになったあたりでは、眼下一面にいきなり広大な視野がひらけ、はるか遠方まで青黒い大地が、この世の始まりか終わりかを暗示するかのようにひろがっている。

ほどなく、右手に下りていく急坂があり、この坂道をどこまでも下りればもちろん川岸に達するわけだが、その途中にいかめしい外見の大きなホテルがある。どこか森につつまれた御伽の城といった趣だが、これはピーターシャム・ホテルという、この町では有名なホテルらしい。さまざまな案内書などに写真が紹介されているが、写真の風景にはいつもテムズがカーブして流れ、あたり一面にさながら原始の野を思わせる自然のパノラマが展けている。このホテルのある坂道の上方には、こちらも有名で、その昔チャールズ・ディケンズが友人たちを呼び集めて誕生日を祝ったという、スター・アンド・ガーター・ホテルがある。いずれ劣らず、古い、由緒あるホテルだ。

リッチモンドの町を歩いて道に迷ったら、坂道の下るほうへ向かえば川に出る。上り坂であれば、川や町並の反対方向へ歩いていると思って間違いない。

ビリングズゲイト

ハマスミスを過ぎてパトニーあたりまで来ると、テムズ川もいよいよ水かさを増し、貫禄をつけて、もはや川というよりも〈河〉と呼ぶべき存在になる。そのテムズ河には幾つもの橋が架かっていて、パトニー橋から下流へむかって数えていけば、次がワンズワース橋、バタシー橋、アルバート橋、チェルシー橋、ヴォクソール橋、ラムベス橋、ウェストミンスター橋、ハンガーフォード橋、ウォータルー橋、ブラックフライアーズ橋、ミレーニアム橋、サザック橋、ロンドン橋と、こんなにも多い。十八世紀半ばにウェストミンスター橋が架かるまでは、ロンドン市中でテムズの北と南をむすぶ橋はロンドン橋ただ一つであった。ロンドン橋はローマの木橋に始まり、何度か燃え落ちて石橋に格上げされ、橋の上にチャペルが設けられたり建物が軒をつらねたりしたが、テムズを渡るにはずっとこの橋一つであった。街がふくらんで人や物資の往来が頻繁になると、橋が一つだけでは間に合わず、つぎつぎとその数を増やしたから、河の風景までも一変した。いよいよロンドンの栄華をそのまま映す河になったともいえる。

夏目漱石は、ロンドン塔にはイギリスの歴史があるというようなことを書いているが、ロンドン塔よりもずっと昔から、テムズ河はこの地域を流れ、やはりイギリスの歴史そのものを背負ってきたといえるだろう。ケルト人を追いはらったローマ軍も、ローマのあとに君臨したアングロ・サクソン族も、デーン人も、フランスから攻め入った王侯貴族や、華やかな宮廷生活も、この世の有為転変を残らず見てきたのがテムズ河であった。テムズの歴史こそが、すなわちイギリスの歴史といってもよい。

現代のロンドンにあって、テムズ河の光景がもっともうるわしく映えるのは、やはり日没から夜にかけてではないだろうか。たとえばモニュメント(大火記念塔)のふもとから大通りを渡って河へ向かい、テムズぞいの遊歩道へ下りる。潮が満ちてくれば波も高まり、コンクリートの堤防にぶつかる音はやたら勇ましく、けだものの咆哮のように耳をうつ。川風が髪を吹き乱す。夏場での涼風も、季節外れには肌を刺す寒風となるだろう。うす茶色に濁った水が、情け容赦なく赤い大玉のブイを翻弄し、岸べに舫う小型のモーターボートは頼りなさそうに船体を揺らす。右手にはロンドン橋のアーチが見え、そのむこうの西空が赤く燃える頃には、橋の梁もまたイルミネーションに色づき、橋上を行く人影こそ見えないが、橋のむこうに目をやれば、サザック寺院の白い塔がくっきりと頭をのぞかせている。左に目を転ずると、タワーブリッジにぽつぽつ灯がともり、巨大な吊橋のシルエットが、澄みわたる黄昏の空にありありと浮き上がるときだ。軍艦のような船が浮いている。高速の遊覧船が波頭を切るようにしてすべって行く。パワーの時代に、その中心地ロンドンに、テムズは河のパワーをもって応えているようだ。

さて、遊歩道を川下のほうへ歩いて行けば、すぐにもビリングズゲイトの魚市場前に出て、ここいらでベンチに腰をおろすのも気が利いている。昔は、野菜や果物や花ならコヴェント・ガーデン、肉ならスミスフィールド、魚はビリングズゲートと相場が決まっていたが、ときの移ろいに万物は流転して「つわものどもが夢の跡」である。ビリングズゲートの魚市場も、今ではもっと下流のドックランド方面へ移転してしまった。まさか魚の匂が繁華街のほうへ流れるのを、乙に澄ました人びとが嫌ったわけでもないのだろうが。

対岸の大きな建物に、その窓という窓がいっせいに耀きわたる。いや、灯はもっと早くから点いていたはずだが、闇が濃くなって急に光りを強めたのだろう。建物上方の文字が「ロンドンブリッジ病院」と読める。たしか、クリミア戦争から戻ったナイチンゲールが勤めた病院(St. Thomas Hospital・現在はウェストミンスター橋寄りに移転)も、このあたりではなかったか。病院の隣には、先の尖った四角錘の、ばかに高い建物が、これも数えきれぬほどの小窓をいっせいに耀かせて、まるで夜空のなかに立てた巨大なクリスマス・ツリーだ。こうしてみると、テムズの南岸はタワーブリッジに至るまで、余すところなくダイアモンドの光の粒にあふれ、まことにもって壮観である。いつからこんなふうに豪華で、贅沢なロンドンになったものやら、時代の変化にオクテの当方としては、それこそテムズに訊かなきゃわからない。

タワーブリッジ

テムズ南岸といえば、三、四十年前はいささか聞えがよくなかった。三面記事の話題になったり、不衛生であったり、どこか薄暗い、物騒なイメージがあった。借家《フラット》をさがして住もうとはまず思わない所だった。イーストエンドも同じである。それが今では見違えるほどになった。昔はハンガーフォード橋を渡ってロイヤル・フェスティバル・ホールに出かけたりしたが、クラシック音楽の一大オーケストラとは不釣合いなほどにそこいらの夜道が暗く、さみしかった。いつの間にか、このあたり一帯が〈サウスバンク〉などと呼ばれて種々のイベントをくり出し、大勢の人びとを集めて賑わうようになり、趣がすっかり変った。映画の資料なら何でもありそうなブリティッシュ・フィルム・インスティテュート、その隣のナショナル・シアター、またウォータルー橋のふもとには古書の屋台店が出て、河岸を散歩する者の足もしばし止まる。

さらに先へぶらつけば、テート・モダンの美術館があり、ここの一階フロアはリラックスの間として開放され、広々と延べた絨毯の上にごろ寝する老若男女のあられもない姿が目につくというものだ。室内の明かりを落とし、高い天井からは不思議な音が降り落ちて、これがリラックス効果を促すとやら。だが実は、それ以上に安らげる、あまり知られていない場所が館内にはあるのだ。正直のところ、秘密にしておきたいくらいだが、自分の所有物でもないのでここに公開しよう。階上の広い廊下に並べてある革張りソファがそれである。その一つに疲れた身体を沈めると、五体の節々も筋肉もいっぺんに溶けて、くだけて、そのまま昇天してしまいそうだ。あんなにやわらかく全身をぴったりと包み込んでしまうソファを、無骨者の当方はかつて知らない。そんなものはザラにありますという人には縁のない話だが。

テート・モダンの位置からミレニアム橋のむこう岸を見ると、ちょうど正面にセント・ポール大聖堂がでんと居座っている。白亜の丸天井はなかなか優雅でみごとな出来栄えだが、十七世紀のロンドン大火前は、あれが四角の塔であった。

つづいて、こちらもみごとな白壁の筒型建物が見えて、これは大勢の客を集めるグローブ座と、そのわきにくっ付いている小さな室内劇場のサム・ワナメーカー座である。観劇を愉しむのもいいが、ここでちょっと岸べから離れて、人通りの少ない裏道へ入ってみよう。シェイクスピアのまぼろしに出逢えるかもしれないのだ。いや、実際、シェイクスピアのブローブ座はこの裏道のかげにあったわけで(Park Street)、すぐ近くの小道にはまた、Bear Gardens というような名が今でも残っていて、その当時の騒然とした遊興地区の光景がよみがえるようだ。道はいつしかサザック寺院の裏手に通じて、瞑想が瞑想を呼び、今度はチョーサー殿のまぼろしが現れ、ディケンズ少年の姿までが見える。つまり、カンタベリー行きの巡礼たちはここらの旅籠から出発し、ディケンズの親たちは近くのマーシャルシー監獄に入っていたわけなのだ。ここがサザックのバラ地区である。そしてとうとう、ロンドン橋へ出る。

テムズの沿岸は、潮が引けばところどころに岸べの土があらわれ、そこへ降りていく石段が用意されている。干満の差がこうまで大きいかと驚いてしまうが、水が引いた川底一面にジェットが散らばっているのを見たという人がある。ジェットというのは、あれは黒曜石の一種だろうか、原始時代の化石ともいわれるが、それをヴィクトリア女王は好んでペンダントに付けていた。もっとも、石を磨いてはじめて宝石としての価値もあらわれるわけで、ふと見たところでは上質の石炭と思われても仕方あるまい。

さて、テムズ南岸の遊歩道はまだつづく。ロンドン橋から先、タワーブリッジまでの河ぞいに、今クリスマスの時節ということもあってか、バンガロー風の小屋が建ち並び、各地の土産品や、おもちゃ、菓子、ハンバーガーにチップスにいろんな飲物が売られ、そのわきを人びとがねり歩いている。耳に聞えてくるのは、たいがい英語以外の外国語であり、要するに外からの観光客が大勢混じっていることになるのだろう。あたりが暗くなると、彼らは対岸に夢のように浮かぶロンドン塔や、刻一刻ダイアモンドの耀きを強めてゆくタワーブリッジの雄姿をカメラに収めようとして忙しい。事実、タワーブリッジは近づけば近づくほど迫力を増し、遠目にはただ美しい橋と見えたのが、近くに来て仰げば、巨大な石のかたまりと鉄の腕《かいな》が攻め立ててくるようで、そのパワーには圧倒される。ここには繊細な美しさなどは微塵もない。こうして百三十年ものあいだ、老いるでもなく衰えるでもなく、今もって若々しい筋力を発揚して、カラカラと余裕ありげに哄笑している橋、均衡と頑丈と簡素をどこまでも追求して、脆弱な、八方美人ふうの飾り物というイメージからみごとに脱却した橋、それこそがタワーブリッジの真顔ではないか。諸事につけ真実を知るテムズなら、おそらくそれに賛同してくれるだろう。

ワッピング

タワーブリッジからさらに下流へ、すなわち東の方角へ向かえば船着場やドックの多い地区となる。倉庫をかねた高い建物が狭い道をはさんで建っているから、地域一帯がどことなく薄暗い。建物のあいだをすり抜けるようにして河岸に出ると、いきなり前方がひらけて、丸い街灯を点々と配備した遊歩道につづく。遊歩道はアパートの建物の裏側に整備されていて、かたわらの堤防のコンクリート壁を隔ててすぐに河となるから、文字どおり、この界隈の人びとは河といっしょに暮らしているといえそうだ。付近の建物にしても、所によっては河のなかにコンクリートの杭を打ち込み、水のほうへせり出すかっこうで建っているのだが、こうなると、一種の水上生活と呼べなくもない。そんな建物の下部に波がうち寄せては、威勢のいい衝撃音を残して引いていく。ちょうど岩場の洞窟に波があたって割れるような、もの凄い音である。

茶色に濁った水の上を、コンテナを引いた艀《はしけ》が通る。延々とつづく貨物列車のように、それぞれにコンテナを乗せた平底船が何艘もつらなって、ロンドン橋のほうへと進んでいく。また下流に向かっては、いかにも重そうな重機を軽々と積んでいく船が見える。高速艇が鮮やかに水を切って走る。対岸を埋める建物群のかげには、あちこちにクレーン車が首を振りまわして、仕事が、労働が、いつもこの地区を活気づけているかのようにうかがえる。昔も大量の物資がここへ運び込まれて水揚げされ、倉庫に積まれ、労働者らは力仕事のあとに酒を呑み、女たちをからかい、その日一日もまた暮れていくという次第だったのだろう。テムズの水運に支えられた物資の流通が、絶え間ない労働が、商売の都ロンドンを今日あらしめている事実は否めない。

ロンドン一古い河岸の酒場というのがある。十六世紀の二十年代からつづいてきたという「ウィトビーのプロスペクト号」だ。プロスペクト号というのは、その昔、ヨークシャーから石炭を運んできた帆船で、その勇姿がパブの看板の絵柄に示されている。さすがに古色蒼然とした酒場で、現代人の忙しい時間をふと忘れさせてくれるような、有難いパブだ。ほの暗い店内の、小さなガラス窓のむこうにテムズの波頭が見えて、風向きによっては水しぶきがガラス窓に吹きかかって細い筋を引いたりもする。このパブの建物のわきから、ほの暗い石段が河のほうへ降りている。もちろん潮が満ちれば石段の上のほうまで水に浸される理屈だが、まさか飲み過ぎて河のなかへ入って行く客もいないはずだとして、石段の降り口には柵も鎖もいっさい付いていない。繊細な神経の当方としては、ちょっと気にかかるところである。

パブを出てもう少し下流へ向かうと、小さな公園があって、そこの河べりにはトンネルのシャフト入口と標示された赤煉瓦の筒状建物が見える。トンネルは今でも活躍しているのだろうか、実際、シャフトの入口は固く閉ざされて人の気配もない。対岸のロザハイズへ行ってみると、ブルネル・

ミュージアムという小さな資料館があって、ここでは十九世紀当時のシャフトを見ることができる。テムズの川底にトンネルを通して世間をびっくりさせたのは、天才エンジニアのブルネルという男であり、十九世紀四十年代のこの一大事業は〈世界の八番目の奇跡〉なぞと呼ばれて注目された。トンネル開通後には、ヴィクトリア女王までがここを訪れている。

河のむこう側へ行くために橋を架けるという考えは、昔からのものだが、河の底をくぐり抜けるという発想はいかにも大胆である。なかなか考えつくものではない。それをブルネルは実行に移した。地下鉄も同じ発想から生まれたが、地上が混雑をきわめるから地下を使えという大胆な着想、そしてそれを実行してしまう勢には驚くほかない。地上の道という道は渋滞をくり返し、汽車の線路も高架線にもち上げねばならぬというときに、それなら地下へもぐれという話になった。地下鉄は世界ではじめてロンドンに開通したが、それは早くも十九世紀六十年代のことであり、ちょうどその頃ブルネルのトンネルも鉄道会社に売却されたのであった。必要は発明の母というとおり、必要に迫られてとんでもないことを考え、それを実践してしまうのがイギリス人だといえるかもしれない。もっとも、必要からばかりでなく、これに一片の遊び心が加わるのも事実であろう。ロンドン中央には抽象彫刻みたいな建物が、あたかも互いの奇抜ぶりを競うように幾つも建っている。現代の都市景観をつくり上げている根本にも、イギリス人の大胆不敵な精神が脈打っているのではないだろうか。

グリニッジ

あれから三十年近くになる。もう、あのときのような体力はないので、グリニッジの緑の丘を登って天文台へ行ってみようなどという気はさらさらない。昔一度だけ訪ねて、零度の子午線もちゃんと跨いだから、もういいだろうと思ってしまう。我ながら、はや鮮度の落ちた魚みたいになってしまった。

そのかわりに思い出ばかりが増えていく。あの春の一日、小学生の男の子二人を連れて出かけたものだ。都心からのバスに乗り、二階席のいちばん前に陣どって、街の風景をのんびり眺めながら揺られていくのは快適この上ない。人も車もみんな一段低い所にひしめいていて、なぜかこっちが偉くなったような気分である。停留所に止まるたびに、待合シェルターの屋根の上が丸見えで、ときどきそこにコカコーラの空き瓶や、りんごの食いかけなどが抛り上げられていた。シェルターのわきには大概大きな鉄製のゴミ箱が備えてあるのに、わざわざ屋根の上までゴミを抛り上げるのだから、ご苦労な話だ。ときには青葉を茂らせた街路樹の枝が伸びていて、二階建てバスの屋根を引っかいていくこともあった。子供はそのつど、ひゃーっと奇声を発して顔を見合わせたものだ。

途中の停留所の一つで、ボロの上下をまとい、垢にまみれたような、髭もじゃ男が何か大声で叫んでいた。バスの上方に開け放った細い窓からその声がとび込んできて、「ＧＭＴってなんだい？」と誰にともなく疑問をぶつけているのがわかる。「ＧＭＴとは、なんのこったァ？」

あろうことか、この汚い男がバスの二階に上がって来て、われわれのすぐ後ろに着席した。その途端に、饐えたような腐臭がぷーんと鼻をついた。そうしてまたもや、「ＧＭＴってなんだ？」とこだわっている。酒瓶らしきものをどこかから引っぱり出して、ゴクリと喉を鳴らしているのだが、もちろん振り返って確かめたわけではない。たぶん昼間から酒を飲みつづけているのだろう。男はだいぶ酩酊しているようだ。しかし、それよりもっと悩ましいのは、こっちの鼻がひん曲がるほどに臭い悪臭である。子供たちも身を縮こまらせて臭いに耐えている。ハンカチを出して、あからさまに鼻と口をふさいだりすれば、後ろの男が何をいってくるか知れない。へたにからまれたりしたら面倒だ。そこでハンカチの代りにチューインガムをとり出して子供に手渡した。だが、これがかえってよくなかった。ガムの味と悪臭とが混じって、吐き気がすると子供はいった。日本語で会話するので、話の内容は当の男にはわかるまいが。

そのうちに男は大きな溜息を一つ吐いた。饐えたような臭いがバスじゅうにひろがるかと思われた。そうして、ＧＭＴをくり返しながら降りて行った。子供たちはくすくす笑った。ＧＭＴ、ＧＭＴを口真似て、また笑った。これはさすがに忘れられない経験であったとみえて、そのあとずっと、ＧＭＴは臭い男という意味で我が家のヴォキャブラリーに定着してしまった。夕食時の会話などで、今日はＧＭＴに出逢ったとか、あそこにいるのはひどいＧＭＴだ、というぐあいである。この語が会話に出てくるたびに家族は笑いを抑えられない。余人には共感できない笑いだろう。笑いが通じるのは身内にかぎる、とはよくいったものだ。むろんGMTとは世界標準時のことであって、これ自体おかしくも何ともない。

グリニッジはあのとき以来のご無沙汰となってしまったが、久しぶりに来てみると、町の印象もまったく別様に感じられる。緑の丘もそうだが、まっすぐに伸びた大通りも、有名なカティー・サーク号も、またテムズ河の様子からしても昔の記憶にはなかなか結びつかない。みんな、みんな逝ってしまった、ということになるのだろう。

石の堤防のすぐそばに、「トラファルガー亭」(Trafalgar Tavern)というホテルを兼ねたバーがある。すっきりとした白い建物で、古めかしい趣こそないが、十九世紀の文人らが、サッカレーやディケンズやその他もろもろの人たちがここを訪れたそうだ。バーの壁いっぱいにゆかり浅からぬ文人の絵が飾ってある。このあたりのテムズ沿岸は、大学キャンパスに接していることもあってか、閑静かつ整然とした趣である。河の流れはここへ来て、平仮名の「ひ」をだらしなく綴ったような形を作り、グリニッジはその「ひ」の真下あたりに位置する。対岸はテムズ河の「ひ」文字に型どられて、べろのように垂れた陸地を成しているが、ここがロンドンのドックランドである。ドックといっても、かつてのように貨物船が出入りして品物の流通に湧いた時代は終って、今では第二のシティー地区と呼ばれるほどに金融関係の建物が集まり、そのカナーリ・ウォーフの高層ビル群は遠方からでも容易に眺められる。

グリニッジから、そしてカナーリ・ウォーフからは高速船《クリッパー》が都心へ向かって頻繁に走っている。

バスや電車の運賃に適応されるオイスター・カードはテムズの高速船にも使用できるから、道路の渋滞を避けて通勤・通学をスムーズにはこぶためにも、テムズの船便を活用するのは賢明な策だろう。少なくとも、現代の船内には昔のようなGMTは乗り込んでこないように見受けられる。

テムズ・バリア

テムズ・バリアなるものを、一度この目で見たいとかねがね思っていた。考えようによっては、このバリアの存在が河と海とを分けていて、テムズ河はこの先からもう海と捉えてよいのかもしれない。国鉄のチャールトン駅を出て、車の往来のはげしい大通りを右のほうへずっと歩いた。道ぞいには倉庫のような建物が並んでいて、トラックやヴァンの出入りが頻繁につづく。この道は赤い二階建てバスも通るが、停留所のあたりにはやたら紙くずが散らかっていて気にかかる。紙くずばかりか、サンドイッチの食べ残しだの、空のもち帰り弁当箱などがそこらに放ってあったりして、不衛生かつ乱雑な感じが否めない。地区の清掃係がちゃんと働いているのかしらと疑ってしまう。

案内の標示にしたがってテムズ河のほうへ向かうと、人気のない小さな広場、または安らぎの場というのか、そんな所を突ききって河の土手に至る。土手のむこうにはテムズがゆったりと流れている。この日はたまたま好天気に恵まれ、風も弱かったから、まことにもってやさしいテムズと対面する結果になったが、そもそもテムズ・バリアなるは、荒れる波風と潮の襲来からロンドンの街を護るために作られた防波堤なのである。二十世紀の半ばに大洪水が起きて、三百人の命が奪われたという。その災害があってから、このまま放置できないとしてバリアの建設が始まった。

河のこちら側からむこう岸まで、卵の殻を二つに割って立てたような金属製バリアが、一定の間隔を置きながら河を横断している。表示してある数字を目で追うと、十基までが流れをせき止めるかっこうで設置されていて、潮位が警戒値に達したときにはバリア間をつなぐ水門が閉じられ、なだれ込む潮をがっちりと食い止める恰好になるようだ。つい先日もイギリス東海岸のあちこちが水に浸かり、何千人だかが避難勧告を受けて自宅を離れる羽目になった。あのときもテムズ・バリアは固く閉じられ、その効果があってロンドンの街は守られたようだ。テムズの洪水は昔から住民の日常生活をおびやかし、それに関する十九世紀の貴重な写真や記録なども残っているが、その後科学技術がめざましく進歩して、自然の猛威にみすみす屈服してはなるまいと強気に出た。科学陣営の正常なる欲求、また野望というものだろう。

整備された土手道をまっすぐ下流のほうへ歩いて行くと、テムズ・バリアのインフォメーション・センターなる展示場がある。ここでバリアの機能だの活躍ぶりだの、いろいろ学ばせてもらうことになるが、素人眼には信じられないような業務が日々のサイクルのなかで動いているらしい。こういうものを見せられては、何といおうか、溜息をつくほかはない。

このあたりの水深がふだんは七メートルのところ、満潮時には十五メートルぐらいにまで増すという話である。魚も海水魚と淡水魚の両方が棲息していて、鮭や鱒はおろか、ウナギ、ニシン、カレイ、その他が見られるのだそうだ。ここらは海水と淡水が混じって塩分の少ない水質になっているのだろうか。あるいは一日に二度、まったく海水であったり、まったく淡水であったりする時間帯に分かれるのだろうか。その折々に釣れる魚をねらって釣人が立っていてもおかしくないはずだが、土手の下にはそんな趣味人の影さえない。この冬の晴れた午後、陽射しは金属バリアにまぶしく反射して、やや上流にはうっすらと、カナーリ・ウォーフの高層ビルが空に浮かんでいる。

ここへ来るときにはバスの降り場がわからなくて心配だったから鉄道を使ったが、帰りのバスはみなグリニッジへ向かうから、おとなしく乗っかっていればよい。ノース・グリニッジ行きというやつに乗って、ぼんやり外を眺めていたら、終点近くへ来て、右手にゴンドラが動いているのが見えたから驚いた。テムズを横断するゴンドラである。橋があり、舟があり、トンネルがあり、さて次は空中を渡るゴンドラときた。地域一帯が巨大な遊園地みたいだ。テムズはこうして、ますます多様な風貌を表にあらわしながら、人びとの生活と意識にふかく関与していく。まさにテムズの存在が、ロンドンの歴史を、一つまた一つと積上げていっているように思われるのである。

あとがき

本書に収めた「ロンドン今昔」は、二十代の前半にロンドンで一人暮しを始めたときの体験から書き起こしたものである。「スコットランド挽歌」は以前刊行した『子供たちのロンドン』(平成九年、小澤書店)につらなる一作といってよいかもしれない。「倫敦草紙」と「スコットランド抒情の旅」は平成十八年から十九年におよぶイギリス滞在を、また「川のある町」は平成二十八年から一年間ロンドン郊外に住んだときの体験を下敷きとしている。ほかにもこの間、ときどき短期でイギリスを訪れ、その折々の事がらを文章のはしばしに含めて《つなぎ》とした。各章の多くは二十年越しに文藝同人誌『飛火』へ書いてきたものを原形とするが、このたび全篇に斧鉞を加えて装いを新たにした。「テムズのほとり」は冒頭の一篇を除いて書き下ろしである。

初めてイギリスの土を踏んで以来、半世紀近くにおよぶイギリスとの深い交わりが、ここにひとつのまとまりを成したようにも見える。人生に一区切りつけたような安堵と、同時に軽い疲労をおぼえるのも否めない。今年は例年にもまさる暑い夏で、その猛暑の一日、彩流社の河野和憲氏に原稿を渡して、すぐに好い返事をいただいたのは嬉しかった。それからは暑さもいっぺんに吹っとんで校正に励むことができた。てきぱきと仕事を進めてくださった河野さんと、河野さんを紹介してくださった友人の野上勝彦さんには、ここで改めて御礼を申し上げたい。

梅宮創造

平成三十年十月七日

【著者】
梅宮創造
…うめみや・そうぞう…

1950年会津生れ。早稲田大学・文学学術院教授。専門は19世紀イギリス小説。日本の近代小説に多大な関心あり。主な著書に『子供たちのロンドン』『拾われた猫と犬』（小澤書店）、『はじめてのシェイクスピア』『シェイクスピアの遺言書』（王国社）等が、主な訳書にT・L・ピイコック『夢魔邸』（旺史社）、ジョージ&ウィードン・グロウスミス『無名なるイギリス人の日記』（王国社）、タートルトブ『じじバカ』（サンマーク出版）、ディケンズ『英国紳士サミュエル・ピクウィク氏の冒険』（未知谷）、テニソン『イノック・アーデンの悲劇・他』（大阪教育図書）等がある。

Sairyusha

ブロブディンナグの住人《じゅうにん》たち

二〇一八年十一月五日　初版第一刷

著者――梅宮創造
発行者――竹内淳夫
発行所――株式会社 彩流社
〒102-0071
東京都千代田区富士見2-2-2
電話：03-3234-5931
ファックス：03-3234-5932
E-mail：sairyusha@sairyusha.co.jp
印刷――明和印刷（株）
製本――（株）村上製本所
装丁――宗利淳一

ISBN978-4-7791-2531-7 C0095
http://www.sairyusha.co.jp

フィギュール彩

〔既刊〕

㉑紀行　失われたものの伝説

立野正裕◉著

定価(本体 1900 円+税)

荒涼とした流刑地や戦跡。いまや聖地と化した「つはものどもが夢の跡」。聖地とは現代において人々のこころのなかで特別な意味を与えられた場所。二十世紀の「記憶」への旅。

㉟紀行　星の時間を旅して

立野正裕◉著

定価(本体 1800 円+税)

もし来週のうちに世界が滅びてしまうと知ったら、わたしはどうするだろう。その問いに今日、依然としてわたしは答えられない。それゆえ、いまなおわたしは旅を続けている。

㊲黒いチェコ

増田幸弘◉著

定価(本体 1800 円+税)

これは遠い他所の国の話ではない。かわいいチェコ？ロマンティックなプラハ？いえいえ美しい街にはおぞましい毒がある。中欧の都に人間というこの狂った者の千年を見る。